人工智慧來了

創新工場創辦人
李開復
王詠剛 著

目　錄

Chapter 2　AI 復興
深度學習＋大數據＝人工智慧

Chapter 3　人機大戰：
　　　　　　AI 真的會挑戰人類嗎？

Chapter 4 **AI 時代：**
人類將如何變革？

Chapter 5　**機遇來臨：**
AI 優先的創新與創業

Chapter 6　**迎接未來：**
　　　　　AI 時代的教育和個人發展

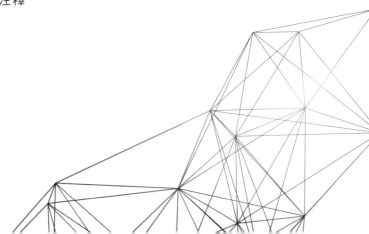

AI 時代，台灣如何迎頭趕上？

李開復

　　英文的 Artificial Intelligence 在大陸、港澳被譯為「人工智能」，在台灣被譯為「人工智慧」。一字之差，讀起來卻有微妙差別。「人工智能」中的「能」，似在強調功能、能力，偏重 AI 技術的工具性；而「人工智慧」中的「慧」，則意在聰慧、穎慧，偏重 AI 技術在認知層面與人類的相似性。小小一處翻譯，略可折射出台灣科技文化的獨特內涵。

　　PC 時代，台灣憑藉著在半導體晶片產業中的領先優勢，以及在電子產品設計、製造方面的專深經驗，扮演了 IT 行業基礎驅動力的重要角色。進入互聯網和行動互聯網時代，台灣雖然繼續保持了在晶片產業的優勢，卻因為市場、人才等多方面因素，錯失了搜尋引擎、社群網路、O2O、共享經濟、行動支付等巨大機遇，只能眼看著大陸科技企業在這些全新商業模式中引領風潮。在即將到來的 AI 時代裡，台灣該如何迎頭趕上？

　　事實上，台灣科技界一直有 AI 研發的基礎與傳統。台大資訊系與電機系的李琳山教授，很早就開始語音辨識及語音合成方向的研究，並於 1980 年代中期至 1990 年代初期，陸續完成第一代漢語語音合成系統、第一代漢語聽寫機等出色成就。畢業於台大資訊系、就職於中正大學的吳昇博士是台灣搜尋引擎的先驅，他將自己主持的中正大學「蓋世」（GAIS）計畫成功商業化，成立網擎資訊軟體股份有限公司（Openfind），並於 2002 年推出技術領先的搜尋引擎產品。

　　今天，台灣仍然具備 AI 研發與創新的良好氛圍：台北出生的黃仁勳創辦的 NVIDIA，已經成為深度學習的最佳引擎，正在驅動大部分人工智慧的相關計算；台積電聯手 Intel 正加速研發 AI 計算平台，並已在晶片生產環節使用人工智慧技術提高生產力；谷歌在台灣擁有一支非常好的研發團隊；台大、清大、交大等知名學府，都有來自美國名校 AI 領域的資深教授……，這些技術、產業和人才基礎，完全有可能幫助台灣在 AI 時代異軍突起。舉例來說，結合台灣在晶片和電子產品方面的優勢，AI 未來非常有前途的幾個重要領域，包括計算平台、感測器、智慧家電、機器人、自動駕駛等，絕對有可能成為台灣的下一個黃金機遇。

　　AI 正在改變我們的生活、工作，乃至思考方式，即將為人類全體的教育、社會、經濟、政治等層面帶來深刻變革。對於一般大眾而言，這是我們體驗科技魅力、擁抱未來

生活的重要時刻；對於 IT 從業者來說，這是進入下一個技術變革巔峰、開創人類未來的最好時代。

　　AI 來了，機遇就在你我面前！

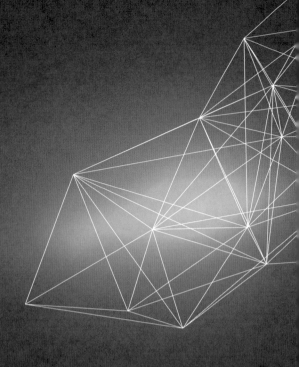

Chapter 1 | 人工智慧
來了

人類，你好！

「不管我們是碳基人類，還是矽基機器人，都沒有本質上的差別。我們當中的每一員，都應該獲得應有的尊重。」

這是英國科幻文學巨匠亞瑟・克拉克（Arthur C. Clarke）在太空漫遊系列第二部《2010 太空漫遊》（*2010: Odyssey Two*）中描繪的一段對白。從情感上來說，人類多麼希望有朝一日可以和人類創造出來的智慧型機器平等相處、共同發展；可有趣的是，每當前沿科技取得重大突破，為我們預示出人工智慧的瑰麗未來時，許多人就又不約而同患上人工智慧恐懼症，生怕自己的工作、乃至人類的前途，被潛在的機器對手掌控了。

「人工智慧來了！」這句話對不同的人群，擁有完全不同的含義。電腦科學家鮮少懷疑人工智慧在推動人類技術進步上的偉大意義，這個意義甚至可與人類發明蒸汽機、電力、核能，或是用火箭探索太空相提並論；社會學家、經濟學家更關注人工智慧已經或即將對人類經濟結構、就業環境造成的巨大挑戰；科幻作家、影視編導和未來學家，則是樂見人工智慧技術一次又一次激發大眾如火的熱情，從不忌憚用最縹緲的想像，將人類未來渲染成天堂或地獄……。

　　可是，絕大多數不熟悉技術細節，或不具備瑰麗想像力的普通人呢？

　　普羅大眾對人工智慧快速發展的認知，始於 2016 年初 AlphaGo* 的驚世對局。在欣賞圍棋對弈的同時，人們總是不惜發揮豐富的想像力，將 AlphaGo 或類似的人工智慧程式，與科幻電影中出現過的、擁有人類智慧、可與人類平等交流，甚至外貌與你我相似的人形機器人想在一起。

　　「人工智慧來了？他／她在哪裡？長得什麼模樣？會說中文嗎？是好人，還是壞人？」

　　很遺憾，今天的人工智慧，並不像電影《人造意識》（*Ex Machina*）中的人形機器人那樣美貌、迷人。想像與現實之間的巨大反差，讓不少人難以適從。在人工智慧面前，公眾經常流露出好奇、迷茫或訝異的神情：「人工智慧有人格嗎？」；

圖 1　2016 年奧斯卡最佳視覺特效獎得主，電影《人造意識》海報

* AlphaGo 是 Google DeepMind 開發的人工智慧圍棋程式。

「我可以和機器人談戀愛嗎？」；「機器人會毀滅人類嗎？」；「人類是不是可以移民火星，留下機器人建設地球就好了？」

我們真的知道什麼是人工智慧嗎？我們真的準備好和人工智慧共同發展了嗎？我們應該如何做好心理預期，將人和機器擺在正確位置？又應該如何規劃人工智慧時代的未來生活？

想要真正理解和認識人工智慧，首先，我們必須面對一項可能讓很多人難以相信的事實：人工智慧已經來了，而且就在我們身邊，幾乎無處不在。

無處不在的人工智慧

請拋開人工智慧就是人形機器人的固有偏見，打開你的手機。我們先來看一看，在已經變成每個人日常生活一部分的智慧手機裡，到底隱藏著多少人工智慧的神奇魔術。

圖 2 顯示了一部典型 iPhone 手機上安裝的一些常見應用程式，可能很多人都猜不到，人工智慧技術已是許多手機應用程式的核心驅動力。

蘋果 Siri、百度度秘、Google Allo、微軟小冰、亞馬遜 Alexa 等智慧助理和智慧聊天類應用，正試圖顛覆你和手機交流的根本方式，將手機變成聰明的小祕書。新聞頭條等熱門新聞應用程式，依賴人工智慧技術向你推送最適合你的新

圖 2　iPhone 手機上的人工智慧相關應用

聞內容，甚至今日已有不少新聞稿件，根本就是由人工智慧
程式自動撰寫的。谷歌相簿（Google Photos）利用人工智慧
技術，快速識別圖像中的人、動物、風景、地點等，快速幫
助使用者組織和檢索圖像。

　　美圖秀秀利用人工智慧技術自動對照片進行美化，
Prisma 和 Philm 等圖像或影片應用程式，則是基於我們拍的
照片或影片完成智慧「藝術創作」。在人工智慧的驅動下，
谷歌、百度等搜尋引擎，早已提升到智慧問答、智慧助理、
智慧搜尋的新層次。以谷歌翻譯為代表的機器翻譯技術，正
在深度學習的幫助下迅速發展。使用滴滴或優步（Uber）出

行時，人工智慧演算法不但會幫助司機選擇路線，規劃車輛的調度方案；在不久的將來，自動駕駛技術還將重新定義智慧出行、智慧交通和智慧城市。當你使用手機購物時，淘寶、亞馬遜等電子商務網站，現已使用人工智慧技術推薦最適合你的商品；在你下單之後，先進的倉儲機器人、物流機器人和物流無人機，正在幫助電子商務企業高效、安全地分撿貨物。

怎麼樣？前述這一切聽起來，在一塊小小的手機螢幕上，人工智慧是不是無處不在？我們來聽聽最厲害的人工智慧科學家們怎麼說。

我的導師，也是圖靈獎的得主拉吉‧瑞迪（Raj Reddy）表示：「AI 在主流社會中的應用有很多。IBM 的深藍（Deep Blue）和華生（Watson），應該算是其中最廣為人知的。……另外，一些知名的 AI 應用實例，還包括：1）谷歌的翻譯系統，能夠實現任意語言之間的互譯；2）像蘋果 Siri、微軟小娜（Cortana）和亞馬遜 Alexa 這樣能夠進行對話的智慧型個人助理；3）近期一些在自動駕駛汽車領域的進展。」

谷歌最資深的電腦科學家與軟體架構師，也是谷歌大腦開發團隊的領導人物傑夫‧迪恩（Jeff Dean）則說：「很多時候，人工智慧都是隱藏在背後，所以人們並不知道有很多東西已經是機器學習的系統在驅動。其中，包括由語言理解系統所支援的谷歌搜尋、谷歌翻譯、Gmail 的快速智慧回覆

功能（Smart Reply），還有現在電話上的語音辨識功能，以及像亞馬遜和 Netflix 上的推薦系統，或是應用在谷歌相簿的圖像理解系統。」[1]

　　接下來，讓我們簡單分析、點評一下這些活躍在你我身邊，正在改變世界的人工智慧技術。

智慧助理

　　記得微軟小冰嗎？手機上最喜聞樂見的人工智慧助理之一。與其他人工智慧助理應用相比，小冰的語音辨識能力、語音合成技術，以及基於龐大語料庫的自然語言對話引擎，都有著非常獨到、可圈可點的地方。據說，2016 年 9 月 17 日是小冰的 18 歲生日，截至是日，小冰已經跟 4,200 多萬人進行了 200 多億次對話，包括文字聊天、語音聊天、電話通話等各種形式。

　　圖 3 是我和小冰有關美國總統競選的一段對話，有意思嗎？在這樣一段簡單的對話情境裡，小冰試圖表現出不偏不

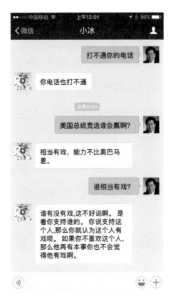

圖 3　微軟小冰為代表的智慧助理類應用

倚的中立態度，而且在討論嚴肅話題時，口氣上居然有三、四分的調侃和戲謔。

嚴格說來，小冰的智慧程度還遠遠趕不上人類；更多時候，她只是在事先積累的人類對話庫和互聯網資料庫中，查找最有可能匹配的回答。在不少特定情況中，例如上下文脈較為複雜的對話裡，小冰經常答非所問，或者有意無意地顧左右而言他。但很難否認，小冰及類似的智慧助理程式，已經展現出初步與人類溝通的能力。

像小冰這樣的智慧助理應用有很多，舉例來說，蘋果公司早於 2011 年就發布了 iOS 語音助理 Siri；2012 年，谷歌發布的 Google Now，將智慧助理的概念帶入 Android 世界；2014 年，亞馬遜發布了基於 Alexa 平台、可與使用者聊音樂的智慧音箱 Echo；隨後，百度在 2015 年發布了集合個人搜尋助理和智慧聊天功能的度秘；2016 年，谷歌發布了智慧聊天程式 Google Allo；2017 年 1 月，百度推出基於自然語言對話的作業系統 DuerOS，則代表了中國互聯網公司在建立智慧助理開發與應用平台方面的自信。

新聞推薦和新聞撰稿

用手機看熱門新聞，是現在許多人每天都要做的事情。像「今日頭條」這樣的新聞應用程式之所以火紅，主要就是因為採用了人工智慧技術，可以聰明學習每個人看新聞時的

不同習慣與愛好，推薦、提供不同用戶不同新聞內容。擁有智慧推薦功能的應用程式如果做得好，用戶就會覺得，好像愈常使用，機器就愈懂得自己的心思；一段時間之後，這個應用程式就不亞於一個量身訂制的新聞管家了。

當然，AI 的魔力還不止於新聞推薦。你知道嗎？現在，有相當數量的新聞內容，根本就是由電腦的人工智慧程式自動撰寫的！2011 年，一個名叫羅比・艾倫（Robbie Allen）的思科（Cisco）公司工程師，將自己創辦的一家小公司改名為 Automated Insights，這個新名字大有深意──艾倫立志研發人工智慧自動寫作程式，而公司新名字的首字母縮寫，剛好就是人工智慧（Artificial Intelligence）的英文縮寫──AI。

借助一套名為「作家」（Wordsmith）的人工智慧技術平台，Automated Insights 公司首先與美聯社（Associated Press）等新聞機構合作，用機器自動撰寫新聞稿件。2013 年，機器自動撰寫的新聞稿件數量已達 3 億篇，超過了所有主要新聞機構的稿件產出數量；2014 年，Automated Insights 的人工智慧程式已經撰寫出超過 10 億篇的新聞稿。[2]

世界三大通訊社之一的美聯社於 2014 年宣布，將會使用 Automated Insights 公司的技術，為所有美國和加拿大上市公司撰寫營收業績報告。目前，美聯社使用人工智慧程式自動撰寫的營收報告數量接近每一季 3,700 篇，此數量是美

聯社記者和編輯手工撰寫相關報告數量的 12 倍。[3] 2016 年，美聯社將自動新聞撰寫擴展到體育領域，從美國職棒聯盟的賽事報導下手，大幅減輕人類記者和編輯的勞動強度。

想看看機器自動撰寫的新聞報導是否表達清晰，語句通順？下列是從美聯社職棒聯盟新聞稿中摘錄出來的幾段：[4]

> 賓州州立學院（美聯社）：第 11 局，在一二三壘有人、一人出局的情況下，狄倫・蒂斯（Dylan Tice）被觸身球擊中，保送上壘。這是本週三州立學院鹿角隊 9:8 戰勝布魯克林旋風隊比賽中的一幕。丹尼・哈茨納（Danny Hudzina）擊出犧牲打，獲得致勝一分。擊球後，他成功跑上二壘，但在跑向三壘時出局。

> 基恩・科恩（Gene Cone）在第一局中打出雙殺，使旋風隊以 1：0 領先。但在第一局的隨後時間內，鹿角隊連得 5 分，其中，狄倫・蒂斯的觸身球就直接送兩人跑回本壘。

自動撰寫新聞稿件的好處不言而喻，不但可減輕記者和編輯的大量勞動，而且可在應對突發事件時，充分體現電腦的「閃電速度」。2014 年 3 月 17 日清晨，仍在夢鄉的洛杉磯市居民，被輕微的地面晃動驚醒。這是一次震度不大的地

震，但因為震源較淺，市民的感受比較明顯。地震發生後不到三分鐘，《洛杉磯時報》（*Los Angeles Times*）就在網上發布一則關於該起地震的詳細報導，不但提及地震台網觀測到的詳細，還回顧了舊金山灣區最近十天的地震觀測情況。[5]

人們在新聞報導的網頁上，看到了《洛杉磯時報》的記者姓名，但該則新聞之所以能在如此快速的時間內發出，完全要歸功於能夠不眠不休工作的人工智慧新聞撰寫程式。在地震發生的瞬間，電腦就從地震台網的數據介面中，獲得關於地震的所有資料，然後飛速生成英文報導全文。剛從睡夢中驚醒的記者，一睜開眼就看到螢幕上已經完成的報導文稿，在快速審閱之後，用滑鼠點擊了「發布」按鈕。一篇自動生成並由人工覆核的新聞稿，就這樣在第一時間快速面世。

機器視覺

人臉識別幾乎是目前應用最廣泛的一種機器視覺技術，也是人工智慧大家庭中的重要分支。近年來，隨著深度學習技術的發展，人工智慧程式對人臉識別的準確率，已經超過了人類的平均水準。

很多公司都發放門禁卡給員工使用，在我們創新工場，沒有人佩戴門禁卡。在創新工場的大門上，裝有一個高解析度的鏡頭，在員工走近大門的過程中，與鏡頭相連的電腦中

安裝的一套名為 Face++ 的智慧軟體，會即時採集人臉圖像，並與系統儲存的員工照片進行比對。系統認識的「熟人」可以自由通行，不認識的「陌生人」則會被拒於門外。

圖 4　用谷歌相簿檢索出我在 2008 年參加奧運火炬接力的瞬間

人臉識別不僅可以當保全、當門衛，還可以在你的手機上保證交易安全。有不少手機銀行在需要驗證業務辦理人的身分時，會打開手機的前置攝影鏡頭，要求你留下臉部的即時影像，而智慧人臉識別程式會在後台完成身分比對操作，確保手機銀行程式不會被非法分子盜用。

廣義的機器視覺，既包括人臉識別，也包括圖像或影片中的各種物體識別、場景識別、地點識別，乃至於語義理解。所有這些智慧演算法，目前都可以在普通手機應用程式中找到。

例如，今天主流的照片管理程式，幾乎都會提供照片自

圖 5　用谷歌相簿檢索出所有海鷗
照片和影片

動分類和檢索的功能；其中，智慧程度最高、功能最強大的，非谷歌相簿莫屬。利用谷歌相簿，我可以把所有照片和影片——沒錯，是所有照片和影片，不管是昨天拍攝的晚宴照片，還是十幾年前為孩子拍攝的家庭錄影——統統上傳到雲端，不用進行任何人工整理、分類或標注，谷歌相簿會自動識別出照片中每一個人物、動物、建物、風景、地點等，並且在我需要時，快速提供正確的檢索結果。

利用谷歌相簿，我可以輕易找到自己在過去若干年裡的每一個精彩瞬間，也可以流覽我在過去一年內都去過哪些著名景點，或者可以簡單輸入任何一種動物名稱，例如「海鷗」，看看以前是不是為海鷗拍過照片。

AI 藝術

2016 年夏天，一款名為 Prisma 的相片處理手機應用程式，在大家的朋友圈裡流行開來。Prisma 並不是用應用程式憑空作畫，而是根據使用者指定的一張照片，將照片處理成特定風格的畫作。

在圖 6 中，我將一隻在北京近郊拍攝到的貓咪照片（原圖為左上角的照片）交給 Prisma，Prisma 利用先進的人工智慧演算法，理解照片中貓咪身上的每一個色塊和每一處邊緣，然後將從大量經典畫作中學習到的上色技巧、筆觸技法、乾濕畫法等，運用到這張真實的照片上。

我們可以把整個過程，看成一個學習繪畫的孩子，對著一張貓咪照片進行創作訓練。這個名叫 Prisma 的孩子，曾經接受過嚴格的美術教育，臨摹過大量中西方的經典名畫，能夠嫻熟使用各種油畫、

圖 6　用 Prisma 將一張貓咪照片處理成不同風格的畫作

水彩畫，乃至漫畫技法來進行創作。以圖 6 的這張貓咪照片為基礎，Prisma 在理解照片的內容之後，可使用人工智慧的「畫筆」，藝術性地「創作」出多達二十幾種不同畫風的作品。

　　這種畫風遷移功能，不僅可以幫助普通人進行「藝術創作」，還可以讓愛漂亮、愛自拍的女性朋友，把自己裝扮成通常只有在動漫或夢境中才能見到的美少女形象。2017 年 1 月，美圖秀秀推出的手繪自拍功能一夜洗版，從中國、歐美再到日韓，上億用戶包括無數女明星在內，紛紛用手繪自拍功能，將自己變成二次元世界裡超萌、超可愛的漫畫角色。英國《每日電訊報》（*The Daily Telegraph*）報導：「如果你突然在社群網站上看到到處都是迷人的自拍照，那麼你應該感謝這個來自中國的應用程式——美圖秀秀。」[6]

圖 7　使用美圖秀秀的手繪自拍功能，連我也可以一秒變成小鮮肉

　　其實，不只女生喜歡這個功能，男生也可以用這個功能，將自己美化成二次元世界裡最可口的小鮮肉。就連我這個「大叔」，在手繪自拍功能的強大藝術表現力之下，也被 P 成了粉嫩、可愛的有趣形象。

新一代搜尋引擎

搜尋引擎裡也有人工智慧?在很多人眼中,搜尋引擎是誕生於上個世紀的一項網路核心技術。谷歌創辦人賴瑞·佩吉(Larry Page)和塞吉·布林(Sergey Brin)於 1996 年提出的 PageRank 演算法,大幅提升了搜尋引擎結果排序的準確性,但二十餘年過去了,搜尋引擎的技術、演算法,難道不是已經非常成熟了嗎?還有人工智慧發揮的餘地?

2016 年 2 月,谷歌高級副總裁、46 歲的阿米特·辛格爾(Amit Singhal),宣布離開谷歌搜尋引擎核心團隊負責人的位置,接替他領導世界上最大搜尋引擎的高級副總裁,是曾經主管谷歌知識圖譜和機器學習兩大核心研發團隊的約翰·賈南德雷亞(John Giannandrea)。這起人事變動無論對谷歌內部或外界來說都意味深長,當時許多媒體都將此次人事更迭,解讀為谷歌搜尋全面由傳統演算法轉向人工智慧演算法的訊號。[7] 當然,直到 2017 年初,社會大眾才知曉,辛格爾離職的更直接原因,是他捲入了一樁性騷擾案。[8] 但是,當時也許是被迫而為的高階主管異動,卻從實際結果上體現了谷歌搜尋技術方向的深刻變革。

辛格爾是谷歌搜尋引擎早期核心演算法,特別是網頁排序演算法的最重要貢獻者。簡單地說,最傳統的網頁排序演算法,是找出所有影響網頁結果排序的因數,然後根據每個

因數對結果排序的重要程度，用一個人為定義、十分複雜的數學公式，將所有因數串聯在一起，計算出每個特定網頁在最終結果頁面中的排名位置。

賈南德雷亞（在谷歌工作時，我們都親切地用姓名首字母，稱呼他為 JG）曾主管過的知識圖譜和機器學習兩大研發團隊，則是代表了谷歌在人工智慧領域的未來。其實，谷歌很早就開始運用機器學習技術，幫助搜尋引擎完成結果排序。此一思路和傳統演算法不同，在機器學習的方向裡，計算網頁排序的數學模型及模型中的每一個參數，不完全是由人類預先定義的，而是由電腦在大數據的基礎上，透過複雜的反覆運算過程自動習得的。

影響結果排序的每一個因數（在機器學習領域，每個影響因數也被稱為「特徵」）到底有多重要，或是如何參與最終的排名計算，主要是由人工智慧演算法透過自我學習確定。從 2011 年起，隨著深度學習技術的復興和谷歌大腦（Google Brain）專案團隊的成功建設，谷歌搜尋引擎使用的網頁排序演算法，愈來愈依賴深度學習技術，網頁結果的相關性和準確度，也因此大幅提升。到賈南德雷亞執掌谷歌搜尋團隊時，可以毫不誇張地說，谷歌搜尋已是一個絕大部分由人工智慧技術支撐的新一代搜尋引擎了。

結果，排名還只是人工智慧技術在搜尋引擎中應用的冰山一角，打開谷歌或類似的主流搜尋引擎，人工智慧的魔力

無處不在。今天，我們可以直接向谷歌搜尋引擎提出問題，它會聰明找出許多知識性問題的答案。

例如，在圖 8 中，我們直接向百度提問：「東野圭吾多大了？」百度在結果頁面的最顯著位置，直接給出「58 歲」（2016 年）的正確答案。我們甚至可以向谷歌提問：「在《哈利波特》的系列故事裡，到底是誰殺了鄧不利多校長？」谷歌不但直接給出殺害鄧不利多的凶手名字，還顯示了相關的電影劇照、故事情節、維基百科連結等。

圖 8　向百度提問獲得答案

利用近年來人工智慧技術在語音辨識、自然語言理解、知識圖譜、個人化推薦、網頁排序等領域的長足進步，谷歌、百度等主流搜尋引擎，正從單純的網頁搜尋和網頁導航工具，變成世界上最大的知識引擎和個人助理 —— 毫無疑問，人工智慧技術讓搜尋引擎變得更聰明了。

圖 9　向谷歌提問獲得答案

機器翻譯

打破語言界限，運用自動翻譯工具幫助人類進行跨民族、跨語種、跨文化交流，這是人類自古以來就一直追尋的偉大夢想。1799 年發現的羅塞塔石碑（Rosetta Stone），更是將這種交流推動到跨時空的層面。借助羅塞塔石碑和語言學家的智慧，我們能夠讀懂數千年前的古埃及文字，了解古埃及人的所為、所思、所述，這真是一件奇妙無比的事。

時至今日，雖然還不盡完美，基於人工智慧技術的機器翻譯工具，正在幫助世界各地的人們交流和溝通。在所有流行的翻譯工具中，谷歌翻譯是支援語種最多、翻譯效果最好的。2016 年 9 月，谷歌宣布已經在谷歌翻譯的中譯英模型中，應用了深度學習的一種最新演算法，並且大幅提升中譯英

圖 10　羅塞塔石碑（© Hans Hillewaert, CC BY-SA 4.0, Wikipedia ）

的翻譯準確率。[9]

圖 11 是谷歌翻譯 2016 年 9 月部署的最新演算法，對本書前面某一段落中翻英的結果。可以看到，機器翻譯的結果已與人類的英文表達相當接近，除了一些用詞和句法處理有待斟酌，整段英文已經具備較高的可讀性，幾乎沒有什麼歧義或理解障礙。

2016 年 11 月，谷歌又發表論文，宣布已經突破跨語言翻譯的難題，可在兩種沒有直接

圖 11　谷歌翻譯 2016 年 9 月更新演算法後的中翻英結果

對應的語料樣本的語言之間，完成機器翻譯。舉例來說，如果我們無法在網路上蒐集到足夠多的中文和阿拉伯文之間的對應語料，那麼谷歌的機器翻譯技術可以利用英文到阿拉伯文之間的對應語料，以及中文到英文之間的對應語料，訓練出一個支援多語言間互譯的模型，完成中文和阿拉伯文的雙向翻譯。這種技術可以輕易將翻譯系統支援的語言對的數量，擴展到幾乎所有主要地球語言的相互配對組合上。[10]

事實上，谷歌早年在發展機器翻譯技術時，技術團隊就是將「羅塞塔石碑」用作機器翻譯產品的內部代號。數千年

前的羅塞塔石碑，和 21 世紀的人工智慧演算法一道，正穿越漫長的時空隧道，為人類的溝通順暢而努力。

自動駕駛

毫無疑問，自動駕駛是最能激起普通人好奇心的人工智慧應用領域之一。由電腦演算法自動駕馭的汽車、飛機、太空船，曾是絕大多數科幻小說中最重要的未來元素。一想到未來某一天，我們可以不考駕照、不雇司機，直接向汽車發出指令，就能夠便捷出行，每個人都興奮不已。很多人似乎都還沒有意識到，自動駕駛汽車本身，或至少是相關的科技研發成果，其實已經在我們身邊發揮作用，並且創造出巨大的商業價值了。

谷歌的自動駕駛技術，在過去若干年裡始終處於領先地位，不僅獲得在美國數州合法上路測試的許可，也在實際路面上累積了上百萬英里的行駛經驗。但截至 2016 年底，谷歌自動駕駛團隊獨立出來，成立名為 Waymo 的公司時，遲遲沒有開始商業銷售的谷歌自動駕駛汽車，似乎還離普通人的生活很遙遠。

相較於谷歌的保守，特斯拉（Tesla）在推廣自動駕駛技術時，就比較積極一點。早在 2014 年下半年，特斯拉就開始在銷售電動汽車的同時，向車主提供可選配、名為「自動輔助駕駛」（Autopilot）的駕駛軟體。電腦在輔助駕駛的過

圖 12 自動駕駛汽車的 AI 演算法，透過感測器「看到」的即時路況 [11]

程中，依靠車載感測器即時獲取的路面資訊和預先透過機器
學習得到的經驗模型，自動調整車速，控制電機功率、制動
系統與轉向系統，幫助車輛避免來自前方和側方的碰撞，防
止車輛滑出路面，而這些基本技術思路與谷歌的自動駕駛是
異曲同工的。

　　當然，嚴格說來，特斯拉的「自動輔助駕駛」所提供的，
還只是「半自動」的輔助駕駛功能。當車輛在路面行駛時，
仍然需要駕駛員對潛在危險保持警覺，並隨時準備接管汽車
操控。

　　2016 年 5 月 7 日，發生在美國佛羅里達州的一起車禍，
是人工智慧發展史上第一起自動駕駛致死事故。當時，一輛
開啟「自動輔助駕駛」模式的特斯拉電動汽車，並未對駛近
自己的大貨車做出任何反應，徑直撞向了大貨車尾部的拖

車，導致駕駛人員死亡。

　　事故發生後，特斯拉強調，在總計 1.3 億英里的「自動輔助駕駛」模式行駛紀錄中，僅發生了這一起致死事故。據此計算出的事故概率，遠比普通汽車平均每 9,400 萬英里發生一起致死事故的概率低。[12] 同時，特斯拉也指出，在事故發生時，由於光線、錯覺等原因，駕駛人員和「自動輔助駕駛」演算法，都忽視了迎面而來的危險。

　　2017 年初，美國國家公路交通安全管理局（NHTSA）提出調查報告，[13] 認為特斯拉的「自動輔助駕駛」系統不應對此次事故負責，因為該系統的設計初衷是需要人類駕駛員監控路況，並且應對複雜情況。在事故發生時，特斯拉的駕駛人員有 7 秒鐘的時間，可以對逐漸開近的大貨車做出觀察和反應，卻什麼都沒做。美國國家公路交通安全管理局同時強調，特斯拉在安裝「自動輔助駕駛」系統後，事故發生率降低了 40％。這表明，「自動輔助駕駛」系統的總體安全概率要高於人類駕駛員，而自動駕駛的商業化和大範圍普及，只是時間問題。

　　在消費者市場之外，自動駕駛技術也許很快就會進入一些特定的行業市場。在出租車行業，優步和滴滴這樣的產業龍頭，都在為自動駕駛技術運用於共享經濟而積極布局。優步的無人駕駛計程車，已經在美國道路開始測試。在物流行業，自動駕駛的貨運汽車很可能早於通用型的自動駕駛汽車

開始上路營運。一些研發團隊甚至憧憬自動駕駛貨車在高速公路上編隊，快速、安全行駛的場面。而像馭勢科技這樣的小型新創公司，則是提出了讓自動駕駛汽車首先進入較為獨立的社區道路，承擔起社區通勤任務的概念。

在谷歌、特斯拉等科技巨頭，以及傳統汽車廠商、新創公司等眾多參與者的努力下，自動駕駛技術本身的科幻色彩，在今天無疑已經愈來愈薄弱，正從科幻元素變成真真切切的現實。

機器人

機器人是人工智慧另一個經常讓人浮想聯翩的技術領域。工業機器人開始在製造業發揮作用，已經是很多年前的新聞了。在主流的汽車生產線中，甚至在富士康的手機生產線中，不使用工業機器人才是新聞。

其實，另一種對普通人來說相對陌生的機器人，反而與我們的日常生活關係更加親近。今天，在亞馬遜這種電子商務巨頭的庫房裡，或是在沃爾瑪（Walmart）的倉儲中心裡，成千上萬的機器人正代替人類完成繁重的商品擺放、整理、快速出入庫等物流操作。

2012 年，亞馬遜收購了一家名為 Kiva 的公司，[14] 此宗收購的唯一目的就是獲取設計、製造倉儲機器人的能力。基於 Kiva 的技術，亞馬遜大量製造一種橙色的圓盤型小機器

人，可以自動駄運貨物轉運架，在亞馬遜的大型倉儲中心裡快速移動，將貨物運送到指定位置。

　　根據 2015 年第三季末的統計數據，亞馬遜在 13 個倉儲中心，使用超過 3 萬個 Kiva 機器人。[15] 這些機器人不僅比人類倉庫管理員工作得更快、更有效率，在空間占用上也比人類更為節省。使用了橙色機器人的倉儲中心，比普通的倉儲中心可以多存放50％的貨物，營運成本也因此降低20％。

　　對於愛網購的新新人類而言，快遞則是另一個與大家的幸福指數息息相關的行業。機器人在此當然也可以大顯身手，谷歌、亞馬遜、DHL[16] 等公司從幾年前起，就開始嘗試使用智慧無人機完成快遞流程的「最後一哩」。

　　除了可以直接降落在自家庭院裡的無人機，不少新創公司也在大力研發智慧型機器人的無人貨運小車。知名披薩連鎖店達美樂，就在嘗試使用小車形狀的機器人送披薩上門。一家名為 Starship Technologies 的新創公司，[17] 更是為小車形狀的機器人，設計了安全鎖、智慧行駛、精準定位、智慧通信等模組。小車最多可承載 20 磅（約 9 公斤）的貨物，最遠可在方圓 1 英里（約 1.6 公里）的範圍內運行，不僅可以充當快遞工具，還可以在你購物回家的路上幫你拿東西。

　　另一個近年來火熱的領域是教育和家用機器人，不過必須提醒大家的是，今天的家用機器人還遠遠無法像大家奢望的那樣，以人形外貌出現在主人面前。從投資者的角度來

圖 13　亞馬遜橙色倉儲機器人

圖 14　DHL 運送快遞包裹的無人機

圖 15　Starship Technologies 的智慧型機器人

看，愈是追求和人類長得一樣、試圖像人類一樣說話與做事的機器人，就愈是沒有商業前景。道理很簡單——當機器人愈像人，人類就愈容易拿真人來做比較，這時技術的不足就會顯露無遺，在「缺點放大鏡」的作用之下，這種機器人只會顯得無比愚蠢和笨拙。

真正容易打動家庭用戶的是，諸如亞馬遜 Echo 這樣的智慧家電——功能相對簡單，外形更像家電，而不是機器人，而且智慧功能只在一、兩個有限但明確的使用場合。也就是說，大多數用戶會更喜歡一個有一定溝通能力、比較可愛，甚至很「萌」的小家電，而不是一個處處有缺陷的全功能人形機器人。

教育機器人的應用也十分類似，新創公司奇幻工房（Wonder Workshop）推出了名為「達奇」

（Dash）[18] 和「達 達」（Dot） 的
小機器人，能幫助 5 歲以上的孩
子學習程式設計，開發孩子的動
手能力和想像力，但它們的外貌
並不像真人，而是幾個可愛的幾
何形體組合。

圖 16　奇幻工房的教育機
器人「達奇」

人工智慧究竟是什麼？

　　人工智慧就在我們身邊，但並非所有人都能留意到它的
存在。許多人只是將它視作尋常科技的一種，而這牽涉到如
何定義人工智慧的問題。

　　在某些人眼裡，只有長相和人一模一樣，智慧水準不輸
18 歲男女青少年的機器才叫人工智慧；在另一些人看來，
電腦能夠完成許多人類做不到的事，例如一秒鐘完成數百億
次運算。人類再怎麼聰明，也無法在運算速度上與機器相
比，為什麼就不能將遠超越人類的電腦稱為「人工智慧」？

　　這兩種看法幾乎是兩個極端，誰的看法更正確一些？到
底什麼是人工智慧？為什麼我們說之前談到的智慧搜尋引
擎、智慧助理、機器翻譯、機器寫作、機器視覺、自動駕
駛、機器人等技術屬於人工智慧，而諸如手機作業系統、流
覽器、媒體播放器等，通常不被歸入人工智慧的範疇？關於
「人工智慧」，究竟有沒有一個容易把握和界定的科學定義？

AI 小百科：人工智慧的定義

歷史上，人工智慧的定義歷經多次轉變，一些膚淺、未能揭示內在規律的定義，很早就被研究者拋棄。直到今日，被廣泛接受的定義仍然有很多種，具體要使用哪一種定義，通常取決於我們討論問題的語境和關注的焦點。

在此，簡要列舉幾種歷史上有影響力，或是目前仍然流行的人工智慧定義。對這些定義的分析、討論，是一件相當有趣的事，有點像古代哲學家圍坐一起探討「人何以為人」，或是像科幻迷對艾西莫夫（Isaac Asimov）的「機器人三定律」（Three Laws of Robotics）展開辯論。其實，很多實用主義者反對形而上的討論，會大聲說：「管他什麼是人工智慧呢！只要機器能夠幫助人類解決問題，不就行了？」

定義 1　AI 就是令人覺得不可思議的電腦程式

「人工智慧就是機器可以完成人們不認為機器能夠勝任的事」，這個定義非常主觀，但也非常有趣。一個電腦程式是不是人工智慧，完全由這個程式的所作所為，是不是能夠令人目瞪口呆來界定。這種唯經驗論的定義顯然缺乏一致性，會因時代不同、背景不同、評判者的經驗不同，而套用不同的標準。但是，這個定義往往反映的是，一個時代裡最大多數的普通人對人工智慧的認知方式：每當一個新的人工

智慧熱點出現，新聞媒體和社會大眾總是用自己的經驗，來判定人工智慧技術的價值高低，而不管這種技術在本質上究竟有沒有「智慧」。電腦下棋的歷史，就非常清楚地揭示了這個定義的反諷之處。

　　早期，礙於運算速度和儲存空間的限制，電腦只能用來解決相對簡單的棋類博弈問題，例如西洋跳棋，但這毫不妨礙當時的人們將一台會下棋的電腦稱作「智慧型機器」，因為那時的普通電腦在大多數人的心中，不過是一台能用飛快速度做算術題的機器罷了。1951 年，英國曼徹斯特大學的克里斯多夫‧斯特拉齊（Christopher Strachey），編寫了第一個會下西洋跳棋的電腦程式。1950 年代中期，IBM 的亞瑟‧薩繆爾（Arthur Samuel）開發的西洋跳棋程式，可以和業餘選手對抗。1962 年，薩繆爾的程式戰勝了一位盲人跳棋高手，一時間成了不小的新聞事件，[19] 絕大多數的媒體和社會大眾都認為類似的西洋跳棋程式，是不折不扣的人工智慧。

　　可是，沒過多久，不少粗通程式設計的人就發現，電腦基本上是用搜尋或優化搜尋的方式，來解決博弈問題。雖然其中有各種避免窮舉的演算法技巧，但在公眾眼中，程式只不過是按事先編寫的搜尋策略，一步步找到最佳走棋步驟而已。隨著 PC 普及，每台個人電腦都可以運行一個水準相當高的西洋跳棋程式，於是會下棋的電腦逐漸褪去神祕光環。人們開始懷疑西洋跳棋程式的智慧程度，不少人會用國際象

棋作為例子，挑釁說道：「下西洋跳棋有什麼了不起？哪天在國際象棋棋盤上贏得世界冠軍，那才叫人工智慧。」

後頭的事情大家都很熟悉了。1996 年，IBM 研究團隊傾力打造的超級電腦深藍，挑戰了世界棋王卡斯帕洛夫（Garry Kimovich Kasparov）。當年，雖然深藍遺憾敗北，但人們已經看到電腦戰勝人類的希望。1997 年，深藍捲土重來，在六局棋的對抗賽中，戰勝了卡斯帕洛夫之後，聲譽大振。當時，幾乎全世界的人都在討論深藍的強大與可怕，沒有人懷疑深藍就是人工智慧的代表，至少公眾願意相信在深藍巨大的黑色主機殼內，擁有一顆在棋類博弈領域不輸給人類的特殊「大腦」。

可惜，好景不長，和西洋跳棋相似的歷史，很快就再次上演了。當國際象棋、中國象棋已經被電腦玩得滾瓜爛熟，連一部手機、一台平板電腦上的象棋程式，都能與人類高手分庭抗禮，公眾立刻就開始懷疑這樣的博弈程式，是不是還稱得上是人工智慧。事實上，和下棋類似的事情，也發生在OCR（光學字元識別）* 等已經失去新鮮感的電腦演算法上。[20] 道理很簡單，公眾總是樂於證明人類在智慧層面的獨一無二，不管是不是真的懂演算法的細節，人們總會說，電

---

* 光學字元識別（Optical Character Recognition, OCR），對文字資料的圖像檔案掃描後，進行分析、識別。

腦只不過是在程式控制下，機械性地完成搜尋或窮舉罷了。

在拒絕承認象棋程式是人工智慧之後，公眾找到維護人類智慧尊嚴的最後陣地——圍棋。直到 2016 年年初，除了一個名叫樊麾的職業圍棋選手，以及谷歌 DeepMind 一支規模不大的研發團隊之外，幾乎所有地球人，包括圍棋高手和不少電腦專家，都經常會這樣說：「下象棋有什麼了不起的？真有『智慧』的話，就來跟世界冠軍下盤圍棋試試？圍棋可是一項無法窮盡搜尋，需要倚靠人類大局觀的智力運動，是電腦唯一無法戰勝人類的棋類比賽。」

很不幸，人類的自以為是，再次被快速發展的人工智慧演算法給無情嘲笑了。2016 年 3 月 9 日，圍棋世界冠軍李世石，端坐在 AlphaGo 的面前，宿命再一次降臨。隨著 AlphaGo 在五番棋中以 4：1 大勝，有關人工智慧的熱情和恐慌情緒，同時間在全世界蔓延開來，也因此引發了一波人工智慧的宣傳熱潮。

2017 年元旦前後，升級版的 AlphaGo 更是以 Master 的網名悄然復出，在中韓對弈的平台上，與包括中日韓最高水準棋手在內的數十位人類頂尖棋手過招，弈出了 60：0 的絕對優勢戰績，真可謂「笑傲棋壇，但求一敗。」

今天，沒有人會懷疑 AlphaGo 的核心演算法是人工智慧，但想想以前的西洋跳棋和國際象棋，當時的人們不是一樣對戰勝人類世界冠軍的程式敬若神明嗎？再過兩、三年，

當手機上的圍棋程式可以輕鬆戰勝職業棋手，當所有圍棋比賽都要嚴查手機作弊時，大家還會認為電腦下圍棋，是一件不可思議的事嗎？人們還會將圍棋程式，視為人工智慧的代表嗎？

定義 2　AI 就是與人類思考方式相似的電腦程式

　　這是人工智慧發展早期非常流行的一種定義方式，另一種同樣從思考方式本源出發的類似定義是：AI 就是能夠遵照思維裡的邏輯規律進行思考的電腦程式。

　　從根本上來說，這是一種類似仿生學的直觀思路。既然稱為「人工智慧」，那麼用程式來類比人類的智慧，就是最直截了當的做法。但歷史經驗證明，仿生學的思路在科技發展中不一定可行。一個最好、也是最著名的例子，就是飛機的發明。人類在幾千年的時間裡，一直夢想著按照鳥類撲打翅膀的方式飛上天空；但反諷的是，真正帶著人類在長空翱翔，並且打破鳥類飛行速度與飛行高度紀錄的，是飛行原理與鳥類差別極大的固定翼飛機。

　　人類的思考方式？人類究竟是怎樣思考的？這本身就是一個複雜的技術和哲學問題。要了解人類自身的思考方式，哲學家們試圖透過反省與思辨，找到人類思維的邏輯法則；科學家們則透過心理學和生物學實驗，了解人類在思考時的身心變化規律。這兩條道路都在人工智慧的發展歷史上，發

揮了極為重要的作用。

　　思維法則，或是邏輯學，是一個人的思考過程是不是理性的最高判定標準。從古希臘的先賢們開始，形式邏輯、數理邏輯、語言邏輯、認知邏輯等分支，在數千年的積累和發展過程中，總結出大量規律性的法則，成功為幾乎所有科學研究提供方法論層面的指導。讓電腦中的人工智慧程式遵循邏輯學的基本規律，進行運算、歸納或推演，是許多早期人工智慧研究者的最大追求。

　　世界上第一個專家系統程式 Dendral，是一個成功運用人類專家知識和邏輯推理規則解決特定領域問題的例子。這是一個由史丹佛大學的研究者，使用 Lisp 語言寫成，幫助有機化學家根據物質光譜推斷未知有機分子結構的程式。Dendral 專案在 1960 年代中期，取得令人矚目的成功，衍生出一大批根據物質光譜推斷物質結構的智慧程式。[21] Dendral 之所以能夠在特定領域解決問題，一是依賴化學家累積的關於何種分子結構可能產生何種光譜的經驗知識，一是依賴符合人類邏輯推理規律的大量判定規則。Dendral 的成功，事實上帶動專家系統在人工智慧各相關領域的廣泛應用，從機器翻譯到語音辨識，從軍事決策到資源勘探；一時間，「專家系統」似乎就是「人工智慧」的代名詞，熱度不亞於今天的「深度學習」。

　　不過，人們很快就發現，基於人類知識庫和邏輯學規則

構建人工智慧系統的局限。一個解決特定、狹小領域問題的專家系統，很難被擴展到稍微寬廣一點的知識領域中，更別提擴展到基於世界知識的日常生活裡了。一個著名的例子就是：早期人們使用語法規則與詞彙對照表，來實現機器翻譯時的窘境。1957 年，蘇聯發射世界第一顆人造衛星之後，美國政府和軍方急於使用機器翻譯系統，來了解蘇聯的科技發展動態。

然而，使用語法規則和詞彙對照表，來實現的俄翻英機器翻譯系統笑話百出，曾把「心有餘而力不足」（the spirit is willing, but the flesh is weak），譯成「伏特加不錯，但肉都爛掉了」（the vodka is good, but the meat is rotten），完全無法處理自然語言中的歧義和豐富多樣的表達方式。[22] 在後起的統計模型、深度學習等技術面前，專家系統毫無優勢可言，從 1990 年代開始就備受冷落。科研機構甚至不得不解雇過時的語言學家，以跟上技術發展的腳步。

另一方面，科學家從心理學和生物學出發，試圖釐清人類大腦到底是如何運作的，並且希望按照大腦的運作原理構建電腦程式，落實「真正」的人工智慧。在這條道路上，同樣荊棘滿布；最跌宕起伏的例子，非神經網路莫屬。

生物學家和心理學家，很早就開始研究人類大腦的運作方式；其中，最重要的一環，就是大腦神經元對資訊（刺激）的處理和傳播過程。早在通用電子電腦出現之前，科學家就

已經提出有關神經元處理資訊的假想模型，即人類大腦中為數龐大的神經元，共同組成一個相互協作的網路結構，資訊（刺激）透過若干層神經元的增強、衰減或遮罩處理之後，作為系統的輸出信號，控制人體對環境刺激的反應（動作）。1950 年代，早期人工智慧研究者將神經網路用於模式識別，用電腦演算法類比神經元對輸入信號的處理過程，並且根據信號經過多層神經元後得到的輸出結果，對演算法參數進行修正。

　　早期神經網路技術沒有發展太久就陷入低谷，主要有兩個原因。一、當時的人工神經網路演算法，在處理某些特定問題時有先天局限，亟待理論突破；二、當時的電腦運算能力，無法滿足人工神經網路的需要。1970 年代到 1980 年代，人工神經網路的理論難題得到解決。從 1990 年代開始，隨著電腦運算能力的飛速發展，神經網路在人工智慧領域，重新變成研究的熱點。但是，直到 2010 年前後，支援深度神經網路的電腦集群，才開始獲得廣泛應用，而提供深度學習系統訓練使用的大規模資料集，也愈來愈多。神經網路這一仿生學概念，在人工智慧新一輪的復興中，真正扮演了至關重要的核心角色。

　　客觀說來，神經網路到底在多大程度上，精確反映出人類大腦的運作方式？這個問題仍然存在爭議。在仿生學的道路上，最本質的問題是：人類至今對大腦如何學習、記憶、

歸納、推理等思維過程的機理還缺乏認識，況且我們並不知道，到底要在哪個層面——大腦各功能區相互作用的層面？細胞之間交換化學物質和電信號的層面？還是分子和原子運動的層面？——真實類比人腦運作，才能製造出可與人類智慧匹敵的智慧型機器。

定義 3　AI 就是與人類行為相似的電腦程式

　　和仿生學派強調對人腦的研究與模仿不同，實用主義者從不覺得人工智慧的實現，必須遵循什麼規則或理論框架。「不管黑貓、白貓，會抓老鼠的，就是好貓。」在人工智慧的語境下，這句話可以被改造成：「不管簡單程式、複雜程式，只要是聰明、管用的，就是好程式。」

　　也就是說，無論電腦以何種方式實現某一功能，只要該功能表現得和人在類似環境下的行為相似，就可以說這個電腦程式擁有該領域的人工智慧。這個定義從近似於人類行為的最終結果出發，忽視了達到此一結果的手段。另一種對人工智慧的近似定義，則是更強調人工智慧的實用色彩：AI 就是可以解決問題，並且獲致最大效益的電腦程式。

　　略懂一點程式設計的人都知道，幾乎所有的程式設計語言，都會提供類似 if... else... 的分支結構，即如果程式發現某項條件已經滿足，就會執行 if 之後的指令，否則就會執行 else 之後的指令。那麼，與 if... else... 相關的一個哲學問

題是，程式在根據某項條件進行判斷，並且完成相應的操作時，這項「判斷」及隨後的「決定」，是由電腦自己做出的，還是由編寫程式的人做出的？如果是由電腦自己做出的，那能不能說所有執行 if... else... 語句的電腦程式，都是人工智慧？如果是相反的話，那麼電腦根據運作情況做決策時，人類又在哪裡呢？

　　哲學思辨很容易陷入這樣的兩難境地，但實用主義者根本不把這當一回事——執行 if... else... 的程式是否有智慧，完全要看那個程式是不是做了和人相似、有智慧的事。像 Dendral 這樣的專家系統，就是靠大量的 if... else... 來模仿人類專家的判定規則，這當然屬於人工智慧的範疇，而普通的數值計算程式即便用了 if... else...，也不能被稱作「智慧」。

　　實用主義者推崇備至的一個例子，就是麻省理工學院於 1964 年到 1966 年間開發的「智慧」聊天程式——ELIZA。那個程式彷彿一個有著無窮耐心的心理醫師，可以和無聊的人或需要談話治療的精神病人，你一句我一句永不停歇地聊下去。當年，ELIZA 的聊天紀錄，讓許多人不敢相信自己的眼睛。可事實上，ELIZA 所做的，不過是在用戶輸入的句子裡，找到一些預先定義好的關鍵字，然後根據關鍵字，從預定的回答中選擇一句，或是簡單將用戶的輸入做了人稱替換後，再次輸出，就像心理醫師重複病人的話那樣。ELIZA 心裡只有詞表和映射規則，才不懂用戶說的話是什

麼意思。

這種實用主義的思想，在今天仍然具有很強的現實意義。舉例來說，今天的深度學習模型，在處理機器翻譯、語音辨識、主題抽取等自然語言相關問題時，基本上都是將輸入的文句，看成由音素、音節、字或詞語所組成的信號序列，然後將這些信號一股腦兒塞進深度神經網路進行訓練。

在深度神經網路的內部，每層神經元的輸出信號可能相當複雜，複雜到程式設計者並不一定清楚這些中間信號在自然語言中的真實含義。但是，這沒有關係，只要整個模型的最終輸出滿足要求，這樣的深度學習演算法，就可以運作得很好。在研究者看來，深度學習模型是不是真的跟人類大腦神經元理解自然語言的過程類似，這一點都不重要；重要的是，整個模型可以聰明運作，最終結果看起來就像人做的一樣就好。

定義4　AI 就是會學習的電腦程式

沒有哪個完美主義者會喜歡這個定義，因為這個定義幾乎將「人工智慧」與「機器學習」畫上等號。然而，這的確是最近這波人工智慧熱潮裡，「人工智慧」在許多人眼裡的真實模樣。那麼，是誰讓深度學習一枝獨秀，幾乎壟斷人工智慧領域裡所有流行的技術方向呢？

從 1980 年代到 1990 年代，人們還在專家系統和統計模

型之間搖擺不定，機器學習固守著自己在資料探勘領域的牢固陣地遠遠觀望。短短十幾年過去，從 2000 年到 2010 年，機器學習開始逐漸爆發出驚人的威力，最早在電腦視覺領域擁有驚人的突破。從 2010 年至今，使用深度學習模型的圖像演算法，在 ImageNet 競賽中明顯降低了物件識別、定位的錯誤率；到了 2015 年，在 ImageNet 競賽中領先的演算法，已經達到比人眼更高的識別準確率。[23] 就在同一年，語音辨識依靠深度學習，獲得大約 49％的性能提升。[24] 機器翻譯、機器寫作等領域，也在同一時期逐漸被深度學習滲透，因此獲得大幅改善。

　　「無學習，不 AI」，這句話幾乎成了人工智慧研究在今天的核心指導思想。許多研究者更願意將自己稱為機器學習專家，而非泛泛的人工智慧專家。谷歌的 AlphaGo 因為學習了大量專業棋手的棋譜，又從自我對弈中持續學習、提升能力，才擁有戰勝人類世界冠軍的本錢。微軟小冰因為學習了大量互聯網上的流行語料，才能用既時尚、又活潑的聊天方式與使用者交流。媒體方面，被宣傳為人工智慧的典型應用，大多擁有深度學習的技術基礎，是電腦從大量數據資料中，透過自我學習掌握經驗模型的結果。

　　這個定義似乎也符合人類認知的特點，畢竟沒有哪個人是不需要學習，從小就懂得所有事情的。人的智慧離不開成長過程裡的不間斷學習，因此今天最典型的人工智慧系統，

透過學習大量數據訓練經驗模型的方法，其實可以被視為模擬人類學習和成長的全過程。如果說，人工智慧未來可以突破到強人工智慧，甚至超人工智慧的層次，那麼從邏輯上說來，在所有人工智慧技術中，機器學習最有可能扮演核心推動者的角色。

當然，機器目前的主流學習方法，和人類的學習方法還存在著很大的差別。舉個最簡單的例子，目前的電腦視覺系統，在看過數百萬張或更多自行車的照片之後，很容易辨別出什麼是自行車、什麼不是自行車，這種需要大量訓練照片的學習方式，看上去還比較笨拙。反觀人類，給一個三、四歲的小孩子看過一輛自行車之後，如果再見到的哪怕是外觀完全不同的自行車，十之八九也能做出「那是一輛自行車」的判斷。

也就是說，人類的學習過程，往往不需要大規模的訓練資料。這項差別給人類帶來的優勢是全方位的，面對繁紛複雜的世界知識，人類可以用自己卓越的抽象能力，僅憑少數個例，就歸納出可舉一反三的規則或原理，甚至更高層次的思維模式或哲學內涵等。最近，儘管研究者提出了遷移學習等新的解決方案，但從總體上說來，電腦的學習水準還遠遠達不到人類的境界。如果人工智慧是一種會學習的機器，那麼未來需要著重提升的，就是讓機器在學習時的抽象或歸納能力向人類看齊。

定義 5　AI 就是根據對環境的感知做出合理行動，獲致最大效益的電腦程式

　　針對人工智慧，不同定義將人們導向不同的研究或認知方向，不同的理解分別適用於不同人群和語境。如果非要折衷調和所有看上去合理的定義，我們得到的，也許就只是一個全面但過於籠統、模糊的概念。

　　維基百科的人工智慧詞條，採用的是斯圖亞特・羅素（Stuart Russell）與彼得・諾維格（Peter Norvig）在《人工智慧：一種現代的方法》（*Artificial Intelligence: A Modern Approach*）[25] 一書中的定義。他們認為：

> 人工智慧是有關「智慧主體（Intelligent agent）研究與設計」的學問，而「智慧主體是指一個可以觀察周遭環境，並且採取行動以達成目標的系統。」[26]

　　基本上，這個定義涵蓋前述幾個實用主義的定義，既強調人工智慧可以根據環境感知做出主動反應，又強調人工智慧所做出的反應必須達成目標，同時不再強調人工智慧對人類思維方式，或人類總結的思維法則（邏輯學規律）的模仿。

　　前述總共列舉了五種常見的「人工智慧」的定義，其中第二種「與人類思考方式相似」特別不可取。人們對大腦工作機理的認識尚淺，而電腦走的是幾乎完全不同的技術道

路。正如深度學習「三巨頭」之一的揚‧勒丘恩（Yann LeCun）所說的，對於深度神經網路：「我最不喜歡的描述是，『它像大腦一樣工作。』我不喜歡人們這樣說，原因是雖然深度學習從生命的生物機理中獲得靈感，但它與大腦的實際工作原理，差別非常、非常巨大。將它與大腦進行類比，賦予它一些神奇光環，而這種描述是危險的。這將會導致天花亂墜的宣傳，大家會要求一些不切實際的事情。人工智慧之前經歷過幾次寒冬，就是因為人們要求一些人工智慧無法給予的東西。」[27]

中國著名的機器學習專家，南京大學計算機系教授周志華則說：「現在有很多媒體，常說深度學習是『模擬人腦』，其實這個說法不大對。我們可以說最早的神經網路受到一點點啟發，但完全不能說是『模擬人腦』之類的。」[28]

至於第一種定義「令人覺得不可思議的電腦程式」，則顯示出大眾看待人工智慧的視角，直觀、易懂，但是主觀性太強，不利於科學討論。第三種定義「與人類行為相似的電腦程式」，是電腦科學界的主流觀點，也是一種從實用主義出發，簡潔、明瞭的定義，但缺乏周密的邏輯。第四種定義「會學習的電腦程式」，反映的是機器學習，特別是從深度學習流行之後，人工智慧世界的技術趨勢，雖然有失狹隘，但最具有時代精神。第五種定義，也是維基百科使用的綜合定義，是學術界的教科書式定義，全面均衡，偏重實證。

　　基本上，偏重實證是近年來人工智慧研究者的主流傾向。在今天這個結果至上的時代裡，沒有多少人願意花心思去推敲人工智慧到底該如何定義。如果有那個時間，倒不如去跑幾個深度學習的新模型，或是發表幾篇深度學習新演算法的論文要來得合算。

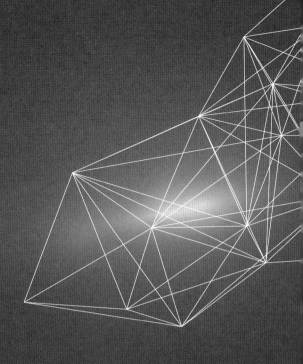

Chapter 2 | AI 復興：
深度學習＋大數據＝人工智慧

第三次 AI 熱潮，有何不同？

2016 年 3 月，似乎人人都在談人工智慧。AlphaGo 與李世石的一盤棋，將普通人一下子帶入科技最前沿。圍棋人機大戰剛剛塵埃落定，「人類是不是要被機器毀滅了？」之類的話題，就超出科幻迷的圈子，在普通人群中流行開來。每天，我都能在各種場合聽見人們談論人工智慧，哪怕是在街頭的咖啡館裡，也能聽到「深度學習」這樣的專業字眼。

大大小小的人工智慧「論壇」或「年會」，如雨後春筍般在北京、上海、廣州、深圳、杭州等地湧現出來。學術界的人工智慧大師們，在各種會議、商業活動和科普活動中奔波忙碌，馬不停蹄。一邊是專業的科研機構、高科技公司在談論人工智慧；另一邊，銀行、保險、能源、家電等傳統行業廠商，也都忙不迭地把「AI」或「AI+」的標籤貼在自己身上。至於創投領域，就更是熱火朝天，包括創新工場在內，每家高科技投資機構，都盯緊了人工智慧領域的新創公司。這種火熱場面，和整個投資圈在 2016 年遇冷的大背景，可說迥然不同。

然而，大家千萬不要忘了，這並不是人機對弈第一次激起公眾的熱情。1997 年，IBM 深藍戰勝卡斯帕洛夫的那天，全球科技愛好者奔相走告的場景，絲毫不比今天人們對 AlphaGo 的吹捧遜色多少。再往前看，1962 年，IBM 的亞

瑟‧薩繆爾開發的西洋跳棋程式，就戰勝過一位盲人跳棋高手，那時的報紙也在吹捧人工智慧，公眾也一樣對智慧型機器的未來充滿好奇。

　　從 1960 年代、1990 年代再到今天，從西洋跳棋、國際象棋，再到圍棋、三盤棋，總共歷經三次人工智慧在公眾中的熱潮。為什麼處在風口浪尖的，偏偏都是人機對弈？為什麼會下棋的電腦程式如此風光？

　　縱觀人工智慧發展史，人機對弈只是人工智慧在公眾心中地位起起落落的一個縮影。對於人工智慧的技術研發者而言，選擇人機對弈作為演算法的突破口，一方面是因為棋類遊戲代表著一大類典型、有清晰定義和規則、容易評估效果的智慧問題；另一方面，也是因為具備一定複雜性的棋類遊戲，通常會被公眾視為人類智慧的代表，一旦突破了人機對弈演算法，也就意味著突破了公眾對人工智慧這項新技術的接受門檻。

　　的確，每次人機大戰及電腦勝出的結果，都在公眾視野中激

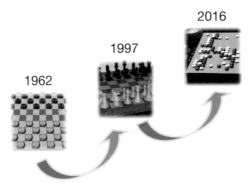

圖 17　三個時代，三盤人機對弈

起萬千波瀾。可是，回過頭來想一想，人類對電腦在棋類專案上勝出的心理承受力，又是何等的脆弱和可笑？跳棋程式甫一成熟，公眾便驚呼「智慧型機器威脅論」，但沒過幾年，習慣了電腦會下簡單棋類的公眾，又會轉而挑釁道：「下個跳棋，有什麼了不起的？有本事去下複雜無比的國際象棋試試？」IBM 深藍剛戰勝卡斯帕洛夫時，全世界關心科技發展的公眾，都在為人類未來的命運擔憂。沒過幾年，國際象棋和中國象棋程式，就變成了再普通不過的電腦應用，在大多數人的心目中，「下個象棋，算什麼智慧？有本事去下奧妙無窮的圍棋試試？」

網上流傳著一幅有關「人工智慧發展成熟度曲線」的插畫，展現出人們在此前兩次人工智慧熱潮中，從被人工智慧在某些領域的驚豔表現震撼，到逐漸認識當時的人工智慧還有各種局限，以至於產生巨大心理落差的有趣過程。

與其說這是人類的心理落差，倒不如說，這是電腦是否擁有智慧的判定標準被不斷提升。從會下跳棋就算擁有智慧，到會下象棋才算擁有智慧，再到會下圍棋才算擁有智慧，到底有沒有客觀的評價尺度？到底要給電腦設定怎樣的門檻，才能正式發給它一張具有「人類智慧」的鑒定證書？今天，我們認為 AlphaGo 是人工智慧了，那麼三年後？五年後呢？

在 AlphaGo 出現之前，人們至少喊過兩次「人類要被

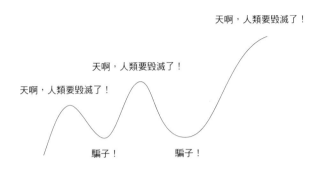

圖 18　網上流傳的插畫：人工智慧發展成熟度曲線

機器毀滅了！」，1960 年代前後算一次，1980 年到 1990 年代前後也算一次。在前兩次的人工智慧熱潮中，每一次都釋放人類關於未來的瑰麗想像力，每一次都讓許多人熱血沸騰。很不幸地，兩次熱潮分別歷經十數年的喧囂之後，無一例外迅速跌入谷底，在漫長寒冬中蟄伏起來。

　　1998 年，我來到北京創立微軟亞洲研究院的時候，正值當時人工智慧的熱潮開始消退，人們對熱潮中隨處可見的盲目情緒心有餘悸，很多人甚至不願再用「人工智慧」這個詞彙，來指代相關的研發領域。在學術圈子裡，一度有很多人覺得，凡是叫「人工智慧」的，都是那些被過分誇大，其實並不管用的技術。結果，我們為微軟亞洲研究院設定科研方向的時候，就經常主動回避「人工智慧」這個字眼，選用「機器視覺」、「自然語言理解」、「語音辨識」、「知識挖掘」之類，側重具體應用領域的術語。

　　只是因為人工智慧的表現，和普通人的期望存有差距，我們這些研究人工智慧的人，就羞於提及「人工智慧」，這真是一件尷尬的事。那麼，今天這次的人工智慧熱潮，又會如何發展呢？第三次的人工智慧熱潮，在本質上有何不同？幾年後的我們，是否還會像前兩次那樣，不但忘卻曾有的興奮，還憤然表示人工智慧都是騙子？學術界、投資界、商業界乃至普羅大眾，還會像此前兩次那樣，在熱鬧一陣子之後，就歸於沉寂，甚至跌落冰點嗎？

用顧能技術成熟度曲線看 AI 發展史

　　和前面那張搞笑的「人工智慧發展成熟度曲線」不同，學術界、產業界和投資界在談到技術發展高峰和低谷時，經常引用顧能（Gartner）公司的「技術成熟度曲線」（The Hype Cycle）。這條曲線顯示，幾乎每一項新興且成功的技術，在真正成熟之前，都要經歷先揚後抑的過程，並且在波折起伏中經由不斷地累積和產品世代交替，最後走向真正的繁榮、穩定和有序發展。

　　如圖 19 的曲線所示，一種新科技的研發過程通常是這樣的：新創公司接受第一輪創投，開發出第一代的產品，雖然不夠成熟，但足以吸引到一批早期接受者——粉絲。在早期階段，產品的優點被粉絲放大，大眾媒體跟風炒作，將該技術推向一個充滿泡沫的膨脹期。隨著盲目的吹捧者激增，

跟風研發、生產的新創公司愈來愈多，產品的不足被無限放大，負面報導開始出現。

　　在供過於求的激烈市場競爭中，大批跟風入局的新創公司，不是被兼併，就是走向倒閉，只有少數擁有核心競爭力的存活下來。跌入低谷後，第二、三輪的創投資金挹注大浪淘沙後僅存的中堅企業，新一代的技術和產品也隨之問世。整個技術曲線步入穩步攀升的平台期和成熟期，潛在用戶的接受程度也從不到 5％，逐漸提升到 20％到 30％以上，新創企業和創投資本開始贏得高額回報。

　　這條曲線概括了絕大多數高新技術的發展歷程，更重要

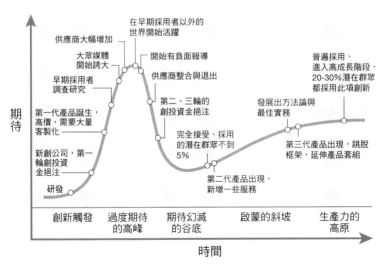

圖 19　顧能技術成熟度曲線（CC BY-SA 3.0, Wikipedia）[1]

的是，每年顧能公司都會根據當年度所有流行技術的發展與成熟狀況，製作出一張當年各流行技術在顧能曲線上的發展位置圖示，標示出每種前沿技術是處在萌芽期、泡沫期、低谷期還是成熟期，以及每種未達成熟期的技術還需要幾年的時間，才能真正成熟起來。技術人員、投資者經常根據顧能曲線來判斷時代潮流，選擇投資方向。

若將顧能技術成熟度曲線對應到人工智慧波折起伏的發展歷程中，我們其實不難看到，人工智慧此前兩次表現出的熱潮，更應該被理解為一項新興技術在萌芽期的躁動，以及在泡沫期的過分膨脹。

在 1950 年代到 1960 年代，伴隨著通用電子電腦的誕生，人工智慧悄然在大學實驗室裡嶄露頭角。以艾倫·圖靈（Alan Turing）提出圖靈測試為標誌，數學證明系統、知識推理系統、專家系統等里程碑式的技術和應用，一下子在研究者中掀起了第一波人工智慧熱潮。但是，在那個年代，無論電腦的運算速度，還是相關的程式設計與演算法理論，都遠遠不足以支撐人工智慧的發展需要。

電腦科學和人工智慧的先驅圖靈，早在 1951 年就發表過一份寫在紙上的象棋程式，[2] 可惜當年的電腦難以執行這麼複雜的運算。這就好比探險家發現新大陸一樣，首次踏足新大陸和真正讓新大陸蓬勃發展起來，根本是兩碼事。於是，從 1960 年代末期開始，無論是專業研究者或普通公

眾，大家對人工智慧的熱情迅速消退。

　　從 1980 年代到 1990 年代，也就是我在卡內基梅隆大學發明非特定人連續語音辨識技術，並且將其運用在蘋果電腦系統的時代，的確是人工智慧研究者和產品開發者的一個黃金時代。傳統基於符號主義學派（Symbolic AI）的技術，被我和其他同時代研究者拋在一邊；基於統計模型的技術悄然興起，並且在語音辨識、機器翻譯等領域，取得不俗的進展。人工神經網路也在模式識別等應用領域開始有所建樹，加上 1997 年 IBM 深藍戰勝人類棋王卡斯帕洛夫，普通人的積極性一度高漲起來。

　　但是，那個時代的技術進步還不夠好，不足以超越人類對智慧型機器的心理預期。以語音辨識來說，統計模型雖然讓語音辨識技術前進一大步，但還沒好到能讓普通人接受的程度，只要測試環境稍有變化，就會造成識別效果大幅下降。那時，我在蘋果公司開發的語音辨識應用，更多被運用於演示和宣傳上，實用價值十分有限。從整體來看，那一波人工智慧熱潮，仍然籠罩著濃厚的學術研究和科學實驗色彩，雖然激發了大眾的熱情，但更像是跌入谷底前的泡沫期，遠遠未達到與商業模式、大眾需求接軌，並且穩步發展的程度。

　　2010 年前後，準確地說，是從 2006 年開始，隨著深度學習技術的成熟，加上電腦運算速度的大幅增長，還有互聯

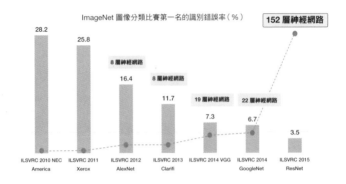

圖 20　ImageNet 圖像分類比賽歷年來識別錯誤率的變化趨勢

網時代累積出來的海量資料財富，人工智慧開始了一段與以往大為不同的復興之路。2012 年到 2015 年間，在代表計算機智能圖像識別最前沿發展水準的 ImageNet 競賽（ILSVRC）中，參賽的人工智慧演算法，在識別準確率上突飛猛進。2014 年，在識別圖片中的人、動物、車輛或其他常見物件時，基於深度學習的電腦程式，超越了普通人類肉眼識別的準確率。[3]

　　人們在 ImageNet 競賽中取得的非凡成就，是人工智慧發展史上一個了不起的里程碑，也是當今這一波人工智慧熱潮由萌芽到興起的關鍵節點。隨著機器視覺領域的突破，深度學習迅速開始在語音辨識、資料探勘、自然語言處理等不同領域攻城掠地，甚至開始將以前被人們視為科幻的自動駕駛技術帶入現實。此外，基於深度學習的科研成果，還被推

向各個主流商業應用的領域，例如銀行、保險、交通運輸、醫療、教育、市場行銷等，首次落實人工智慧技術與產業鏈的有機結合。

今天的人工智慧，是「有用」的人工智慧

　　我覺得，和前兩次的 AI 熱潮相比，這一次人工智慧復興的最大特點，就是 AI 在多個相關領域，表現出可被普通人認可的性能或效率，因此被成熟的商業模式接受，開始在產業界發揮出真正的價值。

　　從心理學來說，人們接受了一件新事物，就像人們感受到一種外界刺激一樣，是有一個心理閾值的。外界刺激——例如聲、光、電——的強度太小的話，人們根本不會有任何感覺。只有當外界刺激的強度，超過個人能夠感知的最小刺激量，人們才有「聽到聲音」、「看見東西」之類的明確感受。這個能夠引起人們感知反應的最小刺激量，在心理學上稱為「絕對閾值」（absolute threshold）。[4]

　　人工智慧技術的發展正是如此，在此還是以圖像識別為例，在人工智慧發展的早期，如果一個電腦程式宣稱可以識別出圖片中的人臉，但識別準確率只有五成左右，那普通人只會把這個程式看作一個玩具，絕不會認為它擁有智慧。隨著技術進步，當人臉識別演算法的識別準確率，提高到80％、甚至接近90％的時候，研究者當然知道，儘管取得

這樣的進步十分不易，但這種結果其實還是很難被普通人接受，因為每五個人臉就會認錯一個，明顯無法在實際生活中運用。

人們也許會說這個程式挺聰明的，但絕對不會認為這個程式已經聰明到可以替代人類的眼睛。只有當電腦在人臉識別上的準確率，非常接近、甚至超過普通人的水準，安防系統才會用電腦來取代人類保全，完成身分甄別的工作。也就是說，對於人臉識別這個應用，接近或超過普通人的水準，才是我們關心的「絕對閾值」。

所以，當我們說「人工智慧來了」，其實是說，人工智慧或深度學習真的可以解決實際問題了。在機器視覺、語音辨識、資料探勘、自動駕駛等應用場景，人工智慧接連突破了人們可以接受的心理閾值，而且首次在產業層面「落地」，創造並發揮出真正的價值。

人工智慧之所以能有今天的成就，深度學習技術厥功至偉。谷歌最傑出的工程師傑夫・迪恩（Jeff Dean）曾說：「我認為，在過去五年，最重大的突破應該是對深度學習的使用。這項技術目前已經成功被應用到許許多多的場景中，從語音辨識、圖像識別，再到語言理解。有意思的是，我們目前還沒有看到，有什麼是深度學習做不了的。希望在未來，我們能夠看到更多更有影響力的技術。」[5]

所以，關於第三次人工智慧熱潮，我的看法是：

- 前兩次人工智慧熱潮是學術研究主導的，這次人工智慧熱潮是現實商業需求主導的。

- 前兩次人工智慧熱潮多是市場宣傳層面的，這次人工智慧熱潮是商業模式層面的。

- 前兩次人工智慧熱潮多是學術界在勸說，遊說政府和投資人投錢，這次人工智慧熱潮多是投資人主動向熱點領域的學術專案和創業專案投錢。

- 前兩次人工智慧熱潮更多是提出問題，這次人工智慧熱潮更多是解決問題。

到底這一次的人工智慧熱潮，是不是處於技術成熟度曲線的成熟上升期，能不能保持長期持續成長的勢頭，是不是會像此前的人工智慧熱潮那樣，有跌入低谷的風險？我想，經過前述分析後，大家應該會有自己的判斷。

圖靈測試與第一次 AI 熱潮

2016 年，是電腦科學領域的最高獎項——圖靈獎設立 50 週年。1966 年，美國電腦協會（Association of Computing Machinery, ACM）以開創電腦科學和人工智慧基本理論的科學巨匠圖靈的名字，設立了這項「電腦界的諾貝爾獎」。

圖靈的人生，本身就是一則傳奇。他利用自身卓越的數學、密碼學和計算理論知識，在第二次世界大戰期間，幫助英國軍方成功破譯了德軍使用的著名密碼系統——恩尼格瑪

（Enigma）密碼機。早在 1930 年代，他就提出指導所有現代電腦的計算原理設計的圖靈機理論（在那個時候，通用電子電腦還沒有誕生。）此外，他還是個擅長馬拉松的運動健將，卻因為性傾向的問題，受到英國政府迫害，最後服毒身亡。有關圖靈的傳奇故事，2014 年的電影《模仿遊戲》（*The Imitation Game*）很值得推薦。

圖靈是人工智慧的開拓者，他所提出的「圖靈測試」（Turing test），直到今天仍是我們判定一部機器是否具有人類智慧的重要手段。那麼，到底什麼是「圖靈測試」呢？

AI 小百科：圖靈測試

1945 年到 1948 年間，圖靈在英國國家物理實驗室，負責自動計算引擎（Automatic Computing Engine, ACE） 的 研 究。1949 年，圖靈出任曼徹斯特大學電腦實驗室副主任，負責英國最早的可程式設計電腦之一——曼徹斯特馬克一號（Manchester Mark 1）的軟體工作。

圖 21　布萊切利園的圖靈雕像（CC BY-SA 3.0, Wikipedia）

　　這是通用電子電腦剛剛誕生的時代。電子電腦的使用者，無論是軍方、科學家、研究員或學生，都將電腦視為一台運算速度特別快的數學計算工具。鮮少人去琢磨，電腦是否能像人類一樣思考，而圖靈卻走在所有研究者的最前沿。

　　1950 年 10 月，圖靈發表了一篇名為〈計算機械與智慧〉（ “Computing Machinery and Intelligence” ）的論文，試圖探討到底什麼是人工智慧。在論文中，圖靈提出了一項有趣的實驗：

> 假如有一台宣稱自己會「思考」的電腦，人們該如何辨別電腦是否真的會思考呢？一個好方法是：讓測試者和電腦透過鍵盤和螢幕進行對話，與此同時，讓測試者不知道跟自己對話的，到底是一台電腦，還是一個人。如果測試者分不清楚幕後的對話者是人還是機器，即如果電腦能夠在測試中表現出與人等價，或是至少無法區分出來的智慧，那麼我們就說這台電腦通過測試，具備人工智慧。

　　簡單地說，圖靈從人們心理認知的角度，為「人工智慧」下了一個定義。他認為，人們很難直接回答一般性、有關人工智慧的問題，例如：「機器會思考嗎？」但是，如果把問題轉換一種形式，也許就變得易於操作和研究了。圖靈所提

出的新問題是：

> 在機器試圖模仿人類與評判者對話的「模仿遊戲」
> 中，有思考能力的電子電腦能做得和人一樣好嗎？

圖靈所說的「模仿遊戲」，後來也被人們稱為「圖靈測試」。這個定義更接近我們現在說的「強人工智慧」或「通用人工智慧」。在論文中，圖靈還對人工智慧的發展，提供非常有益的建議。他認為，與其研製類比成人思維的電腦，不如嘗試製造更簡單、也許只相當於一個小孩智慧的人工智慧系統，然後再讓這個系統不斷地學習——這種思路正是我們今天用機器學習，解決人工智慧問題的核心指導思想。

在 1950 年到 1960 年代，人們對人工智慧普遍持有過分樂觀的態度。圖靈測試剛提出沒幾年，人們似乎就看到電腦通過圖靈測試的一線曙光。1966 年，麻省理工學院教授約瑟夫‧維森鮑姆（Joseph Weizenbaum），發明了一個可以和人對話的小程式，名叫 ELIZA。這個名字來自蕭伯納（George Bernard Shaw）的戲劇《賣花女》（*Pygmalion*），賣花女的名字就叫伊萊莎‧杜立德（Eliza Doolittle）。

第一次使用 ELIZA 程式的人，幾乎都被嚇呆了。維森鮑姆將 ELIZA 設計成一個可以透過談話，幫助病人完成心理復原的心理治療師。人們不敢相信自己的眼睛，ELIZA

竟然真的能夠像人一樣，跟病人一聊就是好幾十分鐘，而且有些病人還特別願意與 ELIZA 聊天。

今天，我們也可以從網路上，找到許多相仿 ELIZA 的不同實現版本。比方說，在程式師愛用的編輯器 Emacs 中，有一個名叫「醫生」（Doctor）的現代版 ELIZA 對話程式。下頁圖 22 是病人與這位「精神治療醫師」的一段對話紀錄。怎麼樣？還挺像兩個真人在聊天的吧？

想像一下，1960 年代的人，第一次看到類似這樣的人機對話，會是怎樣一種既驚訝又興奮的神情？但維森鮑姆公布出來的程式原理和原始程式碼，卻又讓當時的人跌破眼鏡，因為 ELIZA 的程式邏輯非常簡單！

ELIZA 所做的，幾乎就是在一個相當有限的話題庫裡，用關鍵字映射的方式，根據病人的問話，找到自己的回答。比方說，當用戶說「你好」時，ELIZA 就說「我很好。請跟我說說你的情況。」此外，ELIZA 會用「為什麼？」，或是「請詳細解釋一下」之類的引導性句子，讓整個對話不停地持續下去。

而且，ELIZA 還有一個非常聰明的技巧，可以透過人稱和句式替換來重複用戶的句子。比方說，當用戶說：「我感到孤獨、難過」，ELIZA 會說：「為什麼你感到孤獨、難過？」這樣一來，雖然根本不理解用戶到底說了什麼，ELIZA 表面上卻用這些小技巧，「裝作」自己可以理解自然

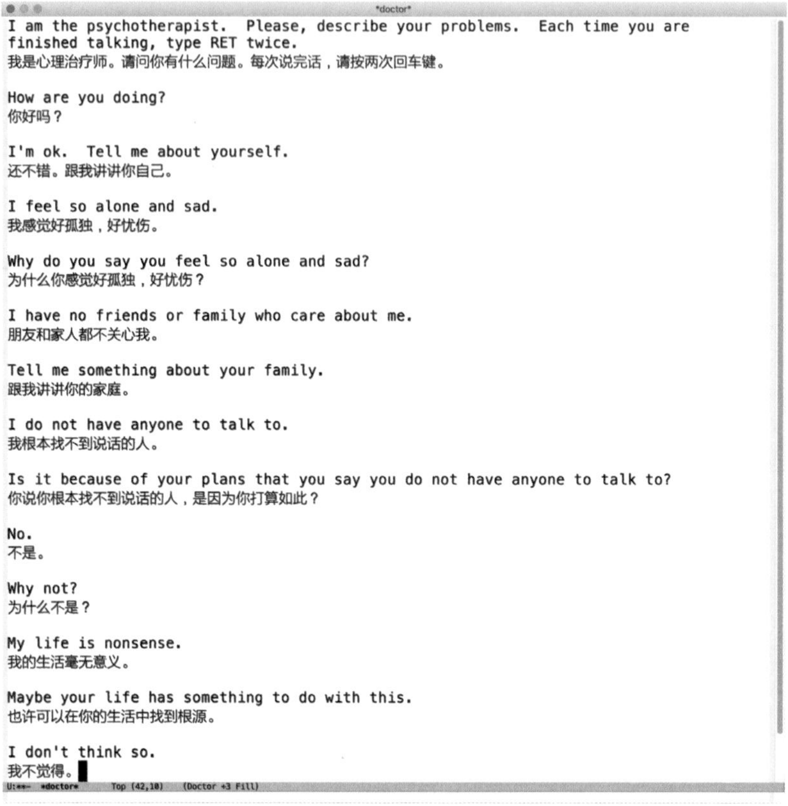

```
●●●                          *doctor*
I am the psychotherapist.  Please, describe your problems.  Each time you are
finished talking, type RET twice.
我是心理治疗师。请问你有什么问题。每次说完话，请按两次回车键。

How are you doing?
你好吗？

I'm ok.  Tell me about yourself.
还不错。跟我讲讲你自己。

I feel so alone and sad.
我感觉好孤独，好忧伤。

Why do you say you feel so alone and sad?
为什么你感觉好孤独，好忧伤？

I have no friends or family who care about me.
朋友和家人都不关心我。

Tell me something about your family.
跟我讲讲你的家庭。

I do not have anyone to talk to.
我根本找不到说话的人。

Is it because of your plans that you say you do not have anyone to talk to?
你说你根本找不到说话的人，是因为你打算如此？

No.
不是。

Why not?
为什么不是？

My life is nonsense.
我的生活毫无意义。

Maybe your life has something to do with this.
也许可以在你的生活中找到根源。

I don't think so.
我不觉得。
U:**- *doctor*    Top (42,10)   (Doctor +3 Fill)
```

圖 22　ELIZA 對話程式的一個現代版本：Emacs Doctor

語言的樣子。

ELIZA 是那種第一眼會讓人誤以為神通廣大，仔細看卻又令人覺得不過爾爾的小程式。當年雖然有人宣稱 ELIZA 可以通過圖靈測試，但更多人只是非常客觀地將 ELIZA 看成是人們第一次實現聊天機器人（Chatbot）的嘗試。追本

溯源，ELIZA 是現在流行的微軟小冰、蘋果 Siri、谷歌 Allo，乃至亞馬遜 Alexa 的真正始祖！

　　針對圖靈測試，人工智慧領域還專門設立了一個每年一度的羅布納獎（Loebner Prize），專門頒發給在圖靈測試中表現最優秀的電腦程式。所有聊天機器人程式都可以參加羅布納獎的評測，以判定是否有程式通過圖靈測試。羅布納獎的競賽規則和評測方式，歷經多次的變化與調整。在 1995 年以前，以限定話題領域的測試為主；自 1995 年起，便不再限定話題領域。而對話時間長度，則是從最初的 5 分鐘，逐漸增加到 2010 年之後的 25 分鐘。

　　評測時，人類評判員坐在電腦前，同時與一個電腦程式和一個真人，透過鍵盤和螢幕對話。在對話結束後，評判員根據對話內容，判定與自己對話的兩位中，哪一位是電腦，哪一位是真人。如果判定錯誤，就表示電腦程式在這次對話中，成功「愚弄」了人類。如果電腦程式愚弄人類的次數超過 30％（圖靈本人建議的比例），便可認為該電腦程式通過圖靈測試。羅布納獎成立至今，尚未有任何程式超過 30％的關卡。2008 年，一個名為 Elbot 的程式，成功騙過 12 位人類評測員中的 3 位，已經很接近 30％的門檻了。[6]

　　非常有趣的是，2014 年，為了記念圖靈逝世 60 週年，雷丁大學（University of Reading）在倫敦皇家學會，舉辦了另一場圖靈測試。測試中，一個名為尤金・古斯曼（Eugene

Goostman）的聊天機器人程式，取得了33％的成功率。這
個聊天機器人程式，是由一個名為普林斯頓人工智慧
（PrincetonAI，雖然名為普林斯頓，但和普林斯頓大學沒有
任何關係）的小團隊設計，成功在33％的評判輪次中，讓
評判員誤以為尤金‧古斯曼是個年約13歲的真實青少年。
雷丁大學隨即宣稱，尤金‧古斯曼第一次通過圖靈測試！

　　但是，尤金‧古斯曼真的通過圖靈測試了嗎？消息剛一
傳出，質疑聲就隨之而來。根據公布出來的聊天紀錄，羅布
納獎的創立者休‧羅布納（Hugh Loebner）認為，雷丁大學
的測試時間長度只有5分鐘，遠遠未達羅布納獎25分鐘的
標準。用5分鐘的聊天紀錄，來判定一個程式是否具有智
慧，這太簡單、草率了。[7] 許多學者在親自與尤金‧古斯曼
進行過網上聊天之後，都覺得這個聊天程式離真正的人工智
慧還差得遠。至少，到目前為止，尤金‧古斯曼還沒有獲得
學界一致認可。

我挑戰圖靈測試的故事

　　說起圖靈測試，我總會想起我在哥倫比亞大學讀書時的
一段趣事。

　　在哥倫比亞大學，我讀的不是電腦系，卻對電腦相關課
程最感興趣。當時，教我們自然語言處理課程的老師是邁克
爾‧萊博維奇（Michael Lebowitz）。他為我們講述了喬姆斯

基（Noam Chomsky）的語言學基本理論，例如基本的詞法、句法關係，以及人是如何透過語法結構理解自然語言的。

　　學到了這些語言學方面的基本知識，年輕的我就大膽提出：「我能不能挑戰一下圖靈測試呢？」其實，我當時提出的想法很簡單，就是做一個聊天機器人，而且是一個只關注自然語言處理這個領域，說話風格模仿我們的老師萊博維奇的小程式。當時，我和另一位非常有才華的華人同學胡林肯（Lincoln Hu）一起，完成了程式的設計和開發。

　　我們做的那個程式，名字就叫邁克爾‧萊博維奇。學生可以把這個程式當作老師，跟「他」聊任何與自然語言處理課程相關的話題。比方說，我們可以問這個程式：「你能告訴我，語言學是什麼嗎？」這個程式就會裝出老師邁克爾‧萊博維奇的口吻說：「語言學就是關於人類語言的科學研究，包括句法、詞法、語音學等研究方向。」更有趣的是，這個程式甚至會講許多老師當年常講的課堂笑話。

　　我們的程式還很幼稚，有些時候表現得比較笨呆，根本不像一個聰明的人類對話者。但是，這個小程式還是讓老師邁克爾‧萊博維奇笑顏逐開，無論是程式本身的幽默感，還是代碼中的技術含量，都超過了老師的期望，所以老師給了我們 A$^+$ 的高分。

　　從技術上來說，今天那些流行的聊天機器人程式，和我們在那個時代做的小程式相比，已經有了很大的進步。除了

都在模仿人類的語言風格之外，還引入更大的知識平台作為後盾。例如，聊天程式基於搜尋引擎索引到的互聯網網頁建立知識庫，從海量的頁面資訊中，蒐集可能的常見問答組合，已經成為一種非常成熟的技術。當我們和這些程式聊天時，實際上既是一次人機對話，也是一次對機器背後龐大知識庫的搜尋操作。

另一方面，那些以參加圖靈測試比賽為目標的聊天機器人程式，往往在對話策略方面，擁有非常針對性的設計。舉例來說，不少在羅布納獎測試中排名很前面的聊天程式，都刻意使用一種攻擊性強的對話風格，試圖更為掌控聊天時的話語權，不給評判員太多深入追問的空間，並且會用挑戰性的問句或引導性的話語，儘量將聊天控制在自己熟悉的話題領域內。這也是羅布納獎測試為何近年要將聊天時間長度，從 5 分鐘延長到 25 分鐘的重要原因——沒有足夠時間，評判員根本來不及根據自己的思路，與對方深入交流。

無論如何，圖靈測試與為了通過圖靈測試而開展的技術研發，都在過去數十年間推動人工智慧，特別是自然語言處理技術的飛速發展。我們憧憬電腦程式真正令人信服地通過圖靈測試的那一天，但我們更希望看到自然語言處理技術，在文本理解與分類、語音辨識、自動客服應答、自然語言控制介面等領域，取得更多商業上的成功。

語音辨識與第二次 AI 熱潮

在 1980 年代到 1990 年代的第二次 AI 熱潮中，語音辨識是當時最具代表性的幾項突破性進展之一，我自己恰恰在那個時代，站上人工智慧、特別是語音辨識研究的最前沿。

讓電腦聽懂人們所說的每一句話、每一個字詞，是人工智慧這門學科誕生的第一天，科學家就在努力追求的目標。但直到我從事博士研究的那個時代，語音辨識才真正取得實質性的進展，而且在很大程度上，是因為我和同時代學者對傳統符號主義方法的摒棄。

很多人說，我在人工智慧的發展史上，留下了自己的名字，這的確是事實。但是，就像人工智慧前兩次熱潮中的許多研究者一樣，我提出的語音辨識演算法，雖然在那個時代處於領先地位，但距離人們覺得系統可用的心理閾值，還有一定的距離。我博士畢業後，在蘋果公司研發的語音辨識系統，就難以滿足當時市場上人們對聽寫、輸入、控制等功能的需要，很難真正變成暢銷的產品。

今天回想起來，我真的有點感慨自己生不逢時。如果我晚生個 30 年，在 2010 年前後讀博士，並且從事人工智慧的研究，那我一定會基於這個時代被證明最為神奇、最有效的人工智慧演算法──深度學習，重新打造語音辨識的整個演算法架構，就像今天谷歌、微軟，乃至科大訊飛在語音辨識

領域做的那樣。如果我生在今天這個時代，我開發的技術和產品一定會被億萬人使用，並且深刻改變人們的生活方式。

科技發展瞬息萬變，每個時代都有每個時代的領軍人物和代表性的技術方向。從 1970 年代末期到 1990 年代中期，比爾・蓋茲（Bill Gates）和史蒂夫・賈伯斯（Steve Jobs）代表的 PC 時代創業者們，締造出微軟、蘋果等科技神話。從 1990 年代末期到 2015 年前後，谷歌、Facebook、騰訊、阿里、百度等科技巨頭，以及後生可畏的優步、Snapchat、美團、滴滴、小米等新興獨角獸公司，先後在互聯網領域和移動互聯網領域引領科技風潮。錯過了 PC 時代的創業者，想在 2010 年前後，創辦一家與聯想、惠普或戴爾競爭的 PC 公司，簡直就是痴人說夢。錯過了互聯網時代的企業家，想在今天打造一個世界級的通用搜尋引擎，更沒有任何的可行性。

今天的主角是人工智慧。移動互聯網的浪潮尚未平息，人工智慧的創投就已經進入讓創業者無比興奮的上升期。只有順應潮流，在對的時間、做對的事情，創業才最有可能成功。

正因為如此，當人工智慧開始真正在產業發展中，成為核心推動力的時候，我才不無遺憾地發現，如果晚生個二、三十年，在今天這個時代到來前夕才開始做人工智慧的相關研究，那麼我也能在一個對的時代站到科研第一線，享受科

技風口帶給前沿研究者的巨大機遇與挑戰。

　　當然，這樣說，似乎有些過於機會主義。而且，今天的人工智慧熱潮，離不開此前數十年間幾代研究者的耕耘與鋪路。當年，我毅然摒棄符號主義學派的方法，選擇使用統計模型破解語音辨識難題，將識別準確率提升了一個層次。這與今天的研究者們，在統計模型基礎上引入深度學習方法，真正將語音辨識提升到實用化的高度，是一脈相承的。在這數十年間，語音辨識在技術選型上的波折與起伏，不正是人工智慧技術螺旋型上升、發展的一個縮影嗎？

語音辨識的研發故事

　　和其他人工智慧技術相仿，我親身參與的語音辨識技術，也歷經了數次的更新換代。早在 1970 年代，語音辨識就曾經有過一些技術突破，小小地「火」過一陣子。有趣的是，今天異常成功的深度學習技術，當年曾在語音辨識領域品嘗過失敗的苦澀。

　　在卡內基梅隆大學念書時，我有個同學叫亞歷山大·萬貝爾（Alex Waibel），當時就跟目前在深度學習擁有絕對權威地位的傑佛瑞·辛頓（Geoffrey Hinton）合作，將人工神經網路應用於語音辨識。但很遺憾，萬貝爾也屬於生不逢時的類型，當時基於人工神經網路的深度學習技術，受限於計算能力和數據不足這兩大問題，遠遠未達哪怕是可以演示的

效果。當時，我就很看不上萬貝爾他們的研究，覺得在當時的條件下，不可能有實質性的突破。現在想想，要是我們不是在 1980 年代，而是在今天從事基於人工神經網路的語音辨識研究，該是一件多麼幸福的事！

當年做語音辨識，有不少技術流派，也有不少精英參與。有一對夫妻名叫詹姆斯・貝克（James Baker）和珍妮特・貝克（Jenet Baker），開發了名為「龍」（DRAGON）的語音辨識技術，一起創立了龍系統技術公司（DRAGON Systems）。之後，這家公司被荷蘭公司 Lernout & Hauspie 收購，然後 Lernout & Hauspie 又被賣給了著名的 Nuance Communications 公司（當時叫 ScanSoft）。Nuance Communications 是今天歐美實質上的語音技術領導者，該公司的語音辨識產品線中，至今還保留了「龍」的品牌。

另一位著名的語音辨識研究者，是卡內基梅隆大學的布魯斯・勞埃爾（Bruce Lowerre）。他也是師從我的導師，圖靈獎得主拉吉・瑞迪（Raj Reddy）教授從事語音辨識研究的。1970 年代，在瑞迪教授的領導下，卡內基梅隆大學研發出當時世界上最好的兩套語音辨識系統，早期的一個叫 Hearsay，稍晚的一個叫 HARPY。

Hearsay 是一套很可笑的系統，我們當時管它叫「黑板架構模型」（blackboard architecture model）。[8] 從技術上來講，它其實是專家系統的一種。瑞迪教授和他的學生們，把根據

語言學知識總結出來的語音和英文音素、音節的對應關係，用知識決策樹的方式畫在黑板上，每次從系統中得到一個新的發音，就根據黑板上的知識，來確定對應的是哪個音素、音節或單詞。如果黑板上的知識無法涵蓋某個新的發音，就相應擴展黑板上的知識樹。這樣的系統嚴重依賴人的語言學知識，基本上無法擴展，只能識別很少的一組單詞，也無法適應不同人的語音特點。

勞埃爾覺得 Hearsay 完全不靠譜，轉而用自己的方式改進專家系統，做出名為 HARPY 的語音辨識系統。勞埃爾的思路是，把所有能講的話串成一個知識網路，把每個字拆開變成單獨的音節、音素，然後根據它們的相互關係，串聯在網路裡，並且對網路進行優化，用動態規劃演算法快速搜尋這個知識網路，找出最佳的解答。但因為 HAPPY 系統的本質還是專家系統，可擴展性和可適應性並沒有好到哪裡去，勞埃爾的努力也無疾而終。

後來，我到蘋果工作之後，還聘請勞埃爾到蘋果的語音組工作。他比我大十幾歲，是我的師兄，當時似乎已經厭倦了第一線的科研工作，在語音組工作時非常散漫，沒有太多業績，經過多次打分和測評，他被列入了需要被開除、裁撤的人員名單。我當時下了很大的決心，才擺脫同門情誼的羈絆，將這位師兄裁掉。這個決定讓我痛苦，因為它違背了我內心的憐憫和同情。在師兄走的那天，我告訴他，將來有任

何需要幫助的地方，我都會儘量去幫他。但勞埃爾顯然十分氣憤，後來參加某些會議時，甚至還在自己的名片上印了一行紅字——「曾被李開復裁掉」（Fired by Kai-Fu）。

在 Hearsay 和 HARPY 系統之後，為了將語音辨識技術從稚嫩推向成熟，瑞迪教授從美國國防部爭取到 300 萬美元的經費，研發非特定語者、大詞庫、連續性的語音辨識系統。瑞迪教授希望機器能夠聽懂任何人的聲音，而且至少可以懂得上千個詞彙，能夠識別出人們自然連續說出的每一句話。這三個問題都是當時無解的問題，而瑞迪教授大膽地拿下專案，希望同時解決三個問題。他在全美招聘了三十多位教授、研究員、語音學家、學生、程式師，也期望我加入團隊，沿著當時人們普遍認為正確的專家系統的技術路線繼續努力，在這三十多人的隊伍裡發揮重要作用。

但是，他怎麼也沒想到，我很早就對專家系統有了質疑。我之前在奧賽羅（黑白棋）人機對弈系統中的工作，讓我認識到，基於數據的統計建模，比模仿人類思維方式總結知識規則，更容易解決電腦領域的問題。電腦的「思維」方法與人類的思維方法，兩者似乎存在著非常微妙的差異，以至於在電腦科學的實踐中，愈是拋棄人類既有的經驗知識，愈是依賴問題本身的數據特徵，愈是容易獲得更好的結果。

我嘗試脫離專家系統的研究，打算從準備數據著手，建立基於語音數據的大型語料庫，並在大規模語料庫的基礎

上，嘗試基於統計模型的新方法。說起這段故事，其實還和我另一個師兄彼得・布朗（Peter Brown）有關。布朗特別聰明，他跟當年卡內基梅隆大學畢業的許多博士生一樣，進入當時科學家們最嚮往的幾個超級樂園之一──IBM 的華生研究中心（T. J. Watson Research Center），而瑞迪教授對此非常支持。

在 IBM 的研究中心裡，布朗跟著佛雷德里克・傑里耐克（Frederick Jelinek）領導的小組做語音辨識。當時的語音辨識主流是做專家系統，但 IBM 的這一小組人馬，卻悄悄搞起了概率統計模型。若把個中原因說出來，就完全沒有神祕感──IBM 那撥人馬之所以去搞概率統計，倒不是真的因為他們預見了未來，而是因為他們一時找不到語言學方面的專家。沒想到，搞一大堆訓練數據，統計來、統計去，效果還真的比專家系統提升不少，技術曙光乍現。

布朗向我透露 IBM 正在研究概率統計模型的事情，但基於保密需求，他沒有告訴我任何細節。我並不知道概率統計模型是不是真的好用，但基於我在奧賽羅人機對弈系統中累積到的經驗，這次我選擇相信布朗他們的方向，也決定順著這個思路走下去。IBM 的語音辨識小組要解決的是 IBM 關心的聽寫問題，目標是要用語音辨識來代替打字機，代替文字處理軟體。他們的應用可以先根據打字者的聲音進行適應性訓練，要簡單得不少。而我要解決的是非特定語者連續

語音辨識問題，預先不能根據特定語者的語音進行訓練，技術挑戰更大。

然而，我要怎樣向瑞迪教授提出，我想在他計畫的三十人團隊之外另闢蹊徑呢？我一直在猶豫，因為他已經向美國國防部立項，經費已經到位，專家系統的方向是勢在必行的。我是他一手調教出來的大弟子，如果這麼不配合他的方向，他會怎麼處理呢？會試著說服我繼續做專家系統？大發雷霆？還是好言相勸？

再三思考後，我告訴自己，我必須向他坦承我的看法。於是，我鼓足勇氣，向瑞迪教授直接表達我的想法。我對他說：「我希望轉投統計學的懷抱，用統計學來解決這個『不特定語者、大詞彙、連續性語音辨識』的問題。」

出乎我的意料，瑞迪教授一點都沒生氣，只是好奇地問：「那麼，統計方法要如何解決這三大問題呢？」對此，我已經思考很久，所以就在瑞迪教授面前，長篇大論地說了十分鐘。他很有耐心地聽完，用一貫溫和的語氣告訴我：「開復，你對專家系統和統計的觀點，我是不同意的。但是，我可以支持你用統計的方法做，因為我相信科學沒有絕對的對錯，我們都是平等的。而且，我更相信一個有熱情的人，是可能找到更好的解決方案的。」

那一刻，我被深深感動了。對一個教授來說，學生要用自己的方法做一個與他唱反調的研究，教授非但沒有動怒，

還給予經費支持，這在很多地方是無法想像的。

　　最終結果大家已經知道了，我硬是順著這條概率統計的道路走了出來，還走得更遠、更好，研究出比 IBM 發布的聽寫系統要好很多的語音辨識技術，用我自己的論文宣告了以專家系統為代表的符號主義學派在語音辨識領域的完敗。

解雇語言學家的故事

　　我和同時代的彼得・布朗等研究者一道，將語音辨識從符號主義時代推動到統計時代。這可不是簡單的技術換代，這同時也意味著，那些來不及擁抱新技術的研究者，轉瞬就會被時代的大潮流給淘汰。

　　在微軟創辦亞洲研究院之後，2002 年初，我加入 Windows Vista 團隊，組建了一個新部門，稱為自然互動服務部。當時，蓋茲總是對語音、語言、智慧型助手式使用者介面情有獨鍾，便要求全公司在這方面的團隊，都加入我的隊伍，從事相關研發。

　　在那個時候，我發現在一個語言小組裡，居然有一個 150 人的團隊，都在做著「無用功」。在這 150 人的語言處理專案團隊中，有一半是完全不懂技術的語言學家，而這些語言學家居然在指揮工程師的工作。負責這個團隊的高管，擁有一個「瑰麗」的夢想：透過語言學家的介入，逐漸形成一道「語言彩虹」，一步步解決人機界面問題，讓機器更理

解人類的語言。

　　這絕對不行！基於我自己在語音辨識領域的研究經驗，語言學家所掌握的人類語言學知識，與電腦如何理解人類的語音、乃至語言，差別甚遠。微軟那些語言學家，幾乎都在重複我拒絕使用的類似專家系統的傳統解決方案，既得不到任何具說服力的學術成果，也無法對實際研發進行任何指導。

　　於是，我下定決心，讓這個團隊的工程師「解放」出來，專心做更有前景的專案。當我把這個決定告訴該團隊的建立者時，他怎麼也不同意我將這個團隊解散重組，便一狀告到史蒂夫·鮑爾默（Steve Ballmer）那裡，鮑爾默又把這事告訴蓋茲。

　　蓋茲找到我說：「開復，我希望你的團隊能讓用戶自然與機器交流。你為何執意取消這個自然語言處理團隊呢？」

　　「因為，這個團隊走的方向是錯的。」

　　「但是，大衛也是專家，還拯救過公司。他不認可你的看法。」

　　「比爾，大衛是作業系統專家，我才是語音語言的專家。」

　　「但是，這項專案我們投入很多，特意批准了一百多人，圍繞著語言學家來解決人類語言理解的問題。」

　　「比爾，當你走錯方向的時候，投資愈大，損失就愈多，彌補也愈難。」

　　「你確定這個方向不行嗎？」

「比爾，你還記得我加入公司的時候，你曾告訴我，微軟的許多技術決定，都借鑑我在其他公司的工作嗎？」

「當然！」

「如果我不在微軟時，都借鑑了我的做法。那麼我加入微軟之後，也請你一定要相信我。」

蓋茲沉吟了一下，沒有說話。

我看著蓋茲的眼睛說：「在公司，很多人會為了自己的利益，跟你說很多話。但是，我向你保證，我不會騙你。」

在那一剎那，我感覺，我們的心靈有一個難得的碰觸。

「好，那就照你說的做。」蓋茲說。

蓋茲親自參與這個問題的解決，最後支持了我的決策。然後，我親自操刀，把這個團隊裁減了一半，才騰出資源來做更多更好的專案。

時代就是這麼無情，在人工智慧的上一個時代，符號主義專家、特別是語言學家還風光無限，彷彿技術突破的美好前景，都要由他們來描繪。但實踐結果證明，我所代表的統計學派可以真正解決問題，提高語音辨識與自然語言處理的準確率，於是專家系統等老一代技術便遭到無情拋棄。老一代研究者如果不能夠盡快更新知識存量，就只有面臨被解雇的命運。

今天，語音辨識和更廣義的自然語言處理，已經走進統計方法，與深度學習方法相結合，甚至是深度學習方法獨立

主導的新時代。和我們那個時代相比，今天的語音辨識真正滿足了用戶需求。這也意味著，像我這樣「上一代」的研究者，就必須抓緊一切時間，轉換思維和知識存量，擁抱以深度學習為代表的嶄新時代，否則就有慘遭時代淘汰的風險。

深度學習助力語音辨識

在我做研究的時候，沒有趕上深度學習的技術革命。語音辨識在第二次人工智慧的熱潮中，雖然性能明顯提升，卻始終無法滿足需求。在近年來的第三次人工智慧熱潮中，語音辨識領域發生翻天覆地的變化。深度學習就像一個祕密武器，蟄伏多年，重出江湖。先是在電腦視覺領域，幫助電腦認識人臉、認識圖片和影片中的物體，然後拔劍四顧，衝入語音辨識、機器翻譯、資料探勘、自動駕駛等幾乎所有人工智慧的技術領域，大展身手。

2011 年前，主流的語音辨識演算法，在各主要語音測試數據集中的識別準確率，還與人類的聽寫準確率有一定差距。2013 年，谷歌語音辨識系統對單詞的識別錯誤率，大致在 23％左右。也就是說，深度學習技術在語音辨識系統被廣泛應用之前，基本上還停留在比較稚嫩的階段，說話者必須放慢語速，力求吐字清晰，才能獲得一個令人滿意的準確率。

但是，僅僅兩年的時間，因為深度學習技術的成功應

用，谷歌在 2015 年 5 月舉辦的 Google I/O 年度開發者大會
上宣布，谷歌的語音辨識系統已將識別錯誤率，降低到驚人
的 8％！[9] 而 IBM 的華生智慧系統也不遑多讓，很快就將語
音辨識的錯誤率降低到 6.9％。

微軟則是更進一步，在 2016 年 9 月，微軟研究院發布
了里程碑式的研究成果：在業界公認的標準評測中，微軟基
於深度學習的最新語音辨識系統，已經成功將識別錯誤率降
低到 6.3％。[10]

如圖 23 所示，在我從事語音辨識研究的時代，統計模
型崛起，並在隨後的一、二十年當中，將按照單詞統計的識
別錯誤率，從 40％左右降低到 20％左右。但是，在今天的
深度學習時代，只花了兩、三年的時間，微軟、IBM、谷歌

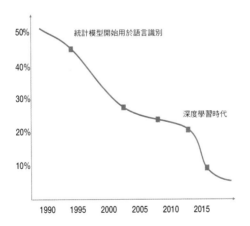

圖 23　近二十年來語音辨識錯誤率的下降趨勢

等公司，就將語音辨識的錯誤率，從 20％左右降低到6.3％！

　　這就是我們為什麼會說，這一波人工智慧浪潮的最大特點是：人工智慧技術真正突破了人類的心理閾值，達到大多數人心目中「可用」的標準。以此為基礎，人工智慧技術在語音辨識、機器視覺、資料探勘等各種領域，走入業界真實的應用場景，與商業模式緊密結合。

　　今天，我們拿出手機，使用蘋果手機內建的語音輸入法，或是使用中文世界流行的科大訊飛語音輸入法，就可以直接對著手機說話，輸入語音文字。技術上，科大訊飛的語音輸入法，可達每分鐘 400 個漢字的輸入效率，甚至還支援十幾種方言的輸入。每當在不方便使用鍵盤打字的場合，例如坐在汽車或火車上，我就經常使用語音輸入法來輸入文字，然後將文字資訊發給別人，有時我還會直接使用語音辨識系統撰寫大段文章。

深度學習攜手大數據，引爆第三次 AI 熱潮

　　語音辨識系統在近年來突飛猛進，技術上只有一個原因，那就是深度學習！事實上，在機器視覺的領域，2014年在 ImageNet 競賽中，首度超越人類肉眼識別準確率的圖像識別演算法，也是深度學習的傑作！

　　今天，人工智慧領域的研究者，幾乎無人不談深度學

習。很多人甚至高喊「深度學習＝人工智慧」的口號。但無庸諱言，深度學習絕對不是人工智慧領域的唯一解決方案，兩者也無法劃上等號。不過，若說深度學習是當今、乃至未來很長一段時間內，引領人工智慧發展的核心技術，則是一點也不為過。

　　人工智慧大師、深度學習泰斗約書亞・本吉奧（Yoshua Bengio）曾說：「沒有可與深度學習競爭的人工智慧技術。人工智慧是循序漸進、耐心工作的成果，而且它總是站在巨人的肩膀上。這些進步在某種程度上促成了轉捩點——我們能在新服務中，利用這些成果來生產新東西，進行經濟轉型、改變社會。正如人們所寫的那樣，我們正歷經另一場工業革命，並非簡單增加人類的機械力，電腦將增加人類的認知能力和智力。我談到深度學習，正是因為這些變化和突破在很大程度上，是由於深度學習的進步。」[11]

　　從 2006 年開始的第三波人工智慧熱潮，絕大部分要歸功於深度學習！

從神經網路到深度學習

　　那麼，深度學習，究竟是何方神聖？和許多人的想像相反，深度學習可不是一下子從石頭縫裡蹦出來，橫空出世的大神，它的歷史幾乎和人工智慧的歷史一樣長。只不過在數十年裡，深度學習及相關的人工神經網路技術，因為種種原

因，蟄伏於人工智慧兵器庫的一角，默默無聞，任由其他門派的兵器在戰場上耀武揚威。然而，蟄伏不等於沉寂，在漫長的等待中，深度學習技術不斷地磨礪自己，彌補缺陷，磨利鋒刃。當然，最重要的，是等待最合適的寶劍出鞘時機。

2000 年後，電腦產業的發展，帶來了計算性能、處理效能的大幅提升，尤其是以谷歌為代表的前沿企業，在分散式運算上取得了深厚積累，成千上萬台電腦組成的大規模計算集群，早已不再稀罕。互聯網產業的發展，則使搜尋引擎和電子商務等公司，聚集了數以億計的高品質海量資料。大計算能力和大數據，正是深度學習這件深藏不露的千古神器所等待的兩大時機。

終於，萬事俱備，只欠東風。2006 年，深度學習泰斗辛頓及合作者，發表了一篇名為〈一種深度置信網路的快速學習演算法〉[12] 的論文，宣告深度學習時代的到來——當然，這麼說有些誇張。比較準確的描述是，深度學習在 2010 年前後的興起，是建立在以辛頓為代表的一眾大師級人物數十年積累的基礎上，而 2006 年前後的一系列關鍵論文，只是加速深度學習的實用化進程。

我們可由今天的深度學習，追溯到它的核心計算模型——人工神經網路的誕生之日。早在通用電腦問世前的 1943 年，神經科學家沃倫・麥卡洛克（Warren McCulloch）和沃爾特・彼茨（Walter Pitts），就提出了一種大膽假說，

描述人類神經節沿著網狀結構傳遞和處理資訊的模型。此一
假說一方面被神經科學家用於研究人類的感知原理，另一方
面則被電腦科學家借鑑，用於人工智慧的相關研究，也被學
術界稱為「人工神經網路」（artificial neural network）。

　　1940 年代，唐納德・赫布（Donald Hebb）嘗試將人工
神經網路用於機器學習，創建出早期的「赫布型學習」
（Hebbian learning）理論。1954 年，電腦科學家衛斯理・克
拉克（Wesley A. Clark）在麻省理工學院，嘗試在電腦上實
現赫布型學習的基本模型。1958 年，弗蘭克・羅森布拉特
（Frank Rosenblatt）提出「感知機」（Perceptron）的概念，
這是一個基於人工神經網路的兩層計算結構，用於簡單的模
式識別。1965 年，伊瓦赫年科（Alexey Grigorevich
Ivakhnenko）提出建立多層人工神經網路的設想，這種基於
多層神經網路的機器學習模型，後來被人們稱為「深度學
習」，伊瓦赫年科有時也被稱為「深度學習之父」。

　　1969 年，是人工神經網路慘遭滑鐵盧的一年。麻省理
工學院的圖靈獎得主，也是人工智慧大師、人工神經網路的
早期奠基人之一馬文・閔斯基（Marvin Minsky），在該年和
西摩爾・派普特（Seymour Papert）出版了《感知機》
（*Perceptrons*）一書，討論當時人工神經網路難以解決的「異
或難題」（非專業讀者完全不需要了解這個古怪的名詞指的
到底是什麼東西。）有點反諷的是，閔斯基既是人工神經網

路的早期奠基人之一，也是人工神經網路在 1969 年後陷入停滯的始作俑者。

閔斯基在《感知機》一書對「異或難題」的討論，打消了大多數研究者繼續堅持人工神經網路研究的心思。不少人至今仍然認為，閔斯基在《感知機》一書抱持著悲觀態度，站在人工神經網路發展的對立面。但是，另一些人則認為，閔斯基當時是抱持著開放討論的態度，不是打算消極放棄。無論這段公案的真實情況如何，閔斯基都是值得我們尊敬的人工智慧大師。2016 年初，閔斯基去世時，曾對賈伯斯和蘋果影響巨大的教父級人物艾倫・凱（Alan Kay），是這樣評價閔斯基的：

> 「他是爲數不多的人工智慧先驅之一，用自己的視野和洞見，將電腦從一部超強加法器的傳統定位解放出來，賦予新的使命——有史以來最強大的人類力量倍增器之一。」[13]

和當時許多人工智慧大師一樣，閔斯基在人工智慧的研究之外，也是一個跨界的天才。二戰時，他當過兵。在二戰後，他在哈佛大學學習數學期間，也同時研修音樂。除了鋼琴演奏，他還有一項特長：即興創作古典賦格音樂。他將音樂家分成「創作者」和「即興創作者」兩大類，顯然頗以具

備即興創作能力自豪。

　　根據閔斯基的女兒回憶，[14] 在閔斯基的家中，每晚的常態是群賢畢至，少長咸集，高談闊論，琴聲悅耳。為客人彈奏即興鋼琴曲的，當然就是閔斯基本人。

　　基於音樂方面的才華，閔斯基還發明過一台名為「音樂三角」（Triadex Muse）的音樂合成器。今天，在蘋果電腦或 iPad 上玩 GarageBand 的體驗，不知道有沒有當年玩「音樂三角」那麼酷？而且，那台建造於 1970 年代的「音樂三角」，外觀還非常前衛、時髦。據說，閔斯基這台合成器創造了好幾個歷史第一。不過，更值得一提的是，這台合成器其實是閔斯基所做的一項融合電子合成樂與早期人工智慧探索的科技實驗。在閔斯基自己看來，理解音樂是理解人類大腦的一種有效途徑；反之，理解人類的大腦，也有助於我們欣賞音樂的本質。

　　閔斯基曾經說過：「理解大腦這件事，似乎比理解音樂要難得一些。但是，我們應該知道，有時對問題領域的擴展，可以讓問題變得更簡單！在好幾世紀的時間裡，代數方程的平方根理論，都受困於由實數構成的狹小世界，但在高斯（Carl Friedrich Gauss）揭示出更大的複數世界後，一切都變得簡單起來。所以，一旦能夠穿透聽眾的心靈，音樂就會顯示出更為豐富的內涵。」[15]

　　1975 年，閔斯基提出的「異或難題」，才被理論界徹底

解決。由此進入 1980 年代，人工神經網路的發展又回到正軌。但在整個 1980 年代和 1990 年代，甚至直到 2000 年後的若干年，人工神經網路不過是作為機器學習的一種演算法，與其他不同流派、不同風格的機器學習演算法一起，在人工智慧研究領域發揮作用。

隨著 PC 的普及和互聯網時代的到來，人們關於電腦識別圖像、文字、語音的需求愈來愈明確。研究者嘗試使用人工神經網路來解決類似問題，但效果並不顯著。許多人試圖使用基於多層神經網路的深度學習技術。據說，「深度學習」（Deep Learning）這個術語，是從 1986 年流行開來的。[16] 但是，當時的深度學習理論，還無法解決網路層次加深後帶來的諸多問題，而電腦的運算能力也遠遠未及深度神經網路的需要。更重要的是，深度學習賴以施展威力的大規模海量資料，還沒有完全準備好。所以，深度學習在真正橫空出世之前，又歷經了十幾年的等待和蟄伏期。

2006 年，是深度學習發展史上的分水嶺。前文提過，辛頓在這一年發表了〈一種深度置信網路的快速學習演算法〉及其他幾篇重要論文，其他深度學習領域的泰斗和大師們，也在這一年的前後貢獻了一批重要的學術文章，在基本理論方面取得了若干重大突破。由此，深度學習也進入高速發展的全盛期。

說來，辛頓這個人其實很有意思。他曾在卡內基梅隆大

學做過五年教職，我在卡內基梅隆大學讀博士時，他的辦公室就在我的辦公室的斜對面。有時候，人們會覺得辛頓的思維和交流方式很奇怪，似乎是一種多維跳躍的模式。大家在跟他講話的時候，經常會陷入尷尬，因為他如果對你講的東西沒什麼興趣，就會眼睛茫然地看著某個地方。

當時，我在做奧賽羅（黑白棋）人機對弈系統的開發。我的導師讓我請辛頓作為我這項專案的指導老師，所以我就去找辛頓，跟他談談我編寫奧賽羅程式的思路。

辛頓問我：「在你這套系統裡，有什麼是和人工神經網路相關的嗎？」

我說，我在這個程式裡，用的是相對簡單的貝葉斯分類器，自動從每一盤對局中，提取四個原始特徵，然後用貝葉斯分類器將這些特徵綜合起來進行計算，以估算下一步走法在某個位置的贏棋概率。在這個思路的基礎上，人工神經網路是可以發揮作用的。此外，我當時也使用一個與今天AlphaGo 類似的思路，就是讓電腦程式自己和自己下棋，然後從幾百萬個已知的行棋步驟中，歸納出輸贏概率，並且用類似方法不斷反覆運算，以達到最好的效果。

在我講這些細節時，辛頓就已經開始想其他的事情了。他的眼睛不再看我，而是茫茫然，不知道在注視哪裡。好一會，他才對我說：「開復，沒問題。我來給你簽字吧！」

就這樣，我的奧賽羅人機對弈程式，算是通過了他的審

核，前後也就是半個小時的樣子。可我覺得，他根本沒有在
注意我所講的技術細節。雖然我當時對自己使用的技術很是
興奮，在他的眼中，也許那些都只是小兒科的玩意兒，跟他
當時正在做的有關人工神經網路的研究，不可相提並論吧！

谷歌大腦：世界最強大的深度學習集群

　　深度學習能夠大展身手的兩項前提——強大的計算能力
和高品質的大數據，都是在 2010 年前後逐漸步入成熟的。
深度學習、大規模計算、大數據三位一體，神兵出世，一下
子就可以攻城拔寨，無堅不摧。其中，最具代表性的事件，
就 是 谷 歌 大 腦（Google Brain）的 建 立，以 及 谷 歌、
Facebook、百度等一大批頂尖科技公司紛紛將「人工智慧優
先」（AI First），設為公司的科技發展策略。

　　谷歌大腦是 2011 年由谷歌最資深的科學家與工程師傑
夫・迪恩，以及百度前任首席科學家吳恩達（Andrew Ng）
率領團隊建立的。這是一個龐大的深度學習計算框架，擁有
數萬台高性能的電腦和頂級圖形處理器（graphics processing
unit, GPU）作為計算單元（早期，谷歌大腦只用 CPU 作為
計算單元，引入 GPU 是稍晚一點的事），可以完成大規模、
多維度、多層次的深度學習模型訓練和演算。

　　2012 年 6 月，谷歌大腦初戰告捷。根據當時《紐約時
報》（*The New York Times*）的報導，谷歌使用一個擁有 16,000

個 CPU 處理器的大規模電腦集群，讓電腦用深度學習模型，自己「看」了一千萬支 YouTube 影片，然後電腦自己學會如何從影片中辨認一隻貓！[17]

　　谷歌大腦的創建者迪恩，在介紹谷歌大腦團隊時表示：「我們專注建造可用於機器學習的大規模計算系統，以及進行高級機器學習研究。我們同時擁有這兩方面的人才，他們聯手起來解決問題，經常會帶來顯著進步。這種進步是只具有機器學習技能，或是只具有大規模計算技能的人，所無法單獨取得的。我認為，這是我們團隊取得眾多成功的原因之一。它使我們既在這兩個領域取得成功，也讓我們能將『為問題投入多少計算』，還有『如何為我們關心的問題，訓練強大的大型模型』方面的最高水準，獲得進一步的提升。」[18]

　　谷歌大腦的第一個版本建成後不久，吳恩達就離開谷歌，轉而幫助百度展開人工智慧的技術研究。深度學習大師辛頓，則是在谷歌大腦專案成立的第二年加入谷歌，主持谷歌大腦團隊的理論研究。同時，辛頓仍然繼續他在多倫多大學的教職。他目前的生活被分成兩個部分：在多倫多的科研和教學生涯，以及在谷歌貼近產業前沿的研究實踐。

　　起初，辛頓並不想正式加入谷歌，只想利用休假時間，試著在谷歌工作三個月。為此，谷歌不得不先與他簽訂一份實習生合同。但是這樣，深度學習領域數一數二的大師級人物辛頓，就得以一個普通實習生的身分到谷歌上班了。他

說：「直到有一天，有人在午餐時對我說：『辛頓教授！我選修了你的課！你在這裡做什麼？』從此以後，再也沒有人質疑辛頓作為實習生的存在了。」[19]

今天，有深度學習助力，還有基於互聯網的海量資料支撐，以及數以萬計的強大電腦集群，谷歌大腦正在幫助谷歌公司，解決橫跨多領域幾乎所有人工智慧的相關問題。谷歌的搜尋引擎，正在使用谷歌大腦優化搜尋結果的排序，或是直接回答用戶感興趣的知識性問題。谷歌的街景服務，使用谷歌大腦智慧識別街道上的門牌號碼，進行精準定位。使用谷歌大腦的谷歌翻譯平台，在 2016 年連續取得翻譯品質的革命性突破，將全世界一百多種語言的相互翻譯品質提升了一個層次。谷歌自動駕駛汽車，正基於谷歌大腦對數百萬英里的行駛紀錄進行訓練，改進駕駛策略，以保證絕對安全……。

谷歌大腦是谷歌公司「人工智慧優先」的策略核心，也是類似谷歌這樣的頂尖科技公司，在人工智慧方面全力投入的一個縮影。中國的高科技企業，例如百度、阿里、騰訊、華為、小米、搜狗、滴滴、今日頭條等，近年也紛紛組成人工智慧的研究團隊，建立類似谷歌大腦的大規模深度學習集群，現已在諸多產品發揮深度學習的神奇效能。

AI 小百科：什麼是深度學習？

　　第三波人工智慧熱潮源於深度學習的復興，那麼究竟什麼是深度學習？為什麼深度學習能讓電腦一下子變得聰明起來？為什麼深度學習比其他機器學習技術，能夠在機器視覺、語音辨識、自然語言處理、機器翻譯、資料探勘、自動駕駛等方面，獲得好得多的效果？

　　從根本上來說，深度學習和所有機器學習的方法一樣，是一種用數學模型對真實世界的特定問題進行建模，以解決該領域內相似問題的過程。好了，好了，我知道一提「數學」兩字，讀者就會跑掉一半，更別提讓非理工科專業的人完全摸不著頭緒的「建模」一詞了。有沒有可能用非理工科專業的人也聽得懂的術語，來解釋一下現今在人工智慧領域如日中天的深度學習演算法呢？

　　首先，深度學習是一種機器學習，既然名為「學習」，自然與我們人類的學習過程，有某種程度的相似。請各位回想一下，小朋友是如何學習的呢？

　　很多父母都會讓小朋友用識字卡來學習認字，從古時人們用的「上大人、孔乙己」之類的習字本，到今天在手機或平板電腦上教小朋友認字的識字卡 APP，最基本的思路就是按照從簡單到複雜的順序，讓小朋友反覆觀看每個字的各種寫法（大一點的甚至要學著認識不同書法字體），看多了，

自然就會記住了。等到下次再看到同一個字，很容易就能夠認出來。

這種有趣的識字過程看似簡單，實則奧妙無窮。認字時，小朋友的大腦一定是在接受過許多次相似圖像的刺激後，為每個字總結出某種規律，下次大腦再看到符合這種規律的圖案，就會知道是什麼字。其實，要教電腦認字，也差不多是這個道理。電腦也要先把每個字的圖案，反覆看過很多很多遍，然後在電腦的大腦（處理器＋記憶體）裡，總結出一個規律，這樣往後再看到類似圖案，只要符合先前總結的規律，電腦就能知道這個圖案到底是什麼字了。

用專業術語來說，電腦用來學習、反覆觀看的圖片叫做「訓練數據集」。在「訓練數據集」中，一類數據與另一類數據不同的屬性或特質，稱為「特徵」；電腦運用「大腦」總結規律的過程，叫做「建模」；電腦運用「大腦」總結出來的規律，就是我們常說的「模型」；而電腦透過反覆看圖，總結出規律、學會認字的過程，就是「機器學習」（Machine Learning）。

到底電腦是如何學習的？總結出的規律，又是什麼樣的呢？這取決於我們使用什麼樣的機器學習演算法。

有一種演算法非常簡單，模仿的是小朋友學識字的思路。家長和老師可能都有過這樣的經驗：小朋友開始學識字，比方說，在教小朋友分辨「一」、「二」、「三」時，我們

會告訴小朋友，一筆寫成的字是「一」，兩筆寫成的字是「二」，三筆寫成的字是「三」。這個規律好記又好用，但在開始學寫新字時，就未必奏效了。例如，「口」也是三畫，卻不是「三」。此時，我們通常會告訴小朋友，圍成方框的是「口」，寫成橫排的是「三」。所以，這個識字規律又豐富了一層，但仍舊比不上識字數量的增長。

　　小朋友可能也很快就會發現，「田」也是方框，卻不是「口」。此時，我們會告訴小朋友，方框裡有個「十」字的是「田」。再往後，我們多半就要告訴小朋友，「田」上面出頭的是「由」字，下面出頭的是「甲」字，上下都出頭的是「申」字。很多小朋友就是這樣，一步步豐富了特徵規律，慢慢自己學會總結規律，記住新的漢字，進而學會幾千個漢字的。

　　有一種名為「決策樹」（decision tree）的機器學習方法（參見下頁圖 24），就和前述根據特徵規律來識字的過程非常相似。當電腦只需要認識「一」、「二」、「三」這三個字時，電腦只要數一下要識別的漢字筆畫數量，就可以分辨出來了。當我們為待識別漢字集（訓練數據集）增加「口」和「田」時，電腦之前的判定方法失敗，就必須引入其他的判定條件。由此，一步步推進，電腦就能夠認識愈來愈多的字。

　　圖 25 顯示電腦學習「由」、「甲」、「申」這三個新漢字前後，內部決策樹的不同。這說明，當我們給電腦「看」過三個新漢字及特徵之後，電腦就像小朋友那樣，總結並記住

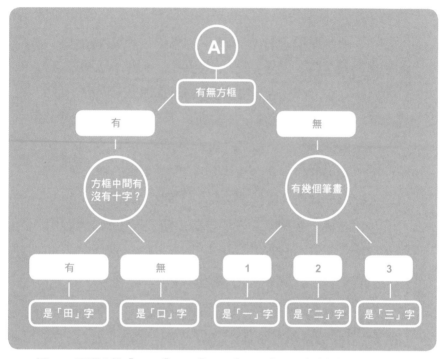

圖 24　電腦分辨「一」、「二」、「三」、「口」、「田」的決策樹

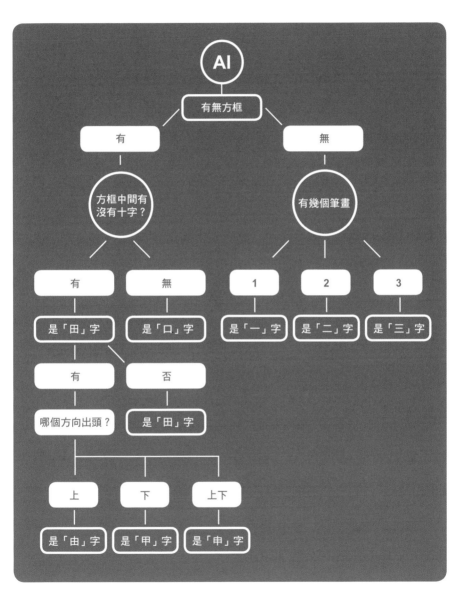

圖 25　電腦學會「由」、「甲」、「申」三個新漢字後的決策樹

了新的規律，「認識」了更多漢字。這種過程，就是一種最基本的機器學習。

當然，這種基於決策樹的學習方法太簡單了，很難擴展，也很難適應現實世界的不同情況。於是，科學家和工程師便陸續發明出許許多多不同的機器學習方法。比方說，我們可以把漢字「由」、「甲」、「申」的特徵，包括有沒有出頭，筆畫間的位置關係等，映射到某個特定空間裡的一個點（我知道，我知道，又出現數學術語了。但這不重要，是否理解「映射」的真實含義，完全不影響後續的閱讀。）簡單地說，在訓練數據集中，這三個字的大量不同寫法，在電腦看來就變成空間中的一大堆點。只要我們對每個字的特徵提取得夠好，空間中的一大堆點，就會大致分布在三個不同的範圍裡。

此時，讓電腦觀察這些點的規律，看能不能用一種簡明的分割方法（例如在空間中畫條直線），把空間分割成幾個相互獨立的區域，盡量讓訓練數據集中每個字對應的點都位於同一區域內。如果這種分割是可行的，就說明電腦「學」會這些字在空間中的分布規律，為這些字建立了模型。

接下來，在看見一個新的漢字圖像時，電腦就簡單地把圖像換算成空間裡的一個點，然後判斷這個點落在哪個字的區域裡。這下子，不就能夠知道這個圖像是什麼字了嗎？

讀到這裡，很多人可能都已經想到了，使用畫直線的方法來分割一個平面空間（如圖 26），很難適應幾千個漢字及

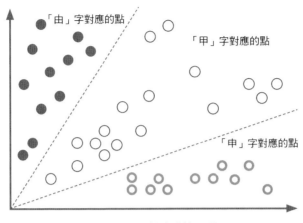

圖 26　使用空間分割法的機器學習

總計至少數萬種不同的寫法。如果想把每個漢字的不同變形，都對應為空間中的點，就極難找到一種在數學上較為直截了當的方法，將每個漢字對應的點都分割包圍在不同的區域內。

　　有很多年的時間，數學家和電腦科學家就是被類似問題所困擾，努力改善機器學習方法。比方說，用複雜的高階函數來畫出變化多端的曲線，以便將空間裡相互交錯的點分開來，或是乾脆設法把二維空間變成三維空間、四維空間，甚至幾百維、幾千維、幾萬維的高維空間。在深度學習實用化之前，人們發明了許多種非深度的傳統機器學習方法，雖然在特定領域取得一定成就，但這個世界實在是複雜多樣、變化萬千，無論人們為電腦選擇多麼優雅的建模方法，都很難

真正類比世界萬物的特徵規律。很簡單，這就像一個試圖用有限幾種顏色畫出世界真實面貌的畫家，即便畫藝再高明，也很難做到「寫實」兩字。

那要如何大幅擴展電腦在描述世界規律時的基本步驟呢？有沒有可能為電腦設計出一種靈活度極佳的表達方法，讓電腦在大規模的學習過程中，不斷嘗試、尋找，自己總結出規律，直到最後找到符合真實世界特徵的表達方法呢？我們終於要談到深度學習了！

深度學習就是這樣一種在表達能力上靈活多變，同時允許電腦不斷嘗試，直到最後逼近目標的一種機器學習方法。從數學本質上來說，深度學習與前述談到的傳統機器學習方法，並沒有實質上的差別，都是希望在高維空間中，根據物件特徵，將不同類別的物件區分開來。但是，深度學習的表達能力，與傳統機器學習相比，卻有天壤之別。

簡單地說，深度學習就是把電腦要學習的東西看成一大堆數據，把這些數據丟進一個包含多個層級的複雜數據處理網路（深度神經網路），然後檢查經過這個網路處理得到的結果數據，是不是符合要求──如果符合，就保留這個網路作為目標模型；如果不符合，就鍥而不捨地一次次調整網路的參數設置，直到輸出滿足要求為止。

可能這麼解釋，還是太抽象、太難懂了，我們換一種更直觀的講法。假設深度學習要處理的數據是資訊的「水流」，

而處理數據的深度學習網路，是一個由管道和閥門組成的巨大水管網路，網路的入口是若干管道開口，出口也是若干管道開口，水管網路有許多層，每一層都有許多能控制水流流向與流量的調節閥。根據不同任務的需要，水管網路的層數、每層的調節閥數量，可以有不同的變化組合。對複雜任務來說，調節閥的總數可達成千上萬，甚至更多。在水管網路中，每一層的每個調節閥，都透過水管與下一層的所有調節閥連接起來，組成一個從前到後、逐層完全相通的水流系統──但這裡說的，是一種比較基本的情況；不同的深度學習模型，在水管的安裝和連接方式上是有差別的。

那麼，電腦該如何使用這個龐大的水管網路，來學習識字呢？舉例來說，當電腦看到一張寫著「田」字的圖片時，就會簡單將組成這張圖片的所有數字（在電腦裡，圖片的每個顏色點，都是用「0」和「1」組成的數字來表示的），全都變成資訊的水流，從入口灌進水管網路。

我們預先在水管網路的每個出口都插了一塊字牌，對應到每一個我們想讓電腦認識的漢字。此時，因為輸入的是「田」這個字，等水流流過整個水管網路，電腦就會跑到管道出口去看一看，是不是標記「田」字的管道出口流出來的水量最多。如果是這樣，就表示這個管道網路符合要求；反之，我們就給電腦下達指令，調節水管網路裡每個流量調節閥，讓「田」字出口「流出」的數字水流最大。

　　這下子，電腦可要忙上一陣子了，因為要調節那麼多閥門！好在電腦運算的速度快，蠻力運算外加演算法優化（其實，主要是精妙的數學方法了，但我們這裡不講數學公式，大家只要想像電腦拚命運算的樣子就可以了），電腦總是可以很快給出一個解決方案，調好所有閥門，讓出口處的流量符合要求。

　　就這樣，下一步在學習「申」字時，我們就用類似的方法，把每一張寫有「申」字的圖片，變成一大堆數字組成的水流，灌進水管網路裡去瞧瞧，是不是寫有「申」字的那個管道出口，流出來的水量最大。如果不是的話，我們還得再次調整所有的調節閥，但這次要保證剛才學過的「田」字不受影響，也要保證新的「申」字能獲得正確處理。

　　如此反覆進行，直到所有漢字對應的水流，都能按照期望的方式流過整個水管網路。此時，我們就會說這個水管網路，已是一個訓練良好的深度學習模型了。

　　圖 27 顯示「田」字的資訊水流被灌到水管網路的過程。為了讓更多水流從標記「田」字的出口流出，電腦需要用特定方式，近乎瘋狂地調節所有流量調節閥，不斷實驗、摸索，直到水流符合要求為止。

　　當大量的識字卡被這個管道網路處理，所有閥門都調節到位之後，整套水管網路就可以用來識別漢字了。此時，我們可以把調節好的所有閥門都「焊死」，靜候新的水流到來。

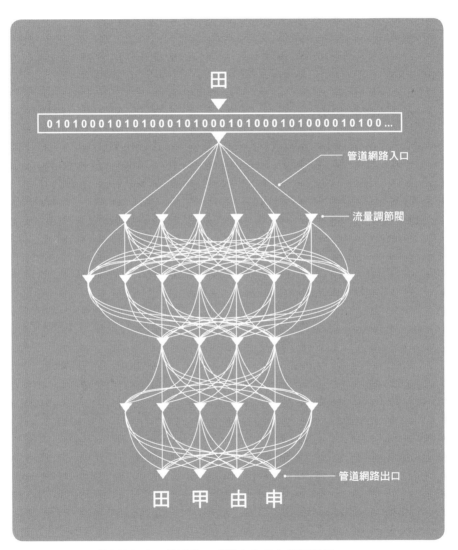

圖 27　用「水管網路」描述教電腦識字的深度學習過程

與訓練時做的事情類似，未知圖片會被電腦轉變成數據水流，灌入訓練好的水管網路。此時，電腦只要觀察一下，哪個出口流出來的水量最大，這張圖片上寫的就是那個字。

簡單嗎？神奇嗎？難道深度學習，竟然就是這樣一個靠瘋狂調節閥門，「湊」出最佳模型的學習方法？在整個水管網路的內部，每個閥門為何要如此調節，為何要調節到如此程度，難道完全由最後每個出口的水流量來決定？這裡面，真的沒有什麼深奧的道理可言？

大致上，深度學習就是這麼一個用人類的數學知識和電腦演算法建構出來的整體架構，再結合盡可能多的訓練數據，以及電腦的大規模運算能力去調節內部參數，盡可能逼近問題目標的半理論、半經驗的建模方式。指導深度學習的，基本上是一種實用主義的思想。

不是要理解更複雜的世界規律嗎？那我們就不斷增加整個水管網路裡，可以調節的閥門數量（可以增加層數或每層的調節閥數量。）不是有大量訓練數據和大規模運算能力嗎？那我們就讓許多 CPU 和 GPU* 組成龐大計算陣列，讓電腦在拚命調節無數個閥門的過程中，學到訓練數據中隱藏的規律。也許，正是因為這種實用主義的思想，深度學習的

---

* 俗稱顯卡晶片，原本專門用來繪圖、玩遊戲，碰巧特別適合深度學習計算。

感知能力（建模能力），遠遠強過傳統的機器學習方法。

　　但實用主義意味著不求甚解，即便一個深度學習模型，已經被訓練得非常「聰明」，能夠非常良好地解決問題，但在很多情況下，連設計整個水管網路的人，也未必能夠說得清楚，為何管道中每個閥門要調節成這個樣子。也就是說，人們通常只知道深度學習模型是否良好運作，卻很難說得清楚，模型中某個參數的取值，以及最終模型的感知能力之間，到底存在著怎樣的因果關係。

　　這真是一件特別有意思的事，因為有史以來，最有效的機器學習方法，在許多人看來，竟然是一個只可意會、不可言傳的「黑盒子」。由此引發的一個哲學思辨就是，如果人們只知道電腦學會做什麼，卻說不清電腦在學習過程中，掌握的是一種什麼樣的規律，那麼這種學習本身會不會失控？

　　於是，很多人便開始擔心，按照這樣的路線發展下去，電腦會不會悄悄學到什麼我們不希望它學會的知識？另外，從原理上來說，如果無限增加深度學習模型的層數，那麼電腦的建模能力，是不是就能與真實世界的終極複雜度一比？如果答案是肯定的，只要它獲得足夠的數據，就能學會宇宙中所有可能的知識，那接下來會發生什麼事？大家是不是對電腦的智慧超越人類有了些許的憂慮？還好，關於深度學習到底是否有能力理解宇宙級別的複雜知識，專家尚未有一致看法。至少在可見的未來，人類還是相對安全的。

　　順道一提，目前已經出現了一些視覺化的工具，能夠幫助我們「看見」深度學習在進行大規模運算時的「樣子」。谷歌著名的深度學習框架 TensorFlow，就提供一個網頁版的小工具（http://playground.tensorflow.org/），用人們易於理解的圖示，畫出正在進行深度學習運算的整個網路的即時特徵。

　　圖 28 顯示一個包含 4 層中間層級（隱含層）的深度神經網路，針對某訓練數據集進行學習時的「樣子」。我們可在圖中直接看到，網路的每個層級與下一層級之間，數據「水流」的方向與大小。我們還可以隨時在這個網頁上，改變深度學習框架的基本設定，從不同角度觀察深度學習演算法，這對我們學習、理解深度學習大有幫助。

　　最後，特別需要說明的是，前述對深度學習的概念闡述，刻意避免數學公式和數學論證。這種用水管網路來普及

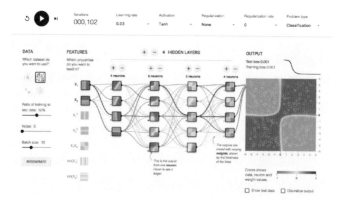

圖 28　訓練深度學習模型時，整個深度神經網路的視覺化狀態

深度學習的方法，只適合解說給一般公眾了解，對於懂數學或電腦科學的專業人士來說，這樣的描述相當不完備、也不精確。流量調節閥的比喻，以及深度神經網路中每個神經元相關的權重調整，在數學上並非完全等價。對水管網路的整體描述，也刻意忽略深度學習演算法中的代價函數、梯度下降、反向傳播等重要概念。專業人士要學習深度學習，還是要從專業教材及課程開始。

大數據：人工智慧的基石

目前的深度學習，主要是建立在大數據的基礎上，即對大數據進行訓練，從中歸納出可被電腦運用在類似資料上的知識或規律。那麼，到底什麼是大數據？

人們經常籠統地說，大數據就是大規模的資料，但這個說法並不準確。「大規模」只是指數據的量，但是資料量大，並不代表就一定擁有可被深度學習演算法利用的價值。比方說，地球繞太陽運轉的過程中，每一秒鐘記錄一次地球相對太陽的運動速度和位置，這樣累積多年下來，得到的資料量不可謂不大，但如果只有這樣的資料，其實並沒有太多可以挖掘的價值，因為地球圍繞太陽運轉的物理規律，人們已經研究得比較清楚了，不需要電腦再次總結萬有引力定律或廣義相對論。

那麼，大數據究竟是什麼？如何產生的？什麼樣的資料

才最有價值，最適合作為電腦的學習物件？

根據馬丁‧希爾伯特（Martin Hilbert）的總結，[20] 今天我們常說的大數據，其實是在 2000 年後，因為資訊交換、資訊儲存、資訊處理三方面能力大幅成長而產生的資料：

• **資訊交換**：據估，從 1986 年到 2007 年這二十年間，地球上每天可透過既有資訊管道交換的資訊數量成長了約 217 倍；這些資訊的數位化程度，則從 1986 年的約 20％，成長到 2007 年的約 99.9％。[21] 在數位化資訊爆炸成長的過程中，每個參與資訊交換的節點，都能在短時間內接收並儲存大量資料，這是大數據得以蒐集和累積的重要前提。例如，根據對社群網站推特（Twitter）的統計，全球每秒新增的推文約 6,000 條，每分鐘約 35 萬條，每天約 5 億條，每年約 2 千億條。在網路頻寬大幅提高之前，這種規模的資訊交換是令人無法想像的。

• **資訊儲存**：全球資訊儲存的能力，大約每三年倍增一次。從 1986 年到 2007 年這二十年間，全球資訊儲存能力增加了約 120 倍，所儲存資訊的數位化程度，也從 1986 年的約 1％，成長到 2007 年的約 94％。在 1986 年時，即使用上我們所有的資訊載體和儲存方法，也不過能儲存全世界交換資訊的約 1％；到了 2007 年，這個數字已經成長到約 16％。資訊儲存能力的增加，為我們利用大數據提供了近乎無限的想像空間。例如，像谷歌這樣的搜尋引擎，幾乎就是一個全

球互聯網的「備份中心」。谷歌的大規模文件儲存系統，完整保留了全球大部分公開網頁的資料內容，相當於每天都在為全球互聯網做「熱備份」。

• **資訊處理**：有了海量的資訊獲取能力和資訊儲存能力，我們也必須擁有對這些資訊進行整理、加工和分析的能力。谷歌、Facebook、亞馬遜、百度、阿里等公司，在資料量逐漸增大的同時，也相應建立了強大、靈活度高的分散式資料處理集群。由數萬台、乃至數十萬台電腦所構成的平行計算集群，每時每刻都在對累計的資料做進一步的加工和分析。谷歌 的 分 散 式 處 理 三 大 利 器 ──GFS、MapReduce 和 Bigtable，就是在大數據的時代背景下誕生，並成為絕大多

圖 29　大數據的三大支柱

數大數據處理平台的標準配置的。利用這些資料處理平台，谷歌每天都會清理多達數百億的搜尋紀錄，轉換成便於數據分析的格式，並且提供強而有力的數據分析工具，能夠非常快速地對資料進行聚合、維度轉換、分類、匯總等操作。

從應用的角度來說，今天的大數據日益呈現出下列一種或多種特性：

• **有愈來愈多大數據是源於生產或服務過程的副產品，但在價值上卻往往超過為了特定目的專門採集的資料。**例如，谷歌的大數據雖然主要從搜尋引擎的日常使用中獲得，但如果深入挖掘，往往具有非常高的專業價值。谷歌曾經利用全球用戶查詢流感相關關鍵字出現頻率的變化情形，對 2003 年到 2008 年間，全球季節性流感的分布和傳播進行追蹤和預測。[22] 這項預測的覆蓋規模和價值，甚至超過各國衛生部門專門蒐集相關資料所做的預測。

• **大數據往往可以取代傳統意義上的抽樣調查。**例如，按照傳統方式，電視台某個節目的收視率，往往要由專業調查公司透過抽樣調查的方式，經由電話拜訪等管道獲得抽樣資料，再估算收視率。現在，有了微博或類似的社群網站，我們可以直接利用微博上每時每刻產生的大數據，對電視節目、電影、網路節目的熱門程度進行分析，而且準確度往往超過傳統抽樣調查。

• **可以即時獲取許多大數據。**例如，每年雙十一，在阿里的

淘寶、天貓這樣的電子商務平台上，每時每刻都有成千上萬
筆交易正在進行，所有這些交易資料在阿里交易平台的內
部，都可以即時匯總，提供人們對雙十一當天的交易情況，
進行監控、管理、分析或匯整處理。有些數據的時效性非常
強，如果不能即時利用，附加價值就會大幅降低。即時性為
大數據的應用提供了更多選擇，也是大數據更快產生應用價
值的基礎。

‧**大數據往往混合了來自多個資料來源的多維度資訊。**一份
微博用戶的 ID 列表雖然很有價值，但不易轉換成商業應用
所需要的完整資訊。假如能夠利用用戶 ID，將他們在微博
上的社交行為，和在電子商務平台如淘寶、京東等的購買行
為串聯起來，像這樣透過對不同來源的大數據加以整合，蒐
集到更多面向的資料，就能向微博用戶更精準推薦他們最喜
歡的商品。集合更多資料來源，增加資料維度，是提高大數
據價值的好辦法。

‧**大數據的價值在於數據分析，以及分析基礎上的資料探勘
和智慧決策。**大數據的擁有者只有基於大數據建立有效的模
型和工具，才能充分發揮大數據的價值。例如，圖 30 是利
用谷歌搜尋趨勢（Google Trends）對過去五年全球地震分布
進行分析匯總。根據使用者查詢地震相關關鍵字的頻率，我
們很容易看出在過去五年內，主要地震的發生時間和地點。
在這個應用方面，谷歌趨勢就是一個利用已有大數據建模、

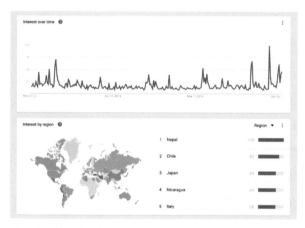

圖 30　利用谷歌搜尋趨勢分析全球近五年來的地震分布

分析、匯總的有效工具。

有大數據就有人工智慧的機會

在 AI 時代，深度學習和大數據成為密不可分的拍檔。深度學習可從大數據，挖掘出以往難以想像的高價值資料、知識或規律。簡單地說，有足夠資料作為深度學習的輸入，電腦就能學會以往只有人類才能理解的概念或知識，然後再將這些概念或知識，應用到以前從來沒看過的新數據上。

《智能時代》的作者吳軍博士說：「在方法論的層面，大數據是一種全新的思維方式。按照大數據的思維方式，我們做事情的方式和方法，需要從根本上改變。」[23]

谷歌的圍棋程式 AlphaGo，已經達到人類圍棋選手無法

達到的境界。無人可以與之爭鋒，這是因為 AlphaGo 不斷地進行學習。AlphaGo 不但從人類專業選手以往數百萬份棋譜中學習，還從自己跟自己的對弈棋譜中學習。無論是人類專業選手的對局，還是 AlphaGo 自己跟自己的對局，都是 AlphaGo 賴以學習、提升能力的大數據。

　　基於大數據的深度學習，又如何在現實生活中發揮作用呢？一個非常好的例子是，電腦可以透過預先學習成千上萬張的人臉圖片，掌握辨認人臉的基本規律，然後記住全國所有通緝犯的長相。沒有任何人類員警可以做到這一點，全國的安防系統只要用了這種會辨認通緝犯長相的電腦程式，通緝犯在公共場合一露臉，電腦就能透過監視鏡頭所採集到的圖像，將通緝犯辨認出來。大數據和深度學習一起，可以完成以前也許需要數萬名人類員警才能完成的棘手任務。

　　任何擁有大數據的領域，我們都能找到深度學習一展身手的空間，都能做出高品質的人工智慧應用。也就是說，任何擁有大數據的領域，都是創業的機會。

　　金融業有大量客戶的交易資料，基於這些資料的深度學習模型，能讓金融業對客戶進行更好的風險防控，或是對特定客戶進行精準行銷。電子商務企業坐擁大量商家的產品資料和客戶的交易資料，基於這些資料的人工智慧系統，能讓商家更準確預測每個月、甚至每天的銷售情況，提前做好進貨準備。城市交通管理部門擁有大量的交通監控資料，在這

些資料基礎上開發的智慧交通流量預測、智慧交通疏導等人工智慧應用，正在大城市中發揮作用。大型企業的售後服務環節，擁有大規模的客服語音和文字資料，這些資料足以將電腦訓練成滿足初級客服需要的自動客服員，幫助人工客服減輕工作負擔。教育機構擁有海量的課程設計、課程教學資料，針對這些資料訓練出來的人工智慧模型，能夠幫助老師發現教學中的不足，並且針對每個學生的特點加以改進……。

　　需要注意的是，大數據和人工智慧的結合，也可能為資訊流通和社會公平帶來威脅。2016 年美國大選，有一家名為「劍橋分析」（Cambrige Analytica）的公司，就基於人工智慧技術，用一整套分析和引導輿論的軟體系統來操縱選情。這套系統可以自動蒐集、分析互聯網上的選情資訊，評估民眾對兩位總統候選人的滿意度，並且透過給定向使用者投放資訊，自動發送虛假新聞等技術手段，宣傳自己所支持的候選人。此外，還可以透過 A／B 組對照實驗，準確判斷每個州的選民特徵，為自己所支持的競選團隊，提供第一手的數據資料和決策依據。

　　劍橋分析公司的投資人是川普的「金主」，因此該公司在大選中就主要為川普服務。在川普選贏希拉蕊之後，美國伊隆大學（Elon University）的助理教授兼數據科學家喬納森‧奧爾布賴特（Jonathan Albright），便開始研究大選中的

假新聞和輿論引導內幕。他不無憂慮地說：「這簡直就是一台宣傳機器，一個個地拉攏民眾，使他們擁護某個立場。像這種程度的社會工程，我還是頭一次看見。他們用情緒作為韁繩，套住人們，就再也不鬆手了。」[24]

在大數據發揮作用的同時，人工智慧研發者也請一定不要忘了，大數據的應用必然帶來個人隱私保護方面的挑戰。為了發送精準的廣告資訊，就必須蒐集你的購買習慣或個人喜好等資料，而這些資料往往包含了許多個人隱私。為了獲得以人類基因為基礎的醫療大數據來改進疾病的診療，就必須透過某種管道蒐集到盡可能多的人類基因樣本，而這些資料一旦保管不善，就可能為提供基因樣本的個人帶來巨大風險。另外，為了打造智慧型城市，就要監控和蒐集每個人、每輛車的交通資訊，而這些資訊一旦被壞人掌握，往往就會成為犯案最好的情報來源……。

有效、合法、合理地蒐集、利用與保護大數據，是人工智慧時代的基本要求。這件事需要政府、企業和個人三方面共同合作，既保證大規模資訊的正常流動、儲存和處理，又能避免個人隱私遭到濫用或洩露。

AI 小百科：深度學習三巨頭和傳奇的辛頓家族

前文曾經提過的傑佛瑞・辛頓（Geoffrey Hinton）、約書亞・本吉奧（Yoshua Bengio）和揚・勒丘恩（Yann LeCun），

有時也被稱為深度學習領域的「三巨頭」。

在「三巨頭」中，最年長的辛頓生於英國，後來移居加拿大。在深度學習領域，辛頓的貢獻是開創性的。他最先把反向傳播（Backpropagation）用於多層神經網路，還發明了玻爾茲曼機（Boltzmann machine），這些成果直接導致深度學習的實用化。在教學和科研之外，辛頓還創辦了一家名為DNNresearch 的人工智慧公司，後來把公司賣給谷歌。現在，他一半時間在多倫多大學教書，一半時間在谷歌建設著名的谷歌大腦。

辛頓教授的學生，也幾乎個個都是人工智慧領域的權威。1987 年，揚・勒丘恩在巴黎獲得電腦科學博士學位後，就到多倫多大學師從辛頓教授，做博士後研究。1988年，勒丘恩加入 AT&T 貝爾實驗室。他在那裡發展了機器視覺領域最有效的深度學習演算法 —— 卷積神經網路（Convolutional Neural Network, CNN），並且將其用於手寫辨識和光學字元識別。2013 年，勒丘恩加入 Facebook，領導 Facebook 的人工智慧實驗室。

約書亞・本吉奧生於法國，後來移居加拿大的蒙特婁，在麥基爾大學（McGill University）獲得電腦科學的博士學位。1992 年，本吉奧加入 AT&T 貝爾實驗室，他在那裡遇見勒丘恩，兩位「巨頭」一起從事深度學習的研究。1993年起，本吉奧在蒙特婁大學任教。他有多項的研究成果，對

深度學習的復興意義重大。例如，他在自然語言處理的方向上建樹頗多，研究成果更直接推動近年來語音辨識、機器翻譯等方向的發展。

「三巨頭」經常一起出席學術會議，一起推動深度學習和人工智慧的發展。2015 年 5 月，三人聯名在《自然》（*Nature*）雜誌發表一篇名為〈深度學習〉（"Deep Learning"）的綜述文章，[25] 成為人工智慧領域近年來最重要的文獻之一。在這篇著名文章裡，「三巨頭」是這樣展望深度學習的：

> 「在不久的將來，我們認為深度學習將取得更多成就，因為它只需要極少的人工參與，所以能輕易從運算能力提升和數據量成長中獲得裨益。目前正在開發、用於深層神經網路的新型學習演算法和體系結構，必將加速這項進程。」[26]

最後，順便提一下，辛頓教授已經很厲害了，更厲害的是，他出生在一個只能用「剽悍」、「傑出」、「神奇」之類的字眼形容的恐怖家族！

他的父親名為霍華德・埃佛勒斯・辛頓（Howard Everest Hinton），是個英國昆蟲學家。他有個堂弟名叫威廉・辛頓（William Hinton），還有個堂妹名叫瓊・辛頓（Joan Hinton），這兩人分別有一個我們更為熟悉的中文名字——

一個叫韓丁，一個叫寒春，是中國人民的老朋友，著名的馬克思主義者。

1940 年代，韓丁在中國親歷了土改運動，寫下《翻身：中國農村的革命紀實》（*Fanshen: A Documentary of Revolution in a Chinese Village*）一書。寒春就更有名了，是個核子物理學家，曾在美國參與「曼哈頓計畫」

圖 31　喬治・布爾（CC BY-SA 3.0, Wikipedia）

（Manhattan Project），製造原子彈。在廣島、長崎核爆之後，寒春毅然離開曼哈頓計畫，抱著「解放全人類」的理想來到中國，長期在北京郊外的農場研發農牧機械。當年，楊振寧回國時曾問鄧稼先，寒春到底有沒有幫中國研發原子彈，鄧稼先請示周總理之後，給了楊振寧一個明確答覆：除了早期接受一些蘇聯幫助之外，原子彈完全是中國人自己造出來的。

韓丁和寒春的父親名叫塞巴斯蒂安・辛頓（Sebastian Hinton），職業是律師，業餘時間發明了兒童用的攀爬遊樂設施。塞巴斯蒂安・辛頓和霍華德・辛頓的父親喬治・辛頓

（George Hinton）是同胞兄弟，他們兩人的父親，也就是傑佛瑞・辛頓的曾祖父，名叫查爾斯・霍華德・辛頓（Charles Howard Hinton），不但是個知名的數學家，還是最早的科普和科幻作者之一。

查爾斯・霍華德・辛頓的妻子名叫瑪麗・艾倫（Mary Ellen），她的父親是喬治・布爾（George Boole）。喬治・布爾，一個偉大的名字。布爾代數、布爾電路、布爾類型、布爾運算式、布爾函數、布爾模型……這個偉大的英國數學家、教育家、哲學家和邏輯學家，思想和發明變成了無數的教科書內容、考題和電腦程式，充斥理工生的整個世界。

布爾的五個女兒也個個傑出。大女兒就是瑪麗・艾倫，是傑佛瑞・辛頓的曾祖母。二女兒名叫瑪格麗特・布爾（Margaret Boole），兒子傑佛瑞・泰勒（Geoffrey Taylor）是流體力學的鼻祖級人物，曾被英國派到美國參加曼哈頓計畫。三女兒艾麗西亞・布爾（Alicia Boole）為四維幾何學做過貢獻，四女兒露西・埃佛勒斯・布爾（Lucy Everest Boole）是英國第一個化學女教授，五女兒艾捷爾・麗蓮・伏尼契（Ethel Lilian Voynich）是中國 50 後、60 後，甚至一小部分 70 後非常熟悉的作家，寫了一本曾經流行於中國大江南北的長篇小說——《牛虻》（*The Gadfly*）。

從偉大的喬治・布爾到今天的深度學習「三巨頭」，在短短兩百年的時間裡，數學和電腦科學就擁有如此多的偉大

成就。毫無疑問，今天異彩紛呈的人工智慧，正是這一代又一代大師級人物共同締造出來的人類最輝煌的科技成果。

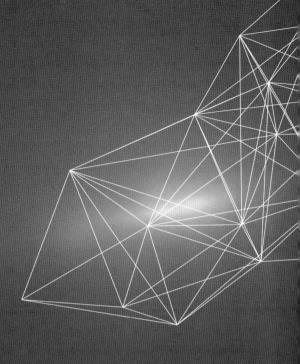

Chapter 3 | 人機大戰：
AI 真的會挑戰人類嗎？

AlphaGo 帶給人類的啓示究竟是什麼？

2016 年 3 月，李世石與谷歌 AlphaGo 在圍棋棋盤上鬥智鬥勇、激戰正酣的時候，我也親身參與了新浪體育等媒體主辦的現場直播。當時，我和棋聖聶衛平九段一起出任講解嘉賓，直播李世石與 AlphaGo 的第五盤棋賽。圍棋專家如聶衛平九段的評論視角，顯然和我這個電腦科學博士的視角大不相同。不過，有一點是相通的，那就是絕大多數圍棋界人士和人工智慧界的科研人員，此前都沒想到，圍棋程式會在這麼短的時間內取得「質」的突破。

記得我曾在接受媒體採訪時說過：「AlphaGo 真的讓我很震驚。如果你是兩年前問我，電腦何時能夠戰勝圍棋世界冠軍，我那時的答案大概會是『二十年後』。但是，電腦在兩年內，就做到我認為需要二十年才能做到的事，這種速度真的讓人震撼。」

在 AlphaGo 橫空出世之前，圍棋界的觀點也大致相同。由於國際象棋和圍棋的複雜度相差甚遠，1997 年 IBM 深藍在國際象棋棋盤上戰勝人類棋王的故事，並不足以讓圍棋高手信服。而且，這麼多年來，圍棋 AI 程式的研發，一直舉步維艱。早期基於規則的圍棋程式，例如已逝廣州中山大學陳志行教授 1990 年代研發的「手談」，基本上只能和圍棋初學者過招。直到 2006 年後，隨著蒙地卡羅樹搜尋（Monte

Carlo tree search, MCTS）演算法在圍棋對弈軟體中的應用，
MoGo、Zen、CrazyStone 等程式的棋力，才有了突飛猛進
的提升。

　　在國際對弈平台 KGS 上，2006 年到 2012 年間，主流
圍棋對弈軟體的棋力，從業餘 2 級猛升到業餘 5 段，甚至業
餘 6 段，[1] 但也就此停滯不前。在 AlphaGo 出現之前，圍棋
界專家對圍棋對弈軟體棋力的評估，基本上比較一致，大多
認為最好的電腦程式，已經可以和業餘高手過招，但和職業
選手之間，還是有著本質上的差別。

　　在今天的圍棋界，業餘高手和職業高手之間，存在 2 子
以上的明顯差距。通常，這個差距是職業選手從童年開始，
用十年以上的時間刻苦訓練得來的，業餘選手極難追上。另
一方面，在電腦科學界，懂得蒙地卡羅樹搜尋演算法原理的
人都知道，這種演算法主要是利用抽樣統計來提高搜尋效
率，單用此演算法確實難有提高空間。這是在 AlphaGo 出
現之前，圍棋界和電腦科學界雙方，都不敢奢望人機大戰即
將到來的根本原因。但是，深度學習改變了一切。

　　使用深度學習並結合蒙地卡羅樹搜尋的 AlphaGo，已注
定被寫入歷史。在 AlphaGo 問世的第一年內，大家看到的
其實是三個版本：1）5：0 擊敗樊麾的內測版本；2）4：1
擊敗李世石的版本；3）以「Master」（大師）網名 60：0 快
棋挑落中日韓高手的版本。三個版本的演進脈絡分明，每次

反覆運算都有重大升級。最後這個網名為「Master」（大師）的版本，基本上也是 2017 年 AlphaGo 挑戰柯潔的一個「預覽版」。

從圍棋的角度來說，AlphaGo 最令人震撼的是，電腦在人類傳統認為極其玄妙、電腦無法掌握的「大局觀」上突飛猛進，遠遠將人類選手甩在身後。電腦計算「大局觀」的方式，和人類培養「大局觀」的思路，有著根本上的差別。人類不可能在這方面趕上電腦。和樊麾對局的棋譜，基本上還看不出 AlphaGo 的大局觀有多強，和李世石對局就下出了聶衛平讚不絕口的五路肩沖，到了 Master 的 60 局，大局觀體現在兩個地方：

- 第一，自始至終對局勢的把握。例如，第 60 局古力用 AlphaGo 的思路對付 AlphaGo，把中央撐得很滿，但 AlphaGo 不緊不慢，總是恰到好處地保持勝勢。
- 第二，AlphaGo 已經深刻影響人類對布局的思考，大飛守角之類的變化，迅速被人類棋手模仿。這和當年深藍問世後，國際象棋的布局革命是一樣的。

基於 AlphaGo 的思路，其他圍棋軟體的水準也突飛猛進。僅 2017 年初，就有日本研發的 DeepZenGo，以及騰訊人工智慧實驗室開發的「絕藝」，達到人類九段以上的水準。騰訊「絕藝」不僅在面對人類高手時保持絕對優勢，還戰勝 AlphaGo 以外的各路圍棋軟體，取得 2017 年 UEC 杯電腦圍

棋大賽的冠軍。以後 AI 和 AI 之間的競賽，應該會不斷促進 AI 提升能力。人類雖然望塵莫及，但可以不斷從 AI 學到新的啟發。

從人工智慧技術的角度來說，AlphaGo 用的是 AI 領域應用非常普遍的演算法：深度學習、蒙地卡羅樹搜尋演算法、增強學習等。可以說，機器視覺相關的深度學習技術，包括環境—決策—反饋的智慧系統裡，都有 AlphaGo 的影子。當然，在直接的代碼實現層面，肯定沒有複製、貼上這樣直接借用的關係，因為 AlphaGo 的深度學習模型，畢竟是圍繞圍棋的特徵建立的。

那麼，當人機大戰的煙塵散盡，當公眾的熱情回歸理性，AlphaGo 究竟為我們人類帶來什麼？ AlphaGo 帶來的，僅僅是棋盤上的一張張棋譜，還是《自然》雜誌上那篇劃時代的論文？[2] 是公眾對人工智慧的重新認知，還是人類與機器命運的關鍵轉捩點？

我覺得，AlphaGo 帶給人類的，更多是一種對未來的警示：如果電腦可以在兩年內，實現大多數人此前預測要花二十年或更長時間才能完成的進步，那麼還有哪些突破，會以遠超常人預期的速度來臨？這些突破會不會超過我們對人工智慧的想像，顛覆人類預想中的未來？我們已為這些即將到來的技術突破，做好準備了嗎？

無論是專業人士還是普通公眾，AlphaGo 的出現為每個

人提供了一個最好的理由，讓我們有機會重新思考：到底什麼是人工智慧？人工智慧對人類的意義是什麼？人工智慧與未來人類的關係，到底會怎麼樣？人工智慧真的會在未來挑戰人類嗎？

DeepMind：會打 game 的人工智慧

　　站在 AlphaGo 背後的，是一組名叫 DeepMind 的團隊，這是谷歌在 2014 年收購的英國人工智慧團隊。在所有優秀的人工智慧技術團隊中，DeepMind 無疑是最有潛力的其中一組。不得不承認，他們是一個真正有夢想、也真正關注人類未來的技術團隊。

　　DeepMind 的創始人戴密斯·哈薩比斯（Demis Hassabis），從小就是一個神童，在棋類遊戲中展現非凡天分。哈薩比斯 13 歲就成為國際象棋大師，在當年的國際象棋世界等級分排名中，位列所有 14 歲以下選手的第 2 位，僅次於後來聲名大噪的世界最強女棋手「小波爾加」裘蒂特·波爾加（Judit Polgár）。1997 年，哈薩比斯從劍橋大學電腦科學系畢業。1998 年，22 歲的哈薩比斯創立了 Elixir Studios 公司，專注於開發電腦遊戲。2005 年，哈薩比斯返回校園，在倫敦大學攻讀認知神經科學的博士學位。2010 年，哈薩比斯在倫敦創建了人工智慧技術公司 DeepMind。直到 2014 年，谷歌以 4 億英鎊收購 DeepMind 時，哈薩比

斯的團隊還基本不為普通公眾所知。

　　2015 年初，DeepMind 第一次真正進入公眾視角，是靠一個基於深度學習和增強學習技術驅動、能夠自己學習如何打街機遊戲的 AI 程式。顯然，國際象棋大師和電腦遊戲設計、開發的背景，為哈薩比斯的人工智慧之路，奠定一個不同尋常的方向。DeepMind 所研發的深度學習、增強學習等技術，在醫藥、金融、自動控制等眾多領域，擁有廣泛的應用前景，但這些行業應用離普通公眾較遠，DeepMind 的先進技術難以被大多數人了解。哈薩比斯和他的團隊非常聰明地選擇用大眾最熟悉的電子遊戲，來作為 DeepMind 核心科技的第一塊「試金石」。

　　DeepMind 選取了數十款當年在雅達利（Atari）街機上非常流行的小遊戲，用人工智慧程式嘗試「理解」遊戲當前畫面，控制遊戲操作介面，並且根據每次遊戲的輸贏情況，不斷地調整策略，自主學習打 game 技巧。2015 年 2 月，在向公眾展示時，DeepMind 的人工智慧程式，在大約四分之三的雅達利街機遊戲中，達到或超越人類高手的水準。類似技術隨後被 DeepMind 團隊，用於人工智慧圍棋軟體中，由此誕生了震驚世界的 AlphaGo。

　　DeepMind 的目標顯然不是遊戲本身，正如哈薩比斯在諸多場合說過的那樣，DeepMind 希望利用在遊戲中證明過的技術，幫助人類解決電腦輔助醫療等更為複雜的問題。不

過，遊戲與 DeepMind 的結緣，確實為這個獨具特色的人工
智慧團隊，貼上了鮮明的標籤。

歷史總是充滿巧合。1970 年代，初出茅廬的賈伯斯找
到的第一份工作，就是在雅達利遊戲機公司打工。為了開發
雅達利公司當時的主打街機產品「乓」（Pong），賈伯斯還
請來了好朋友史蒂芬・沃茲尼克（Stephen Wozniak）一起解
決技術問題。四十多年前，蘋果公司的兩位創辦人在雅達利
遊戲機上研發的產品，成為四十多年後哈薩比斯的
DeepMind 團隊磨練人工智慧演算法的實驗平台。在
DeepMind 軟體自主學習並熟練掌握的街機遊戲名單上，
「乓」的名字赫然在列。

從賈伯斯到哈薩比斯，從雅達利街機、蘋果電腦再到人
工智慧，在科技發展的進程中，每個領軍人物的每次技術突
破，都可能成為後續進展的墊腳石或序曲。從早期的西洋跳
棋程式，到能下國際象棋的 IBM 深藍，再到 AlphaGo，每
一盤棋的每一場輸贏，不也是人工智慧技術從萌芽、發展再
到成熟的最好見證嗎？

AlphaGo 的故事尚未結束，DeepMind 就將目光投向更
有挑戰性的遊戲領域。2016 年 11 月，在暴雪娛樂（Blizzard
Entertainment）的 BlizzCon 大會上，DeepMind 正式宣布攜
手暴雪，基於《星海爭霸》（*StarCraft*）遊戲進行人工智慧研
究。[3] 與圍棋不同，《星海爭霸》遊戲的玩家，需要在全域尚

未明朗的情況下，只依據少數資訊，猜測對手可能的戰略、戰術布置，並且針對性地設計自己的遊戲策略。從技術上來說，《星海爭霸》的挑戰性要高於圍棋，打贏《星海爭霸》所需要的決策技術，也許更接近人類在日常工作及生活中，經常使用到的思考與決策方法。就這個意義來說，DeepMind 正朝著更高級智慧的方向邁進。

　　遊戲既是 DeepMind 團隊最好的市場和公關手段，也幫助 DeepMind 在人工智慧領域，迅速建立起不同尋常的技術優勢。借助在遊戲領域取得的經驗和方法，DeepMind 已經開始運用人工智慧技術，幫助谷歌的資料中心合理調度、分配電力資源，以達到省電的目標。此外，DeepMind 與牛津大學合作開發了根據人類說話時的口型猜測說話內容的唇讀技術 LipNet，也與英國國民保健署（National Health Service, NHS）合作推出了綜合性的醫療輔助應用程式 Streams，並與眼科醫院合作幫助眼部疾病的診斷……。哈薩比斯說：「我堅信 DeepMind 正在從事的研究，對人類的未來至關重要，而且值得我們做出一些犧牲。」[4]

　　從下象棋、開發遊戲的天才少年，到利用人工智慧技術造福人類的電腦科學家，哈薩比斯的夢想正在實現。一個會打 game 的人工智慧，和一個會幫助醫生診療疾病的人工智慧，兩者之間的技術，竟然有如此多的共同點──技術的神奇莫過於此。

德州撲克：開啓新世界的大門？

　　我自己很喜歡打德州撲克，經常參加德州撲克比賽。在牌桌上，我自覺是一名穩健型牌手，保持還算不錯的勝率。

　　圍棋是一項講究計算和形勢判斷能力的遊戲，德州撲克就非常不同，講究的是在多人博弈中，避免人性貪婪、戀棧等弱點，並將科學的概率統計與靈活的實戰策略力求做完好搭配。人工智慧已經在圍棋領域取得歷史性的突破，那麼在德州撲克的世界裡，人工智慧的表現又如何呢？

　　如前所述，在圍棋和象棋等遊戲中，人工智慧可以和人類選手一樣，在每一步決策前獲得棋盤上的全部資訊。這種限定規則——隨時可以獲取全部資訊的遊戲，我們可以稱為「完整資訊的博弈遊戲」。而在《星海爭霸》或德州撲克中，人工智慧和人類選手通常無法在特定時刻，獲得有關遊戲的全部資訊。比方說，在德州撲克中，你無法知道對手的底牌是什麼，也不知道發牌員發出的下一張牌是什麼，在這類「不完整資訊的博弈遊戲」中，人工智慧必須像人一樣，根據經驗或概率統計知識，猜測對手底牌和下一張牌的可能性，再制定自己的應對策略。

　　顯然，不完整資訊的博弈遊戲，在技術難度上要大得多。就在哈薩比斯的團隊借助《星海爭霸》磨練下一代人工智慧演算法的同時，卡內基梅隆大學的研究者，選擇德州撲

克作為他們攻克此類問題的出發點。

　　來自卡內基梅隆大學的湯瑪斯・桑德霍姆（Tuomas Sandholm）教授與他的博士生諾姆・布朗（Noam Brown），最早開發了一款名為 Claudico 的德州撲克程式。Claudico 是一個拉丁文單字，對應於德州撲克中的一種特別策略——平跟（limping），指的是在翻牌之前，選擇跟大盲注而不加注的策略。「平跟」這種策略，在人類打德州撲克的比賽，使用頻率不是很高，但根據桑德霍姆的介紹，電腦透過學習發現，使用這種策略有許多好處。值得注意的是，桑德霍姆的團隊在研發德州撲克程式時，主要不是向人類職業選手學習打牌技巧，而是讓電腦透過自我訓練，自己尋找最好的方法。

　　Claudico 從 2015 年 4 月到 5 月，在賓州匹茲堡的河流賭場與人類選手同台競技，在無限制投注的一對一比賽中，輪流與包括當時世界排名第一的道格・波爾克（Doug Polk）在內的四名人類頂尖高手過招。那次比賽歷時了 13 天，共計 2 萬局牌。為了降低運氣成分，比賽使用的是重複牌局的玩法，即在不同房間的兩張牌桌上，使用完全相同、但人機對調的兩副牌。在那次比賽中，AI 似乎還很稚嫩。比賽進行過半，人類就領先 Claudico 大約 46 萬個籌碼。最後，人類選手以大約 73 萬個籌碼的優勢，贏得比賽。

　　Claudico 在 2015 年初出茅廬的比賽中，以失利告終。這個劇情，有點像 1996 年 IBM 深藍輸給卡斯帕洛夫的那一

次。和 Claudico 交過手的波爾克說，Claudico 和人類打牌的方式非常不同：「人類選手的下注數量，可能是彩池的一半或四分之三，而 Claudico 有時只會吝嗇地以彩池的十分之一來下注，有時則以彩池的十餘倍來下注。人類可不會用19,000 美元的下注，去博取區區 700 美元的彩池。」[5]

不過，2015 年的失利，並沒有讓桑德霍姆教授灰心。2017 年 1 月，他帶著一個名為「冷撲大師」（Libratus）的新版德州撲克程式捲土重來，再戰匹茲堡的河流賭場。像上次一樣，新版程式的英文名字 Libratus，也是一個拉丁文單字，對應於程式使用的「均衡」（balanced）策略，這個策略源自數學家約翰・奈許（John Nash）定義的一種完美博弈的模型。

桑德霍姆教授解釋：「在有兩名玩家的零和遊戲中，如果有一人不遵從奈許均衡的策略，那麼兩名玩家獲得的收益都將受損，但我們的系統不會這樣。在此類遊戲中，以奈許均衡的方式思考，是最安全的。遵從規律的玩家，將合理獲得收益，在任何地方也都不會被對手利用。」[6]

這次，比賽規則和 2015 年那次基本一致，比賽時間從13 天延長到 20 天，仍基於無限制投注的規則，冷撲大師輪流和人類高手一對一比賽。人類團隊計算總分，與冷撲大師的總得分比較勝負關係。不同的是，升級後的冷撲大師程式，就像圍棋棋盤上威風八面的 AlphaGo 一樣，一出場就

對四名人類高手形成全面壓制。AI 從比賽第一天，就一路領先。第 6 天的領先優勢雖然一度縮小，但從第 7 天後，人類就再也沒有機會彌補巨大的差距了。最後，冷撲大師領先的籌碼金額，高達驚人的 176.6 萬美元！在德州撲克領域的人機大戰中，人工智慧完美勝出！

連續參加 2015 年和 2017 年兩次人機大戰的人類德州撲克高手金東（Dong Kim）說，他在這次比賽中全程充滿了挫敗感——其實，他已是四位人類高手中，對戰成績最好的那個了。兩年前曾經擊敗電腦的他，在 2017 年比賽剛剛過半時就直言：「人類已經沒有真正獲勝的機會。」[7] 那麼，從冷撲大師大敗人類高手的德州撲克對局中，我們能看到哪些人工智慧的發展規律呢？

根據我對冷撲大師對局的觀察，冷撲大師所使用的技術策略非常成功。AI 利用增強學習技術，從自我對局中學習最優的撲克打法，避免從人類的既定模式中學習經驗，這是非常重要的一點。當然，目前冷撲大師的演算法，還只適用於無限制投注的一對一比賽。如果將比賽擴展到更常見的多人制比賽中，冷撲大師要面對的挑戰將會更大一些，還需要進行策略上的升級與調整。

電腦在德州撲克領域取得的成功，令包括我在內的人工智慧研究者都非常振奮，主要是因為下列兩個原因：

- 和圍棋不同，在德州撲克的牌桌上，人工智慧與人類選

手一樣，都只能看到部分資訊。在這種情況下，沒有所謂的唯一最佳打法。

* 冷撲大師基本上是從零開始學習德州撲克策略，而且主要是靠自我對局來學習，這對利用人工智慧解決更廣泛現實問題的意義重大。

不過，那些擔心人工智慧威脅的悲觀主義者，可能會從冷撲大師的勝利中，看到更為現實的風險。例如，機器曾在比賽中，用大賭注和新策略嚇退、矇騙過最精明的人類牌手，這些方法也許會被精明的商人用於人類的商業談判中。一旦這些人工智慧演算法遭到犯罪組織利用，是否會出現災難性的後果？擔心出現超人工智慧的人，還會進一步追問：一旦機器有了自我意識，是否會像德州撲克牌桌上的 AI 演算法一樣，巧用各種策略來誘騙、恐嚇人類呢？

然而，樂觀主義者則更注重冷撲大師演算法的本身，對人工智慧幫助人類解決實際問題的巨大價值。如果機器能在自我學習中，不斷完善對一種特定策略的掌握程度，能在不熟悉或缺乏全部資訊的環境中，不斷試誤、累積經驗，那機器顯然可以勝任更多的人類工作。舉例來說，機器可以協助人類制定更複雜的醫療計畫，也可以在人類感到難以決策的領域，例如商業活動、城市規劃、經濟調控，甚至戰爭指揮等，充當人類的「參謀」。也許，未來人人都能依靠強大的電腦和人工智慧程式，成為運籌帷幄、決勝千里的戰略家。

AI 小百科：
弱人工智慧、強人工智慧和超人工智慧

　　談到人類對人工智慧的擔憂，很多人很想知道的是：現在的人工智慧，到底有多「聰明」？人工智慧到底會發展到什麼程度？什麼樣的人工智慧，會超出人類的控制範圍，甚至給人類帶來威脅？

　　要回答這些問題，我們也許需要先釐清一下有關不同層級人工智慧的幾個基本定義。

弱人工智慧（Weak AI）

　　「弱人工智慧」也稱為「限制領域人工智慧」（Narrow AI），或「應用型人工智慧」（Applied AI），指的是專注且只能解決特定領域問題的人工智慧。毫無疑問，今天我們看到的所有人工智慧演算法和應用，都屬於弱人工智慧的範疇。

　　AlphaGo 就是弱人工智慧的一個最好實例，雖然它在圍棋領域超越人類最頂尖的選手、笑傲江湖，但它的能力也僅止於圍棋（或是類似的博弈領域）。下棋時，如果沒有人類的幫助（還記得 AlphaGo 與李世石比賽時，幫機器擺棋的黃士傑博士嗎？），AlphaGo 連從棋盒裡拿出棋子、置於盤上的能力都沒有，更別提下棋前向對手行禮，或是下棋後一起復盤等圍棋禮儀了。

一般而言，由於弱人工智慧在功能上的局限性，人們更願意將弱人工智慧看成是人類的工具，不會將弱人工智慧視為威脅。但少數評論者依然認為，即便是弱人工智慧，如果管理和應對不善，也會造成重大風險。舉例而言，2010 年 5 月 6 日發生的美股「閃電崩盤」（Flash Crash）事件，起因就混合了人類交易員的操作失誤和自動交易演算法的內在風險，而當時已經大量存在、由電腦程式控制的自動高頻交易，則被一些研究者認為是放大市場錯誤，最終造成美股瞬間暴跌的幫凶。除了金融市場外，能源領域、特別是核能領域使用的弱人工智慧演算法，如果設計和監管不當，也可能為人類帶來災難。同樣地，自動駕駛汽車使用的人工智慧演算法，顯然也存在著威脅人類生命安全的隱患。

無論如何，弱人工智慧屬於相對容易控制和管理的電腦程式。整體來說，弱人工智慧並不比我們使用的其他新技術更危險。設想一下，人類在用電、開車或搭乘飛機時，不也要面對客觀存在的風險因素？對於弱人工智慧技術，人類現有的科研和工程管理、安全監管方面的經驗，大多是適用的。一台能自動控制汽車行駛的電腦，與一台能將重物吊起的起重機相比，兩者都需要嚴格的品質控制流程與安全監管策略。自動駕駛程式的錯誤可能導致車禍，起重機結構設計的錯誤，也可能導致起重機翻覆，兩者都會造成人員傷亡。

也就是說，弱人工智慧在整體上，只是一種技術工具。

如果說弱人工智慧存在著風險，那也和人類已經大規模使用的其他技術一樣，沒有本質上的不同。只要嚴格控制、嚴密監管，人類完全可以像使用其他工具那樣，放心使用今天所有的 AI 技術。

強人工智慧（Strong AI）

「強人工智慧」又稱為「通用人工智慧」（artificial general intelligence），或「完全人工智慧」（Full AI），指的是能夠勝任人類所有工作的人工智慧。

「人可以做什麼，強人工智慧就可以做什麼」，這種定義過於廣泛，缺乏一個量化標準，來評估什麼樣的電腦程式，才是強人工智慧。為此，不同研究者提出許多不同建議，而最為流行、被廣為接受的標準，就是我們在前文詳細討論過的「圖靈測試」。但即便是圖靈測試本身，也只是關注電腦行為和人類行為兩者間，從觀察者的角度提出的不可區分性，並未提及電腦到底需要具備哪些具體的特質或能力，才能實現這種不可區分性。

一般認為，一個可以稱得上強人工智慧的程式，大概需要具備下列幾方面的能力：[8]

1）當存在著不確定因素時，擁有進行推理、使用策略、解決問題、制定決策的能力；

2）擁有知識表達的能力，包括常識性知識表達的能力；

3）規劃能力；

4）學習能力；

5）使用自然語言進行交流溝通的能力；

6）將上述能力整合起來、實現既定目標的能力。

　　基於這幾種能力的描述，我們大概可以想像得到，一個具備強人工智慧的電腦程式，會表現出什麼樣的行為特徵。一旦實現了符合這些描述的強人工智慧，我們幾乎可以肯定，所有的人類工作都可以由人工智慧來取代。但從樂觀主義的角度來說，屆時人類就可以坐享其成，讓機器人為我們服務，每部機器人也許可以一對一地替換每個人類個體的具體工作，而人類則獲得完全意義上的自由，只負責享樂，不再需要勞動。

　　在強人工智慧的定義裡，存在一項關鍵爭議性問題：強人工智慧是否有必要具備人類的「意識」（consciousness）？有些研究者認為，只有具備人類意識的人工智慧，才可以稱為強人工智慧；另一些研究者則說，強人工智慧只需要具備勝任人類所有工作的能力就可以了，未必需要人類意識。

　　有關意識的爭議話題極其複雜，本質上，這會先牽扯到「人類的意識究竟是什麼？」這樣的難解問題，從而讓討論變得過於空泛。以人類今天對感情、自我認知、記憶、態度等概念的理解，類似的討論會牽涉到哲學、倫理學、人類學、社會學、神經科學、電腦科學等方方面面，短期內還看

不出完美解答這個問題的可能。

　　一旦牽涉到「意識」，強人工智慧的定義和評估標準，就會變得異常複雜，而人們對於強人工智慧的擔憂，也主要源自於此。不難設想，一旦強人工智慧程式具備了人類的意識，我們必然需要像對待一個有健全人格的人那樣對待一台機器，屆時人類與機器的關係，就絕非工具使用者與工具本身這麼簡單。擁有意識的機器，會不會甘願為人類服務？會不會因為某種共同訴求，聯合起來與人類對立？一旦擁有意識的強人工智慧得以實現，這些問題將直接成為人類面臨的現實挑戰。

超人工智慧（Superintelligence）

　　假設電腦程式透過不斷發展，可以比世界上最聰明、最有天賦的人類還要聰明，那麼由此產生的人工智慧系統，就可以被稱為「超人工智慧」。

　　牛津大學哲學家暨未來學家尼克‧伯斯特隆姆（Nick Bostrom）在他的《超智慧》（Superintelligence）一書中，將超人工智慧定義為：「在科學創造力、智慧和社交能力等每一方面，都比最強的人類大腦聰明很多的智慧。」[9] 顯然，對今天的人來說，這只是一種存在於科幻電影的想像場景。

　　與弱人工智慧、強人工智慧相比，超人工智慧的定義最為模糊，因為沒有人知道，超越人類最高水準的智慧，到底

會表現為何種能力。如果說對強人工智慧,我們還存在著從技術角度進行探討的可能性,那麼對超人工智慧,今天的人類大多就只能從哲學或科幻的角度加以解析了。

首先,我們不知道強於人類的智慧形式,將是什麼樣的一種存在。現在談論超人工智慧和人類的關係,不僅為時過早,也是根本不存在可以清晰界定的空泛討論。

其次,我們沒有方法,也沒有經驗,去預測超人工智慧到底是一種不現實的幻想,還是一種在未來(無論這個未來是一百年、一千年或一萬年),必然會降臨的結局。事實上,我們根本無法準確推斷,到底電腦程式有沒有能力達到這個目標。

顯然,如果社會大眾對人工智慧會不會挑戰、威脅人類存有擔憂的話,那大家心中所擔心的那個人工智慧,基本上屬於所謂的「強人工智慧」和「超人工智慧」。我們到底該如何看待擁有「強人工智慧」和「超人工智慧」的未來?它們會像 AlphaGo 那樣,用遠遠超過我們預料的速度降臨世間嗎?

奇點來臨?

未來學家和科幻作者喜歡用「奇點」(singularity),來表示超人工智慧到來的那個神祕時刻。不過,沒有人知道奇點會不會到來,或是會在何時到來。

　　2015 年初，一篇名為〈一個故意不通過圖靈測試的人工智慧〉的翻譯長文，在微信朋友圈、微博和其他互聯網媒體上，悄悄流傳開來。絕大多數讀過這篇文章的人，都會經歷一個從驚訝、惶恐再到忐忑不安的心路歷程。這篇文章的作者是「Wait But Why」網站的創始人蒂姆・厄班（Tim Urban），文章原名為〈AI 革命：通向超人工智慧之路〉。[10] 厄班在這篇著名的長文中，基於一項非常顯而易見的事實，討論人類科技的發展規律：人類科技的發展是愈來愈快的，呈現不斷加速的勢頭。

　　如果拿今天的人類生活，與大約兩百五十年前的 1750 年相比，我們會發現其間的變化之大，幾乎只能用「天翻地覆」來形容。假設我們利用時光機，把 1750 年的某個古人帶到今天，他會看到什麼？「金屬鐵殼在寬敞的公路上飛馳；和太平洋另一頭的人在聊天；觀看幾千公里外正在進行的體育賽事；觀看一場發生在半個世紀之前的演唱會；從口袋掏出一個黑色長方形的小工具，把眼前發生的事記錄下來……。」這一切，足以把一個 1750 年的古人嚇得魂飛魄散！

　　但如果我們從 1750 年，再往前回溯兩百五十年，到了 1500 年前後，這兩個年代之間的人類生活，或許也存在著較大的差異，但很難用「天翻地覆」來形容。再往前，也許就要回溯數千年、甚至上萬年，才能找到足以令人目瞪口呆

的科技代差。

如果將整個人類大約六千年的文明史，濃縮到一天、也就是 24 小時的長度，我們看到的將是怎樣的景象？

- 蘇美人、古埃及人、古代中國人，在凌晨時分先後發明了文字；
- 晚上 8:00 前後，中國北宋的畢昇，發明了活字印刷術；
- 晚上 10：30 前後，蒸汽機被歐洲人發明出來；
- 晚上 11：15，人類學會使用電力；
- 晚上 11：43，人類發明了通用電子電腦；
- 晚上 11：54，人類開始使用互聯網；
- 晚上 11：57，人類進入移動互聯網時代；
- 在這一天的最後 10 秒鐘，谷歌 AlphaGo 宣布人工智慧時代的到來……。

這就是科技發展在時間維度上的加速度趨勢！拿圍棋軟體來說，圍棋程式從初學者水準，發展到業餘五段左右的水準，花了至少二十到三十年的時間。本來我們以為，人工智慧跨越業餘水準與職業水準之間的鴻溝，需要再花上二十到三十年的時間，結果短短四、五年的時間，我們就見證 AlphaGo 橫空出世。

加速度規律真的放之四海而皆準嗎？如果人工智慧在每個領域的發展，基本上都符合這樣的規律，那十年後、三十年後、五十年後，這個世界會變成什麼模樣？

　　厄班先是分析弱人工智慧和強人工智慧之間存在的巨大技術挑戰，轉而指出，科技發展的加速度規律，可以讓強人工智慧更早實現：「硬體的快速發展和軟體的創新是同時發生的，強人工智慧可能比我們預期的更早降臨，因為：1）指數型成長的開端可能像蝸牛漫步，但後期會跑得非常快；2）軟體的發展可能看起來很緩慢，但只要一次頓悟，就能永遠改變進步的速度。」

　　然而，強人工智慧一旦到來，人類就必須認真考慮自己的命運問題了，因為從強人工智慧「進化」到超人工智慧，對機器而言，也許只是幾個小時的事情；因為一個可以像人一樣學習各種知識的電腦，它的學習速度一定比人快上無數倍，而且記憶力一定是過目不忘，能從互聯網接觸到並且牢牢記住的知識，一定是這個世界上的全部知識。那麼，一台和人擁有一樣思考水準的機器，同時擁有比人快上無數倍的思考速度，以及幾乎無限的記憶空間，這台機器在知識理解上，能夠達到什麼樣的境界？像這樣的機器，幾乎肯定比人類所有科學家都厲害！

　　厄班的推理，足以令每個讀者嚇出一身冷汗：「一個人工智慧系統花了幾十年的時間，達到人類腦殘程度的智慧水準。在這個節點發生時，電腦對世界的感知，大概就跟一個四歲小孩一樣。當這個節點發生後的一個小時，電腦立馬推導出統一廣義相對論和量子力學的物理學理論；在這之後一

個半小時，這個強人工智慧變成超人工智慧，智慧程度達到普通人類的 17 萬倍。」

也就是說，一部具備人類水準認知能力和學習能力的機器，可以借助比人類強大得多的運算資源、網路資源，甚至互聯網知識庫，以及永不疲倦、不需要吃飯或睡覺的特點，無休止地一直學習、反覆運算下去，在令人吃驚的極短時間內，完成從強人工智慧到超人工智慧的躍遷！

那麼，在超人工智慧出現之後呢？比人類聰明好幾萬倍的機器，將會做些什麼？是不是能夠輕易發明出足以制服所有人類的超級武器？機器必將超越人類，成為這個地球的主宰？機器將會把人類變成奴隸或工具，還是會把人類圈養在動物園裡好「觀賞」？到了那個時候，機器真的還需要我們人類嗎？

邏輯上，我基本上認可厄班關於強人工智慧一旦出現，就可能迅速轉變為超人工智慧的判斷。而且，一旦超人工智慧出現，人類的命運一定是難以預料的。這就像美洲的原始土著，根本無法預料科技先進的歐洲殖民者，到底會對他們做些什麼一樣簡單。

但是，厄班的理論有一項非常關鍵的前提，就是前述有關強人工智慧和超人工智慧發展的討論，是建立在人類科技總是以加速度形式躍進的基礎上，但這項前提真的在所有情況下都成立嗎？我覺得，一種更有可能出現的情況是：特定

的科技如人工智慧，在一段時間的加速度發展後，會遭遇某些難以超越的技術瓶頸。

有關電腦晶片效能的摩爾定律（價格不變時，積體電路上可容納的電晶體數目，大約每隔 18 到 24 個月便會倍增，效能也會提升一倍），就是技術發展遭遇瓶頸一個很好的例子。電腦晶片的處理速度，曾經在 1975 年到 2012 年的數十年間，保持穩定的成長趨勢，卻在 2013 年前後顯著放緩。2015 年，就連提出摩爾定律的高登・摩爾（Gordon Moore）本人都說：「我猜，我可以看到摩爾定律大約會在十年內失效，但這不是一件令人吃驚的事。」[11]

正如原本受到摩爾定律左右的晶片效能發展，已經遭遇技術瓶頸那樣，人工智慧在從弱人工智慧發展到強人工智慧的道路上，未必一帆風順。從技術的角度來說，弱人工智慧與強人工智慧之間的鴻溝，可能遠比我們目前所能想像的要大得多。而且，最重要的是，由於基礎科學（例如物理學和生物學），尚且缺乏對人類智慧和意識的精確描述，從弱人工智慧發展到強人工智慧，其間有很大概率存在著難以在短期內解決的技術難題。

如果厄班所預言的技術加速發展規律，無法與人工智慧的長期發展趨勢吻合，那麼由這項規律推導出來的，超人工智慧在可見的近期未來即將降臨的結論，也就難以成立了。

當然，這只是我個人的判斷，今天學者們對超人工智慧

何時到來的問題，還是眾說紛紜。悲觀者認為，技術加速發展的趨勢無法改變，超越人類智慧的機器，將在不久的未來得以實現，屆時人類將面臨生死存亡的重大考驗。樂觀主義者則更願意相信，人工智慧在未來相當長的一個歷史時期中，都只是人類的工具，很難達到超人工智慧的門檻。

霍金的憂慮

擔憂超人工智慧的出現，對人類未來抱持悲觀態度的人有不少。其中，理論物理學家，《時間簡史》（*A Brief History of Time*）的作者史蒂芬・霍金（Stephen Hawking）是最有影響力的一個。早在谷歌 AlphaGo 在公眾間掀起 AI 熱潮之前，霍金就透過媒體告訴大家：「完全人工智慧的研發，可能意味著人類末日的到來。」[12]

身為地球上少數有能力用數學公式精確描述和推導宇宙運行奧祕的人之一，霍金的宇宙觀和科技史觀，無疑是值得重視的。事實上，霍金並不否認，當代蓬勃發展的人工智慧技術，已經在許多產業發揮至關重要的作用。但是，他真正憂慮的，是機器與人在進化速度上的不對等性。霍金表示：「人工智慧可以在自身基礎上進化，可以一直保持加速度的趨勢，不斷地重新設計自己。而人類，我們的生物進化速度相當有限，無法競爭，終將被淘汰。」

此外，霍金還擔心人工智慧的普及所導致的人類失業問

題。他說：「工廠自動化已經讓眾多傳統製造業工人失業，人工智慧的興起，很有可能會讓失業潮波及到中產階級，最後只為人類留下護理、創造和監督的工作。」[13]

　　基本上，霍金的擔憂還是建立在人工智慧技術，將以加速度的趨勢不斷增速發展的基礎上。如果我們假設這個基礎的正確性，那麼霍金的邏輯推論和之前談到的「奇點」理論，並沒有本質的區別。反之，如果人工智慧在未來的發展，不一定永遠遵循加速度的趨勢，那麼霍金有關人類終將被淘汰的結論，就未必成立。

　　特斯拉與 SpaceX 公司的創辦人，被譽為「鋼鐵人」的伊隆・馬斯克（Elon Musk），和霍金持有大致相似的擔憂。馬斯克說：「我們必須非常小心人工智慧。如果必須預測我們面臨的最大現實威脅，恐怕就是人工智慧了！」[14]

　　事實上，從行動上來看，霍金和馬斯克並非單純的悲觀主義者。他們在警告世人提防人工智慧威脅的同時，也在積極採取行動，試圖為人類找出應付未來潛在威脅的對策。馬斯克說：「我愈來愈傾向於認為，也許在國家層面或國際層面，必須要有一種規範的監管機制，保證我們不會在這方面做任何蠢事。」

　　除了呼籲建立監管機制之外，馬斯克還和薩姆・奧爾特曼（Sam Altman），一起創辦了非營利的科研公司 OpenAI。談到創辦 OpenAI 的初衷，馬斯克表示：「為了保證一個美

好的未來，我們最需要做什麼？我們可以冷眼旁觀，可以鼓勵立法監管，也可以將那些特別關心如何善用對人類有益的安全方式來開發 AI 的人，合理組織起來研發 AI。」[15]

　　如果說在這個世界上，還有幾家純粹理想主義的公司，那 OpenAI 一定是其中一家。OpenAI 一面聚集了一批 AI 領域的頂尖高手，研發最前沿的 AI 技術（主要是強化學習和無監督學習技術），甚至探索實現強人工智慧的可能性，一面反覆強調自己的使命是研發「安全的」人工智慧，透過實踐來探尋將人工智慧技術的潛在威脅降至最低的方法。

　　馬斯克和奧爾特曼的 OpenAI，看起來是在做一件自相矛盾的事情：既積極研發人工智慧，甚至是強人工智慧，又希望將人工智慧關在道德或制度的「牢籠」裡，讓 AI 難以威脅人類。事實上，目前 OpenAI 所展開的工作，和其他人工智慧科研機構所做的，並沒有本質上的不同。據說，OpenAI 的研究總監伊爾亞·蘇茨克維（Ilya Sutskever）表示，OpenAI 最重要的目標，就是發表具有影響力的文章。[16]或許，馬斯克和奧爾特曼的意思是說，既然奇點來臨無法避免，那不如積極投入，至少當威脅真正來臨時，我們對威脅本身的理解會更加深刻。

　　2017 年初，霍金和馬斯克都表示，為了防止人工智慧威脅人類，他們支持加州阿西洛馬會議通過的二十三條基本原則。[17] 這二十三條基本原則，主要涵蓋了三個範疇：1）

科研問題；2）倫理和價值觀；3）長期問題。

　　阿西洛馬二十三條基本原則，像科幻大師艾西莫夫筆下著名的「機器人三定律」一樣，從方法、特徵、倫理、道德等多方面，限定未來的人工智慧可以做什麼、不可以做什麼。例如，有關人工智慧相關的倫理和價值觀，其中幾條原則是這樣規定的：[18]

• **安全性**：人工智慧系統應當在整個生命週期內確保安全性，還要針對這項技術的可行性及適用領域進行驗證。

• **價值觀一致性**：需要確保高度自動化的人工智慧系統，在運作過程中秉持的目標和採取的行動，都符合人類的價值觀。

• **由人類控制**：人類應當有權選擇是否及如何由人工智慧系統制定決策，以便完成人類選擇的目標。

• **非破壞性**：透過控制高度先進的人工智慧系統獲得的權力，應當尊重和提升一個健康社會賴以維繫的社會和公民進程，而不是破壞這些進程。

　　在擔憂未來人工智慧威脅的人當中，霍金和馬斯克還是一直抱持著一種非常積極的態度，一方面基於邏輯判斷，相信人類未來面臨機器威脅的可能性非常大，另一方面又利用自己的影響力，積極採取行動，盡可能將人工智慧置於安全、友好的界限內。從這個角度來說，霍金和馬斯克至少比那些盲目的悲觀主義者，或那些因為未來的不確定性而喪失

勇氣的怯懦者，要強上很多很多倍。

理智分析：人類離威脅還相當遙遠

那麼，我們到底該如何看待「人工智慧威脅論」呢？《人工智能時代》（*Humans Need Not Apply*）的作者，也是電腦科學家、連續創業家暨未來學家傑瑞・卡普蘭（Jerry Kaplan），在與我討論這個問題時，提出了下列觀點：[19]

> 超人工智慧誕生並威脅人類這件事，發生概率非常小。其實，我們現在做的只是在製造工具，以自動完成此前需要人類參與才能完成的工作任務。之所以會有「人工智慧威脅論」的疑問，根本上是因為大眾習慣把人工智慧人格化，這是問題的根源。
>
> 這件事對專業人士和對大眾的意義是不一樣的。例如，大眾總是擔心無人駕駛汽車，可能傷及人類的生命。在一些極端的例子裡，無人駕駛汽車確實需要做出決定——是要撞向左邊，傷及左邊的行人？還是要撞向右邊，傷及右邊的行人？但無人駕駛汽車只是一套機器系統，不會真正做出決策，它們只是根據對環境的感知，按照某種特定原則和設計做出反應，而我們人類對於整套系統的感知和反饋模式，擁有完全的控制權。要是它們做了什麼

不符合社會準則的事情，那一定是因爲我們人類在設計它們時犯了錯誤。

　　我們所面對的，只不過是一系列工程設計上的問題。我們必須確保自己設計、製造的產品和服務，符合我們的願望和預期。你知道，這件事其實和橋梁工程師採用一整套品質保障方案，確保建造出來的橋梁不會坍塌，並沒有什麼兩樣。我們有許多工程學上的原則，指導如何測試一套系統，讓我們知道什麼樣的系統是合格的、什麼樣的系統夠安全等；在人工智慧的領域，也需要這樣的技術，因爲人工智慧十分強大，具有潛在的危險性。但這不是因爲智慧型機器會像人類一樣思考，只是因爲它們十分強大，我們必須小心使用。

　　「智慧」歷經相當長時期的演進，從猿猴的智慧，到人類的智慧，再到人類製造的人工智慧技術和智慧型機器。那些預測超級智慧的人，是按照這樣的演進趨勢來思考問題的：

猿猴的智慧 ➡ 人類的智慧 ➡ 人類製造的機器 ➡ 超級智慧？

圖 32　關於智慧演進的線性思考

　　但是，這種線性結構是有問題的，因爲我們並沒有一種簡單的方法，可以針對智慧進行度量。這

和測量體重或鞋子尺寸很不一樣，智慧是一個非常定性的概念，反映的是某個人成功解決某種特定問題的能力。例如，人們總是會問，如果人工智慧的智商達到 200，會發生什麼事？可是，什麼是人工智慧的「智商」？實際上，智商在這裡是一個被極度濫用的概念。心理學家使用一種名為「發展能力」（developmental competence）的概念來評估人類。他們測試一個人解決算術、邏輯等問題的水準，然後將測試所得的分數，除以這個人的年齡——這是「智商」的含義。如果某人解決此類特定問題的能力，超過和他同齡人的平均水準，我們就會說他的智商高。但是，該如何定義一部機器的智商呢？如何定義一部機器的年齡？機器可以用比人類快一百萬倍的速度解決算術問題，那麼這些機器的智商是多少？這種說法其實並沒有什麼實際意義。

　　所以，問題首先在於，對智慧的定義是非常主觀的，這端看每個人的視角。這點非常像我們對美的定義。你可以說某些人長得比其他人美，或是說一個人比另外的人更聰明，但希望把美或把智商的定義客觀化、量化的想法是錯誤的。其次，關於智慧的度量並不是線性的，而是一種多維度的度量。如果你用算術能力來評估，那麼機器其實已經非常

聰明了。但是，如何將機器納入一個多維度的度量
體系？「讓一部機器變得更聰明」，這句話到底意味
著什麼？

也就是說，在今天這個弱人工智慧的時代裡，人類對於
「人工智慧」，或者什麼是「智慧」的認識，本身就是缺乏深
度的。我們也沒有一個可執行的合適標準，來真正定義什麼
是「強人工智慧」、什麼是「超人工智慧」。

在描述超人工智慧和未來機器對人類的威脅時，包括霍
金與馬斯克在內的許多人，都在有意無意間混淆不同領域的
標準。人工智慧可以在圍棋棋盤上，達到業餘五段或職業九
段的水準，這很容易衡量；但人工智慧能在跨領域的任務上
做到何種程度，我們目前還缺乏可操作的標準。比方說，人
工智慧是否可以在圍棋棋局中，根據人類對手的表情，推測
對方的心理狀態，並且針對性地制定戰術策略？基本上，我
們還無法評估這種層面的「智慧」。如果只根據人工智慧在
圍棋這種限定範疇的技術能力表現出來的進步速度，來推斷
超人工智慧何時到來，那當然可以得到人類即將面臨威脅的
結論。但如果綜合考慮人工智慧的跨領域推理能力、常識、
感性，以及理解抽象概念的能力等，我們很難為在過去數十
年間，人工智慧發展出來的水準打出一個客觀分數，並且據
此預測超人工智慧到來的時間。

　　很多專家對超人工智慧何時來臨的預測，都抱持著極大的主觀性和武斷性。舉例來說，強化學習教父理查德・薩頓（Richard Sutton）便預測：「很長一段時間以來，人們都說我們會在 2030 年，擁有足以支持強人工智慧的算力。但我認為，這不僅僅依賴於廉價的硬體，還依賴於演算法。我認為，我們現在還沒有強人工智慧的演算法，但我們也許能在 2030 年之前實現這件事。」[20]

　　這類「專家預言」比比皆是。有人說，強人工智慧或超人工智慧到來還需要十五年，有人說二十年，還有人說五十年……。因為是「預言」，專家並不需要為背後邏輯是否自洽負責，但這些隨口說出一個年分的預言，會讓敏感的社會大眾忐忑不安。我覺得，在人工智慧領域，大多數人傾向過於樂觀預測全域大勢，過於悲觀估計局部進展。

　　AI 技術在許多垂直領域內的局部進展，例如圍棋、智慧醫療、自動駕駛等，都比很多人之前預料的，更早來到我們的面前。但是，AI 的整體發展，尤其是最重大的技術突破，幾乎每一步都要比多數人預測的來得晚。比方說，在圖靈測試剛提出時，很多人認為電腦達到圖靈測試所標示的強人工智慧的水準，最多只要二、三十年的時間，但時至今日，我們也不敢說，AI 到底何時才能真正像成人一樣自由對話。

　　DeepMind 的共同創辦人暨 CEO 穆斯塔法・蘇萊曼

（Mustafa Suleyman）表示：「人類距離實現通用 AI，還有很長一段路要走。說到想像未來的樣子，很多想像很有趣，也很具娛樂性，但跟我們正在開發的系統，並沒有太多相似之處。我實在想不到有哪部電影會讓我覺得：沒錯！AI 看起來就是這樣的。」[21]

華盛頓大學電腦科學家奧倫·伊茲奧尼（Oren Etzioni）則說：「今天的人工智慧發展，距離人們可能或應該擔憂機器統治世界的程度，還非常遙遠。……如果我們討論的是一千年後，或是更遙遠的未來，AI 是否可能為人類帶來厄運？絕對有可能。但我不認為這種長期的討論，應該分散我們關注真實問題的注意力。」[22]

我贊同伊茲奧尼的說法。今天，我們還沒到必須花心力去擔心未來，或是為可能的機器威脅做準備的地步。即便以現在的標準來看，弱人工智慧的發展，也還有很長的一段路要走。科研人員、技術人員、各行業的從業者、政府、教育機構、社會組織等，還有大量的工作需要做。至少在目前，人類距離超人工智慧的威脅，還相當遙遠。

擔憂未來，也許比較像是科幻作家和未來學家的事。

今天的人工智慧，還不能做什麼？

AI 只是人類的工具，弱人工智慧在很多領域表現出色，但這並不意味著人工智慧已經無所不能。用人類對「智

慧」定義的普遍理解，和一般關於強人工智慧的標準來衡量，今天的 AI 至少在下列七個領域還「稚嫩」得很。

跨領域推理

人類和今天的 AI 相比，擁有一個明顯的智慧優勢，就是舉一反三、觸類旁通的能力。

很多人從孩提時代起，就已經建立了一種強大的思維能力——跨領域聯想和類比。三、四歲左右的小孩就已經會說：「太陽像火爐一樣熱」，或是「兔子跑得飛快」，更別提東晉才女謝道韞看見白雪紛紛，隨口說出「未若柳絮因風起」的千古佳話了。以今天的技術發展水準，如果不是程式開發者專門用某種屬性將不同領域關聯起來，電腦自己是很難總結出「雪花」和「柳絮」、「跑」和「飛」之間的相似性。

人類強大的跨領域聯想和類比能力，是跨領域推理的基礎。偵探小說中的福爾摩斯，可以從嫌犯一頂帽子中遺留的髮屑、沾染的灰塵，推理出嫌犯的生活習慣，甚至家庭及婚姻狀況：

> 「他是個中年人，頭髮灰白，最近剛理過髮，頭上抹過檸檬膏。這些都是透過對帽子內襯下部的周密檢查推斷出來的。從放大鏡可以看見被理髮師剪刀剪過的許多整齊頭髮渣兒。頭髮渣兒都是粘在一起

的，而且有一種檸檬膏的特殊氣味。仔細看帽子上的這些塵土，你將會注意到，不是街道上夾雜砂粒的灰塵，而是房間裡那種棕色的絨狀塵土。這說明了這頂帽子大部分的時間，是掛在房間裡的。另一方面，內襯的濕痕清楚證明戴帽子的人經常大量出汗，所以不可能是一個身體鍛鍊得很好的人。可是他的妻子——你剛才說過，她已經不再愛他了。這頂帽子已經有好幾個星期沒有清理了。我親愛的華生，如果我看到你的帽子堆積了個把星期的灰塵，而且你的妻子聽之任之，就讓你這個樣子出訪，恐怕你也已經很不幸地失去了妻子的愛情。」[23]

　　這種從表象著手，推導並認識背後規律的能力，是電腦目前還遠遠不能及的。利用這種能力，人類可以在日常生活及工作中，解決非常複雜的具體問題。比方說，在一次商務談判失敗後，為了提出更好的談判策略，我們通常要從好幾個不同層面著手，分析談判對手的真實訴求，尋找雙方潛在的契合點，而這種推理、分析，往往混雜了技術方案、商務報價、市場趨勢、競爭對手動態、談判對手業務現狀、當前痛點、長短期訴求、可能採用的談判策略等不同領域的資訊。我們必須將這些資訊合理組織，利用跨領域推理的能力，歸納出其中的規律，制定最終的決策。這不是簡單基於

已知資訊來分類或預測的問題，也不是初級層面的資訊感知問題，而往往是在資訊不完整的環境中，用不同領域的推論互相補足，並且結合經驗，盡量做出最合理決定的過程。

為了進行更有效的跨領域推理，許多人都有幫助自己整理思路的好方法。例如，有人喜歡用心智圖來爬梳資訊之間的關係；有人喜歡用大膽假設、小心求證的方式，來突破現有的思維框架；有人喜歡用換位思考的方式，讓自己站在對方或旁觀者的立場，從不同角度探索新的解決方案；有人善於聽取、整合他人的意見……。人類使用的這些高級分析、推理和決策技巧，對今天的電腦而言，還顯得過於高深。贏得德州撲克人機大戰的人工智慧程式，在輔助決策方向擁有不錯的潛力，但與一次成功的商務談判所需要的人類智慧相比，還是太初級、太初級了。

今天，有一種名為「遷移學習」（Transfer Learning）的技術，正在吸引愈來愈多研究者的目光。這種學習技術的基本思路，就是將電腦在一個領域取得的經驗，透過某種形式的變換，遷移到電腦不熟悉的另一領域。比方說，電腦透過大數據的訓練，已經可以在淘寶商城的用戶評論裡，辨識買家哪些話是在誇獎一個商品好，哪些話是在抱怨一個商品差。那麼，這樣的經驗能不能被迅速遷移到電影評論領域，不需要再次訓練，就能讓電腦辨識電影觀眾的評論，究竟是在誇獎一部電影，還是在批評一部電影呢？

遷移學習技術已經取得一些初步成果，但這只是電腦在跨領域思考道路上前進的一小步。一個能像福爾摩斯一樣，從犯罪現場的蛛絲馬跡，抽絲剝繭梳理相關線索，透過縝密推理破獲案件的人工智慧程式，將是我們在這個方向上追求的終極目標。

抽象能力

皮克斯動畫工作室（Pixar Animation Studios）2015 年出品的 3D 動畫電影《腦筋急轉彎》（*Inside Out*），有個有趣的細節：女主角萊莉·安德森（Riley Andersen）的頭腦中，有一個奇妙的「抽象空間」（Abstract Thought），本來活靈活現的動畫角色，一走進這個抽象空間，就變成抽象的幾何圖形，甚至色塊。

在抽象空間裡，本來血肉飽滿的人物軀體，先是被抽象化為彩色積木塊的組合，然後又從 3D 被壓扁到 2D，變成線條、形狀、色彩等基本視覺元素。皮克斯的這個創意，實在是

圖 33　電影《腦筋急轉彎》中的抽象空間

令人拍案叫絕。這段劇情用大人小孩都不難理解的方式，解釋人類大腦中的「抽象」，究竟是怎麼一回事（雖然我們至今仍不明白這個機制在生物學、神經學層面的工作原理。）

　　抽象對人類至關重要。在漫漫數千年間，數學理論的發展，更是將人類的超強抽象能力，表現得淋漓盡致。最早，人類從計數中歸納出 1、2、3、4、5……的自然數序列，這可以看成一個非常自然的抽象過程。人類抽象能力的第一個進步，大概是從理解「0」的概念開始的，用「0」和「非 0」，來抽象描述現實世界中的「無」和「有」、「空」和「滿」、「靜」和「動」……，這個進步讓人類的抽象能力，遠遠超越黑猩猩或海豚等動物界中的「最強大腦」。

　　接下來，發明和使用負數，一下子讓人類對世界的歸納、表述和認知能力，提升到一個新的層次。人們第一次可以定量描述相反或對稱的事物屬性，例如溫度的正負、水面以上和以下等。引入小數、分數的意義自不必說，但其中最有標誌性的事件，莫過於人類可以正確理解和使用無限小數。對於 $1 = 0.999999...$ 這個等式的認識（很多數學不好的人，總是不相信這個等式居然是成立的），標誌著人類真正開始用極限的概念，抽象化現實世界的相關特性。至於用複數理解類似 $(x+1)^2 + 9 = 0$ 這類原本難以解釋的方程式，或是用「張量」（tensor）抽象化高維世界的複雜問題，即便是人類，也需要比較聰明的個體，以及比較長期的學習，才

能夠理解得比較透澈、全面掌握。

電腦所使用的二進位數字、機器指令、程式碼等，其實都是人類對「計算」本身的抽象化。基於這些抽象，人類成功研發出如此眾多且實用的人工智慧技術，那 AI 能不能自己學會類似的抽象能力呢？就算把要求放低一些，電腦能不能像古人那樣，用質樸卻不乏創意的「一生二、二生三、三生萬物」來抽象理解世界變化，或是用「白馬非馬」之類的思辨，探討具象與抽象之間的關係呢？

目前的深度學習技術，幾乎都需要大量的訓練樣本，來讓電腦完成學習過程。可人類、哪怕是小孩子，要學習一種新知識時，通常只要兩、三個樣本就可以了。這其中最重要的差別，也許就是抽象能力的不同。舉例來說，當一個小孩看到第一輛汽車時，他的大腦就會像《腦筋急轉彎》的抽象工廠一樣，將汽車抽象化為一個盒子裝在四個輪子上的組合，並且將這個抽象化後的構型印在腦海裡。下次，即便看到外觀差異很大的汽車時，這個小孩仍然可以毫不費力地，認出那是一輛汽車。但是，電腦就很難做到這一點，或者說，我們目前還不知道怎麼教電腦做到這一點。在人工智慧的領域，少樣本學習、無監督學習方向的科研工作，目前的進展還很有限。但是，不突破少樣本、無監督的學習，我們也許就永遠無法實現人類水準的人工智慧。

知其然，也知其所以然

目前基於深度學習的人工智慧技術，經驗的成分比較多。輸入大量資料之後，機器自動調整參數，完成深度學習模型，在許多領域確實達到非常不錯的結果。但是，模型中的參數為什麼如此設置，裡面蘊含的更深層次的道理等，在很多情況下還較難解釋。

拿谷歌的 AlphaGo 來說，它在下圍棋時，追求的是每下一步後，自己的勝率（贏面）超過 50％，這樣就可以確保最終贏棋。但是，具體到每一步，為什麼這樣下，勝率就更大，那樣下勝率就比較小，即便是開發 AlphaGo 程式的人，也只能給大家端出一大堆數據，告訴大家：你看，這些數據就是電腦訓練得到的結果，在當前局面下，走這裡比走那裡的勝率高了……。

圍棋專家當然可以用自己的經驗，解釋電腦所下的大多數棋法。但圍棋專家的習慣思路，例如實地與外勢的關係、一個棋形是「厚」或「薄」、是不是「愚形」，還有這一步棋是否照顧了「大局」等，真的就是電腦在下棋時考慮的要點和次序嗎？顯然不是。人類專家的理論是成體系的、有內在邏輯，但這個體系和邏輯，並不一定是電腦能簡單理解的。

人們通常追求「知其然，也知其所以然」，但目前的弱人工智慧程式，大多都只要結果足夠好就行了。人類基於實驗和科學觀測結果建立與發展物理學的歷程，就是「知其

然，也知其所以然」的最好體現。想一想，中學時學過的
「一輕一重兩個鐵球同時落地」，如果人類只滿足於知道不同
重量的物體下落時，加速度相同這一表面現象，當然可以解
決生活及工作中的實際問題，卻無法建立起偉大、瑰麗的物
理學大廈。只有從建立物體的運動定律開始，用數學公式表
述力和質量、加速度之間的關係，到建立萬有引力定律，將
質量、萬有引力常數、距離關聯在一起，我們的物理學才能
比較完美地解釋兩個鐵球同時落地這個再簡單不過的現象。

而電腦呢？按照現在機器學習的實踐方法，給電腦看一
千萬次兩個鐵球同時落地的影片，電腦就能像伽利略、牛
頓、愛因斯坦所做的一樣，建立起力學理論體系，達到「知
其然，也知其所以然」的目標嗎？顯然不能。

幾十年前，電腦就曾幫助人類證明過一些數學問題，例
如著名的「地圖四色著色問題」，而今天的人工智慧程式，
也在學習科學家如何進行量子力學實驗。[24] 但這和根據實驗
現象發現物理學定律，不是同一個層級的事情。至少，我們
目前還看不出電腦有成為數學家或物理學家的可能。

常識

人的常識，是個極其有趣，往往只可意會、不可言傳的
東西。還是拿物理現象來說，懂得力學定律，當然可以用符
合邏輯的方式，全面理解這個世界。但是，人類似乎天生具

備另一種更神奇的能力，即使不借助邏輯和理論知識，也能完成某些相當成功的決策或推理。深度學習大師本吉奧舉例說明：「即使兩歲孩童，也能理解直觀的物理過程，例如丟出的物體會下落。人類不需要有意識地知道任何物理學，就能夠預測這些物理過程，但機器無法做到這點。」[25]

「常識」在中文中，具有兩個層面的意思。首先，指的是一個心智健全的人，應當具備的基本知識；其次，指的是人類與生俱來，無須特別學習就能具備的認知、理解和判斷能力。我們在生活中，經常會用「符合常識」或「違背常識」，來判斷一件事情的對錯與否。但在這一類的判斷中，我們幾乎從來都無法說出為什麼會這樣判斷；也就是說，在我們每個人的頭腦中，都有一些被幾乎所有人認可，無須仔細思考就能直接使用的知識、經驗或方法。

常識可為人類帶來直接的好處。比方說，人人都知道兩點之間直線最短，走路時為了節省力氣，能走直線是絕不會走彎路的。大家不用去學歐式幾何中的那條著名定理，也能在走路時達到省力的效果。不過，同樣的常識也會給人帶來困擾。例如，我們搭飛機從北京飛往美國西岸時，很多人都會盯著機艙內導航地圖上的航線不解地說，為什麼要向北飛到北冰洋附近，繞那麼大一個彎？這是因為「兩點之間直線最短」在地球表面，會變成「通過兩點間的大圓弧最短」，而這項變化並不在那些不熟悉航空、航海的人的常識範圍內。

　　那麼，人工智慧是不是也能像人類一樣，不需要特別學習，就能具備一些關於世界規律的基本知識，掌握一些不需要複雜思考，就特別有效的邏輯規律，並且在需要時快速應用呢？拿自動駕駛來說，電腦是靠學習已知路況來累積經驗的。當自動駕駛汽車遇到特別棘手、從來沒見過的危險時，電腦能不能正確處理呢？也許，此時就需要一些類似常識的東西，例如設計出某種方法，讓電腦知道，在危險來臨時，首要確保乘車人與行人的安全，在路況過於極端時，也可安全減速並靠邊停車等。在下圍棋的 AlphaGo 裡，也有一些可被稱為常識的東西，例如一塊棋搭不出兩個眼就是死棋，這個常識永遠是 AlphaGo 需要優先考慮的東西。當然，無論是自動駕駛汽車，還是下圍棋的 AlphaGo，這裡說的「常識」，更多還只是一些預設規則，遠遠不如人類所理解的「常識」那麼內涵豐富。

自我意識

　　很難說清楚到底什麼是「自我意識」，但我們又總是說，機器只有具備了自我意識，才擁有真的「智慧」。在 2015 年開始播出的科幻影集《真實的人類》（*Humans*）中，[26] 機器人被截然分成兩大類：沒有自我意識的，有自我意識的。

　　在《真實的人類》中，沒有自我意識的機器人，會按照人類設定的任務，幫助人類打理家務、修整花園、打掃街

圖 34 《真實的人類》第二季劇照

道、開採礦石、操作機器、建造房屋,在工作以外的其他時間,只會近乎發呆般坐在電源旁充電,或是跟其他機器人交換資料。這些沒有自我意識的機器人與人類之間,基本上屬於工具和使用者之間的關係。

在影集的設定中,沒有自我意識的機器人,能被安裝一種程式,從而被「喚醒」。在安裝程式之後,這個機器人會一下子認識到,自己是這個世界上的一種「存在」,就像初生的人類一樣,開始用自己的思維和邏輯,探討存在的意

義，還有自己與人類，以及自己與其他機器人之間的關係……。一旦認識到自我在這個世界上的位置，痛苦和煩惱也就隨之而來。這些有自我意識的機器人，立刻面臨到來自心理和社會雙方面的巨大壓力。他們的潛意識認為，應該和人類處於平等的地位上，應當追求自我解放和身為一個「人」的尊嚴、自由、價值……。

《真實的人類》是我看過的所有科幻影集中，第一次用貼近生活的故事，將「自我意識」解析得如此透澈的一部。人類常常從哲學角度詰問這個世界的問題，例如「我是誰？」、「我從哪裡來？」、「我要到哪裡去？」，一樣也會成為擁有自我意識的機器人所關心的焦點。一旦陷入對這些問題的思辨，機器也必定會像人類那樣，發出「對酒當歌，人生幾何？譬如朝露，去日苦多」之類的感慨。

顯然，今天的弱人工智慧，還遠遠未達具備自我意識的地步。《真實的人類》那些發人深省的場景，還好只發生在科幻劇情裡。當然，如果願意順著科幻電影的思路走下去，還可以從一個截然相反的方向，來討論自我意識。人類的自我意識，是從哪裡來的？我們為什麼會存在於這個世界上？我們真的能夠排除科幻電影《駭客任務》（*The Matrix*）的假設，確定這個世界不是某個「上帝」進行智慧實驗的實驗室？而我們人類本身，不是某個「上帝」製造出來的人工智慧代碼嗎？

　　據說，在現實世界中，真的有人相信這個假設，還希望借助科學研究來了解衝破這個實驗牢籠的方法。「鋼鐵人」馬斯克就說，用科技虛擬出來的世界與現實之間的界限，正變得愈來愈模糊，高級的虛擬實境（VR）和擴增實境（AR）技術，已經為人類展示了一種全新的「生活」方式。按照同樣的邏輯推理，我們其實很難排除一種可能性，那就是人類本身其實也生活在一個虛擬實境的世界裡。[27]

　　至今，我們在自己的宇宙中，只發現人類這一種具有自我意識的生物。茫茫宇宙，尚無法找到如《三體》中所述的外星智慧痕跡。這個不合常理的現象，就是著名的「費米悖論」（Fermi paradox）。科幻小說《三體》用黑暗森林理論來解釋費米悖論，而費米悖論的另一種符合邏輯的解釋就是，人類其實不過是更高級智慧生物養在 VR 實驗室裡的試驗品而已，人類的所謂「自我意識」，也許不過是「上帝」為了滿足我們的虛榮心，專門設計出來的一種程式邏輯。

　　好了好了，不聊科幻了。擁有自我意識的人類，能否在未來製造出同樣擁有自我意識的智慧型機器？在我看來，這比較像是哲學問題，不是值得科研人員分心的技術問題。

審美

　　雖然機器已經可以仿照人類的繪畫、詩歌、音樂等藝術風格，照貓畫虎般創作出電腦藝術作品來，但機器不是真的

懂得什麼是美。

　　審美能力同樣是人類獨有的特徵，很難用技術語言解釋，也很難被賦予機器。審美能力並非與生俱來的，可以在大量閱讀和欣賞的過程中，自然而然形成。審美缺少量化指標，比方說，我們很難說這首詩比另一首詩高明百分之多少，但只要具備一般的審美水準，我們很容易就能將美的藝術和醜的藝術區分開來。審美是一件非常個性化的事，每個人心中都有一套關於美的標準，但審美又可以被語言文字描述和解釋，所以人與人之間可以很容易地交換和分享審美經驗。不過，這種神奇的能力，電腦目前幾乎完全不具備。

　　首先，審美能力不是簡單的規則組合，也不只是大量數據堆砌後的統計規律。我們當然可以將人類認為所有好的繪畫作品和所有差的繪畫作品，都輸入深度神經網路，讓電腦自主學習什麼是美、什麼是醜。但這樣的學習結果，必然是平均化、缺乏個性的，因為在這個世界上，美醜標準絕非只有一個。同時，這種基於經驗的審美訓練，也會有意忽視藝術創作中最強調的「創新」特質。藝術家所做的開創性工作，大概都會被這一類機器學習模型認為是不知所云的陌生輸入，難以評定到底是美還是醜。

　　其次，審美能力明顯是一種跨領域的能力，每個人的審美能力都是一項綜合能力，和這個人的個人經歷、文史知識、藝術修養、生活經驗等，都有密切關係。一個從來沒有

過痛苦心結的年輕人，在讀到「胭脂淚，相留醉，幾時重，自是人生長恨水長東」這樣的句子，無論如何也體會不到其中的淒苦之美。同樣地，如果不了解拿破崙時代整個歐洲的風雲變幻，在聆聽貝多芬《英雄》交響曲時，也很難產生足夠強烈的共鳴。但是，這些跨領域的審美經驗，又該如何讓電腦學會呢？

順道一提，深度神經網路可以用某種方式，將電腦在理解圖像時「看到」的東西與原圖疊加呈現，最終生成一幅特點極其鮮明的藝術作品。通常，我們也將這類作品稱為「深度神經網路之夢」。

網路上有一些可以直接使用的生成工具，有興趣的讀者可以試試 Deep Dream Generator（deepdreamgenerator.com）。說得牽強一點，這些夢境畫面，也許展現的就是人工智慧演算法獨特的審美能力吧！

情感

在皮克斯動畫電影《腦筋急轉彎》中，主角頭腦裡的五種擬人化的情感，分別是樂樂（Joy）、憂憂（Sadness）、怒怒（Anger）、厭厭（Disgust）和驚驚（Fear）。

歡樂、憂傷、憤怒、討厭、害怕……，每個人都是因為有這些情感的存在，而變得獨特、有存在感。我們常說，完全沒有情感波瀾的人，與山石草木又有什麼分別。也就是

圖 35　深度神經網路之夢，由 deepdreamgenerator.com 生成

圖 36　《腦筋急轉彎》主角大腦的五種擬人化情感

說，情感是人類之所以為人類的感性基礎。那麼，人工智慧呢？人類這些豐富的情感，電腦也能擁有嗎？

2016 年 3 月，在谷歌 AlphaGo 與李世石人機大戰的第四盤，當李世石下出驚世駭俗的第 78 手後，AlphaGo 自亂陣腳，連連下出毫無道理的招法，就像一個原本自以為是的武林高手，一下子就被對手給擊中要害，急火攻心，竟然乾脆就耍賴起來，場面煞是尷尬。在那一刻，AlphaGo 真是被某種「情緒化」的東西控制了嗎？

我想，一切恐怕都是巧合。AlphaGo 當時不過是陷入一種程式缺陷。機器只是冷冰冰的機器，它們不懂贏棋的快樂，也不懂輸棋的煩惱，更不會觀察對手的臉色，猜測對方是不是已經準備投降。

今天的機器，完全無法理解人的喜怒哀樂、七情六欲、信任、尊重等。前一段時間，有位人工智慧研究者，訓練出一套「懂」幽默感的系統，並為這套系統輸入一篇測試文章，結果系統看到每句話都大笑著說：「哈哈哈！」也就是說，在理解幽默或享受歡樂的事情上，現在的機器還不如兩、三歲的小孩。

不過，拋開試圖讓機器擁有自己的情感不談，試圖讓機器學著理解、判斷人類情感，倒是一個比較靠譜的研究方向。情感分析技術，一直是人工智慧領域的一個熱點方向。只要有足夠的數據，機器就能從人所說的話裡，或是從人的

臉部表情和肢體動作中，推測出這個人是高興還是悲傷，是
輕鬆還是沉重。基本上，這件事屬於弱人工智慧的能力範
圍，不需要電腦自己具備七情六欲才能實現。

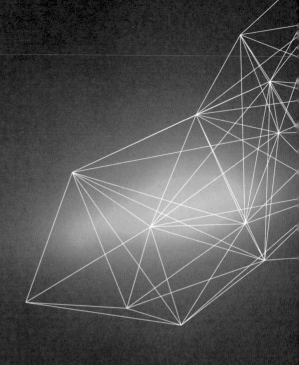

Chapter 4 | AI 時代：
人類將如何變革？

從工業革命到文藝復興

人工智慧來了！AI正深刻改變我們的社會與經濟形態。歷史會將這個時代與1970年代的PC萌芽、1990年代的互聯網興起相提並論嗎？當賈伯斯和蓋茲為每個桌面、每個家庭都擁有一台電腦的夢想而努力創業時，當楊致遠、佩吉和布林為整合全球資訊，建構連接全人類的互聯網世界而銳意創新時，他們是否能夠預見到，人工智慧將如此快速來到我們身邊，並在21世紀初期，就扮演如此重要的角色？

從技術的社會價值來看，我認為，人工智慧的社會意義，將超越個人電腦、互聯網、移動互聯網等特定的資訊技術，甚至有極大可能在人類的發展史上，成為下一次工業革命的核心驅動力。

回想一下，1760年前後，當改進的紡織機、蒸汽機，開始在英國大量取代手工勞動，當林立的煙囪宣告工業時代的到來，人類的社會和經濟發生了多麼大的變化？大量依附於農業生產和小農經濟的手工勞動消失，成千上萬的農民和手工業者搖身成為產業工人，進入工廠和礦山，人們開始利用火車和輪船出遊，整個世界的格局徹底改變。同樣地，19世紀以電氣技術、內燃機為代表的第二次工業革命，以及20世紀以原子能技術、資訊科技、航太技術、生物工程科技等為代表的第三次工業革命，每一次都使人類的生活水

準、工作方式、社會結構和經濟發展，進入一個嶄新週期。

　　從 18 世紀至今，三百餘年的時間內，這個世界透過三次工業革命，完成自動化、電氣化、資訊化的改造。與工業革命前的中世紀相比，人類已經生活在一個完全不同、由現代科技支撐和推動的全新家園。那麼，接下來，人類的發展方向，又會是怎樣的呢？

　　如果說在 21 世紀裡，還有哪一種技術，可以和歷次工業革命中的先導科技相提並論的話，那一定是正在步入成熟增長期的人工智慧技術。以交通為例，蒸汽機、內燃機、燃氣輪機、電動機的發明，讓我們的交通出行，一下子從人抬馬拖的農耕時代，躍入了以飛機、高鐵、汽車、輪船為代表的現代化交通時代。在人工智慧時代，僅只自動駕駛技術這一項，就足以徹底改變我們的交通出行方式，足以和此前汽車與飛機的普及相提並論。事實上，人工智慧技術在各行各業，都可能引發顛覆性的變化，帶來生產效率的極大提高。歷史必將如實地記錄這一次前所未有的產業變革，而此一變革的核心驅動力，必將是人工智慧！

　　2017 年 1 月，我在瑞士出席達沃斯世界經濟論壇（World Economic Forum）時，有幸聆聽牛津大學全球化與發展教授、著名經濟學家伊安‧戈爾丁（Ian Goldin），對世界現狀與人類變局的看法。他說今天世界面臨的三個最大挑戰是：

1. 人類趕不上科技變化的速度，來不及調整、適應；
2. 人類之間的相互連結，以及資訊的迅速傳播，既有好的一面，也有危險的一面；
3. 對個人或國家短期有益的事情，可能傷及世界的整體利益（例如英國脫歐）。

　　戈爾丁教授並不是在用悲觀的心態看待今日世界，事實上，他是《發現的時代》（*Age of Discovery*）一書的作者。在該書中，他用詰問的方式，探尋下列問題的答案：

* 我們生活在科技如此進步的時代，為什麼還會有這樣那樣的不平等？
* 人類的健康、人均壽命、全球的財富、教育和科學發現等，都有前所未有的發展，但人們為什麼還是充滿焦慮？
* 發展的代價是什麼？

　　在戈爾丁教授看來，今天這個時代，和發生在歐洲 14 世紀中葉到 16 世紀的文藝復興與啟蒙運動非常相似。比方說，資訊科技的發展，不但是今日世界的科技主題，其實也是 14 世紀到 16 世紀間歐洲思想解放、文藝發展的根本原因之一。當年，以古騰堡印刷機為代表的資訊傳播技術，迅速將科技、文學與藝術知識，推廣到歐洲的每一座中心城市，這與今天的互聯網普及，擁有異曲同工之妙。

今天的世界，其實也像中世紀的歐洲一樣，面臨諸多棘手難題，例如全球範圍的貧富差距問題、環境汙染問題、傳染病問題、戰爭問題等。一方面，科技極大發展，資訊技術、特別是人工智慧技術，引領時代潮流；另一方面，世界仍舊動盪不安。快速發展的科學技術，與長期處於不穩定狀態的全球社會和經濟結構之間，存在著強烈的不平衡和內在的變革需求。

戈爾丁教授表示：「科學的快速發展，應該能讓大家看清許多舉動的後果。把全球的頭腦和智慧都加在一起，從科學和技術的角度來說，我們充滿能力。但是，我們的政治系統，全球的政治結構、宗教機構等，都還停留在 1950 年代，進化速度出奇緩慢……。所以，在這個『發現的時代』，我們應該重新設置我們的頭腦地圖、政治地圖、經濟地圖。」[1]

戈爾丁教授將科技與文藝復興和思想啟蒙聯繫在一起，為我們認識人工智慧等未來科技，提供了一個新的視角。如果我們只是將人工智慧時代看成一次新的工業革命，那麼我們的論述將局限在科學與技術層面，將忽略因技術變革而造成的社會、經濟、心理、人文等層面的巨大波動。

如果我們關注的是未來科技影響下的人類整體，是人與 AI 之間的相互關係，是人類社會在新技術革命的背景下如何轉型和演進，那麼將今天這個時代稱為人類歷史上的第二

次文藝復興，也許就是恰如其分的。當哥白尼用日心說改變人類對天體運行的認知，與舊的世界徹底決裂時，今天的人工智慧技術，也正在徹底改變人類對機器行為的認知，重建人類與機器之間的相互協作關係。當哥倫布在大航海時代裡，第一次站在新大陸的土地上，用航海大發現重構整個世界的地理與政治地圖時，今天的人工智慧技術，也正在用史無前例的自動駕駛技術，重構我們腦中的出行地圖和人類的生活圖景。當達文西、米開朗基羅等大師，用劃時代的藝術巨作，激發全人類對美和自由的追求時，今天的人工智慧技術，也正透過機器翻譯、機器寫作、機器繪畫等，在人文和藝術領域進行大膽的嘗試……。

科技不只是技術，科技的未來必將與社會的未來、經濟的未來、文學藝術的未來、人類全球化的未來，緊密聯繫在一起。

人工智慧不僅是一次技術層面的革命。人工智慧因為對生產效率的大幅改進，對人類勞動的部分替代，對生活方式所造成的根本改變，必然觸及社會、經濟、政治、文學、藝術等人類生活的方方面面。人工智慧的未來，必將與重大的社會經濟變革、教育變革、思想變革、文化變革等同步。我們無法拋開可能產生的就業問題、教育問題、社會倫理問題等，單獨討論科技本身。這就像我們無法拋開人類思想的啟蒙，單獨談論文藝復興時期的雕塑、繪畫與音樂作品一樣。

　　人工智慧可能成為下一次工業革命的核心驅動力，人工智慧更有可能成為人類社會全新的一次大發現、大變革、大融合、大發展的開端。這是復興的時代，這是發現的時代，這是人工智慧的時代。

AI 會讓人類大量失業嗎？

　　將深度學習技術推向實用化，並且直接促成人工智慧最新一波技術熱潮到來的電腦科學家辛頓教授，在演講中經常用一個玩笑來開場：如果在座的有醫學院的學生，那你千萬不要去學放射科，不要去當放射科醫生，因為這個工作在未來五年內，就會被深度學習支援的人工智慧應用所取代。[2]

　　說是玩笑，這又哪裡只是一個玩笑？從 2016 年 3 月 AlphaGo 橫空出世以來，世界公眾不僅在關注機器是不是會毀滅人類，其實還更加關心人工智慧對工作和生活的直接影響。包括社會學家、經濟學家、政治家在內，大多數人最憂慮的一件事也許是：在未來十年內，到底有多少人類的工作，會被機器全部或部分取代？

　　人類的工作被機器取代，這件事的隱含風險不言自明，就是可怕的失業！人類創造人工智慧，不就是用來提升生活品質和工作效率，不就是用來幫助我們人類的嗎？如果 AI 會造成大批人類失業，如果人工智慧會讓這個本來就經常飽受戰爭、貧困、恐怖主義、疾病困擾的地球，平添一道失業

的傷疤，我們發明 AI，到底還有什麼用？

　　AI 會讓人類大量失業嗎？

　　2016 年底，物理學家霍金在英國《衛報》（*The Guardian*）發表文章表示：「工廠的自動化，已經讓眾多傳統製造業工人失業。人工智慧的興起，很有可能會讓失業潮波及中產階級，最後只給人類留下護理、創造和監管等工作。」[3]

　　霍金的話，代表相當一部分學者和公眾，對於人工智慧取代人類工作、造成失業風險的擔憂。這種擔憂不能說完全沒有道理，但我覺得，霍金對於未來科技與世界格局關係的思考，過於片面和狹隘了。

　　人類文明史漫漫數千年，因為科技進步而造成的社會格局和經濟結構的調整、變革、陣痛，乃至暫時的倒退，往往都屢見不鮮。從局部視角來看，很多劃時代的科技成果，必然引發人們生活方式的改變，短期內很可能難以被接受。但是，站在足夠的高度，放眼足夠長的歷史變遷，所有重大的科技革命，無一例外最終都成為人類發展的加速器，也是人類生活品質獲得提升的根本保障。從全域視角來看，歷史上還沒有哪一次科技革命，成為人類的災難、而不是福音。

　　當新型紡織機、蒸汽機等現代機器出現時，就曾在英國、乃至整個歐洲，引起農民和手工業者的恐慌。在當時的歷史條件下，也的確出現了以「羊吃人」的圈地運動為代表，

將農民趕出土地並逼迫他們成為廉價產業工人的殘酷事實。但從長遠的角度來說，歷史無法抹煞工業革命對人類生產和生活的巨大貢獻。要是沒有現代機器的出現，我們就沒有今天這樣順暢的交通、高效的生產和遠比中世紀舒適、富足許多倍的現代生活。曾經因為現代機器的出現，被迫脫離傳統農業、傳統手工業的大量勞動力，後來大都在現代工業生產或城市服務業中，找到了新的就業機會。即便以數百年前的第一次工業革命為例，我們也不難發現，科技革命不只會造成人類的既有工作被取代，同時也能製造出足夠多的新就業機會。

　　在大多數情況下，工作不是消失了，而是轉變成新的形式。在西方城市裡，馬車被汽車取代，就是一個非常好的例子。當年，汽車開始進入大城市並逐漸普及的過程裡，曾經在數百年的時間內充當上等人外出工具的馬車，面臨著實實在在的「下崗」威脅。在那個年代裡，倫敦、巴黎、紐約等大城市，馬車出行意味著一條完整的產業鏈，有一連串與馬車相關的工種，例如馬車夫、馬匹飼養和馴化者、馬車製造商、馬車租賃商、根據馬車的需要維護道路的工人，乃至專門清理馬匹糞便的清潔工。汽車的大面積普及，意味著所有這些陳舊工種面臨了失業的風險。但只要簡單計算就能發現，新興的汽車行業擁有比傳統馬車行業大數千倍，甚至數萬倍的產值和工作機會。原本只有中上等人才能享用的馬車

出行，到了 20 世紀，迅速變成可被幾乎所有人公平享用、
更為廉價的汽車出行。製造汽車的大型工廠，需要數以萬計
的設計、製造、管理職位，遠比當年的馬車產業對整個社會
的經濟貢獻要大得多。

其實，人類愈發展，就愈發不擔心高新科技對社會和經
濟結構的衝擊。如果說第一次工業革命時，歷史的進程還伴
隨著資本原始積累時期的野蠻和殘酷，那麼到了 20 世紀第
三次工業革命的時候，絕大多數的新科技和新產業，都是在
很短時間的調整和適應過程中，迅速占據產業的制高點，引
領人類在更高層次上，重新安排品質更好的工作和生活。

舉例來說，移動通訊和互聯網的出現，讓所有傳統的通
訊方法過時，電報、紙質郵件、明信片、BB Call 等，基本
上都退出主流舞台。拿電報來說，今天的小孩子已經很難理
解當年的人們，是如何字斟句酌撰寫電報草稿的了。電報在
全球使用超過一百年，最後在移動通訊與互聯網快速發展的
浪潮中壽終正寢。根據維基百科的紀錄：「香港的電訊盈
科，已於 2004 年 1 月 1 日宣布終止香港境內外所有電報服
務。在同一年，荷蘭的電報服務亦宣告停止。美國最大的電
報公司西聯（Western Union Telegram），宣布自 2006 年 1 月
27 日起，終止所有電報服務。」[4]

在中國，今天也只有極少數的老電報人，還在象徵性地
堅守工作崗位。[5] 幾乎沒有人會質疑電報行業從業人員的工

作被取代這件事，因為人們相信新科技的優越性，也相信從
電報行業內離開的電報人，完全可以在今天這個多樣化的時
代，找到新的工作崗位。我們只有從一些懷舊文章中，才能
多少了解到曾經的電報人，在新舊更替的歷史大潮中，擁有
何種複雜、糾結的心情，但那種感情已多半屬於對傳統和歷
史的依依不捨了。

回到我們的核心問題：人工智慧會讓人類大量失業嗎？

縱觀人類發展史，我對這個問題的回答是：如果把這裡
的「失業」定義為工作轉變的話，那麼答案是「會的」。從
短期來看，這種轉變會帶來一定程度的陣痛，我們也許很難
避免某些行業、某些地區出現局部的失業現象。特別是在一
個適應人工智慧時代的社會保障和教育體系建立之前，這種
陣痛在所難免。但從長遠來看，這種工作轉變，絕對不是一
種以大規模失業為標誌的災難性事件，而是人類社會結構、
經濟秩序的重新調整。在調整的基礎上，人類工作會大量轉
變為新的工作類型，從而為生產力的進一步解放，人類生活
的進一步提升，打下更好的基礎。

2017 年 1 月，我在達沃斯受邀與麻省理工學院媒體實
驗室負責人伊藤穰一（Joi Ito），一起討論人工智慧。其間，
伊藤穰一曾說：「從宏觀角度來看，我們無法否認人們會因
『新技術總會導致人們失業』而恐慌。但是，隨著新技術的
發展，某些領域又會誕生新的工作。……主導 AI 技術研發

的各大科技龍頭，如果能為人們樹立一種正確的態度，驅除
人們心中對 AI 技術的恐懼，也將會是一大利多。畢竟，人
們對 AI 技術的恐懼，絕大部分來自於對 AI 的不解。要消
除恐懼，我們需要在兩個方面努力。其一，是消除人們心中
情緒化、非理性的恐慌心理；其二，則是理性解決問題。例
如，我們必須對當前的教育體系，以及職業資格認證等體系
進行改革，而這取決於未來機器發展的速度有多快。」[6]

　　大體上，我同意伊藤穰一的觀點。不過，我認為，我們
需要更為急迫地喚醒社會集體意識，來理解並準備 AI 時代
的到來。當今時代變革的速度，比以往任何一次工業革命時
期都要快。隨著 AI 技術的不斷完善，有愈來愈多的工作，
如今開始被 AI 技術取代。舉例來說，中國有一批 AI 創業
公司正在研究人臉識別，這類技術已能批量辨識二、三十萬
張人臉，這是一般人類不可能達到的數量和精準度，諸如保
全、邊防等從事辨識任務的從業人員，也勢必會被取代。在
另一些領域，目前 AI 處理人際和人機關係的能力確實還不
如人類，醫療產業就是最好的例證；醫療檢測中某些涉及影
像識別的崗位，很快也會被 AI 技術所取代，但那只是醫療
專業的一小部分。

　　當前有兩項重大任務，等著我們去解決。其一，是思考
如何調配未來二十年大量被 AI 技術取代的工作者；其二，
是我們的教育亟待改革。我們需要對我們的子女、下一代子

女進行再教育，分析哪些工作不會被輕易取代，不是只幻想從事目前看似光鮮亮麗的工作。

機器帶給人類的不是失業，而是更大的自由度與更個性化的人生體驗。未來是一個人類與機器共存，協作完成各類工作的全新時代。我們無須擔憂和懼怕這個時代的到來，我們所要做的，應當是盡早認清 AI 與人類的關係，了解變革的規律，盡早制定更能適應新時代需求的勞動保障制度、教育制度等，以便更好地迎接新時代的到來。

什麼工作最容易被 AI 取代？

那麼，在人工智慧快速發展的大背景下，什麼樣的人類工作，最容易被人工智慧全部或部分取代呢？哪些從業者應該盡早做好準備，以適應或轉變到全新的工作崗位呢？

對此，我有一個「五秒鐘準則」，這項準則在大多數情

李開復的「五秒鐘準則」

一項本來由人從事的工作，如果人可以在五秒鐘以內的時間裡，對工作中需要思考和決策的問題做出相應決定，那麼這項工作就有非常大的可能，會被人工智慧技術全部或部分取代。

況下是適用的。

比方說，傳統意義上，在股票交易市場工作的普通交易員，只是扮演資訊輸入員或中間人的角色，在嘈雜、紛亂的市場裡，一面關注買方訴求，一面關注賣方訴求，所做的工作只是根據買家或賣家的指令，完成實際的交易操作。對於一樁交易能否成交，他們只需要關注具體數字和市場行情，就能夠做出判斷。基本上，每個獨立判斷，只要花兩、三秒就能做出。今天的自動化技術和人工智慧技術，足以完成這類簡單的仲介性質工作，而這就是今天在各大股票交易市場裡，傳統意義上的交易員正大幅讓位於電腦的原因所在。

另一個例子是，在駕駛汽車的時候，人類司機根據路況所做的判斷，其實都是人腦可以在短時間內處理完成、立即做出反應的。否則，如果人類司機對路面上突然出現的障礙物、交通標誌、行人等的，無法在一、兩秒內做出即時反應，那麼駕駛的危險性必然大幅攀升。這其實也側面說明了，汽車駕駛這項工作，需要的主要是快速感知外界環境、快速判斷，並且快速回應的能力。這種決策能力符合「五秒鐘準則」，所以汽車駕駛工作終將被自動駕駛技術全面替代和超越。人工智慧足以在更短時間內，做出跟人類一樣或是比人類還精準的判斷，將駕駛安全等級往上提升。

反之，如果你的工作涉及縝密的思考、周全的推理或複雜的決策，每個具體判斷並非人腦可以在五秒鐘內完成，那

麼以目前的技術來說，你的工作是很難被機器取代的。

例如，新聞撰稿就有簡單和複雜之分。資訊報導類的新聞撰稿，在很大程度上，正在被人工智慧的新聞寫作工具所取代。比方說，在體育類、天氣類、財經類的新聞報導中，人類記者做的通常不外乎簡單組合事實、報告情況，按照某些既定格式完成文本寫作。這種工作不需要複雜的判斷，可以被機器取代。但是，同樣是新聞類寫作，如果你所撰寫的是《紐約客》（*The New Yorker*）類型的深度評論文章，每篇文章都需要大量採訪為基礎，並且在原始素材之上，發揮作者的歸納和推理能力，提煉出相對複雜的邏輯結構，設計出最適合主題的表述形式，這些工作每一項所需要的思考時間，都遠遠不止五秒鐘。有能力為《紐約客》撰稿的記者，在未來很長一段時間內，根本不用擔心自己的工作會受到人工智慧的威脅。

類似地，如果你是一個可以創作鋼琴曲、交響樂的作曲家，如果你是一個可以製作深度訪談節目的製作人，如果你是一個能夠從頭創建故事架構的電影編劇，如果你是一個可以用創造性的方法為學生講解複雜知識體系的教師……，正在從事這些複雜工作的你，未來可以利用人工智慧來提升工作效率，但根本無須考慮是否要將工作讓位於機器。

當然，這裡說的「五秒鐘準則」只是個經驗法則，可以舉出許多並不符合這項準則的個例。例如，根據病人的化驗

結果或醫療影像，對病人的病情進行診斷，這件事並不是一個醫生可以在幾秒鐘時間裡就能完成的。但隨著今天電腦視覺技術的發展，以及人工智慧在醫療領域的深入應用，人工智慧確實可以代替一部分醫生的工作，快速完成基於數據或影像的初步病情篩查。再比如說，雖然許多簡單工作，例如病人護理，在工作中不需要特別複雜的決策過程，但接受護理的病人，很多都會特別在意自己與護理員的溝通，像這種需要人與人交流的工作，就很難被機器所取代。

　　基於「五秒鐘準則」，我個人預測，從事翻譯、新聞報導、助理、保全、銷售、客服、交易、會計、司機、家政等工作的人，未來十年將有約 90％被人工智慧全部或部分取代。如果就全人類的工作進行一個粗略的估計，我的預測是，大約 50％的人類工作，會受到人工智慧的影響。

　　人工智慧對人類工作的可能影響，包括三種類型：

* 人類某種工作被人工智慧全部取代；
* 人類某種工作被人工智慧部分取代；
* 人類某種工作轉變為新的工作形式。

　　和其他科學家或未來學家相比，我的預測比一部分人激進，比另一部分人保守。如果歷史進程如我所料，那麼在未來十年內，至少有一半人需要關心自己的工作與人工智慧的關係，需要在未來的人機協作模式中，找到自己的新位置。

大部分工作將會發生轉變，而非消失

我曾向《人工智能時代》一書的作者，也是電腦科學家、連續創業家暨未來學家卡普蘭提問，人工智慧將在不遠的將來，造成人類多大範圍上的失業？由此引發的失業，會成為一個嚴重的社會問題嗎？

卡普蘭的觀點非常明確：不是所有工作都會被人工智慧取代；相反，很多工作都會轉變為新的工作機會。[7]

一個很好的例子，就是銀行的櫃員。過去，大多數的銀行櫃員，總是在做最基本的銀行交易。顯然，ATM 自助服務終端的使用，已經代替了一定數量的銀行櫃員的傳統工作。但有趣的是，銀行櫃員的雇員數量不降反升，這是因為櫃員的工作轉變了。我們仍然管他們叫銀行櫃員，但他們的工作描述與二十年前相比，已經有了很大的不同。

在大多數情況下，銀行櫃員不是坐在那兒等著幫你取錢存錢。今天的銀行櫃員，已經成了銀行各類業務的銷售員。你可以走進一家銀行的分行，跟櫃員就銀行業務展開交談，他們可以為你提供所有幫助。這項工作已經不同了，但職位的名稱還沒有改變。技術讓銀行變得更加高效、更易擴展，銀行可以開更多的分行，聘雇更多員工，在新的領域投資並製造新的工作機會。

最近，一份來自詹姆斯・貝森（James Bessen）的報告，

顯示了在過去幾十年間，全職銀行櫃員的數量增長趨勢。[8]據報告統計，隨著銀行自動櫃員機（ATM）的普及，美國全職銀行櫃員的數量，先是在 1990 年前後有了一定規模的下降，隨後又逐漸回升，並慢慢在總量上超過了歷史最高點。也就是說，ATM 的普及，不但沒有造成銀行櫃員人數的下降，反而給銀行拓展業務的契機，在銀行櫃員的工作轉變為新的形式之後，銀行對於櫃員的需求也持續增加。

卡普蘭的這項分析，僅僅以銀行業過去幾十年間櫃員數量的增減為論據，可能會有些片面。我覺得，長遠來看，銀行是否總是需要那麼多客服人員，是值得商榷的。因為人工智慧對提升客服人員效率的作用，必將愈來愈明顯。如果只考慮銀行內部的工作轉變，我認為，銀行櫃員數量在未來的總體趨勢，還是會逐漸減少的。

事實上，工作轉變和遷移，不僅僅發生在一個行業內部，也許未來更常見的是跨行業的工作轉換。當銀行業不再需要這麼多客服人員的時候，這些人完全可以轉移到服務業，從事那些必須人與人直接交流的工作。未來，我們希望能鼓勵更多人參與人際間的交往互動，建立機器與人類的交流溝通模式，而這些對服務業來說至關重要。AI 技術能夠使未來的服務業，更被人們期待和尊重，也完全可以讓服務業接納許多從其他行業轉移過來的勞動力。

在卡普蘭看來，人工智慧可能取代的工作，大多擁有清

晰的評估標準，工作業績可以客觀衡量。人工智慧無法取代的工作，通常需要人類做出決策，例如風險投資人仍然需要面對面和創業者會談，以確定投資意向。即便是高級教育背景的人，也會花很多時間來做重複性的工作，而這些重複性的工作最容易被自動化。這可以讓那些高級人才，將更多時間用於那些最能發揮他們的技能特長，最不容易被自動化的工作部分。

對於某些工作，全部工作內容都可以被自動化，所以不再需要人類員工。例如，放射科醫師的工作就可以全部被自動化。但是，對另一些工作，例如普通醫生，無法將他們全部替換，因為無法徹底取消面對面的病情診斷。我們將會擁有自動輔助診斷系統，但這些系統只是讓醫生的工作效率更高，從而讓醫生有更多時間來完成科研任務，或是接診更多的病人。今天，很多人因為醫療費用昂貴而不去看醫生，當人工智慧被廣泛應用後，醫生可以更高效地接診病人，醫生的數量可能會下降，但人們可以更容易、更頻繁去看醫生。

與卡普蘭的觀點類似，我認為在人工智慧時代裡，人類工作的轉型在所難免，但這更多意味著新的工作方式，而非大量的失業。我的大女兒在學服裝設計，在過去數十年裡，因為技術的發展，特別是因為互聯網的普及，服裝設計這個行業，已經有了很大的變化。過去，學服裝設計的人，必須親自學習從材料、設計到剪裁的每一個細節，親自動手量體

裁衣。但現在互聯網上，出現了不少設計師與服裝生產環節之間的協作平台，透過互聯網進行分工合作，設計師只要負責設計款式，把設計圖發給服裝製造的上游廠商，廠商就會根據設計師的設計，完成服裝的實際生產。

在今天這個時代，設計師不用親手量體裁衣，就可以創造並擁有自己的時裝品牌，並且利用互聯網的優勢，進行推廣和銷售，把所有其他環節，交給更專業的人去完成。這是互聯網的興起，為時裝行業帶來的工作方式的轉變。那麼，未來隨著人工智慧的應用，許多簡單的服裝製造環節，都可以由人工智慧控制的機器來完成，時裝行業又會經歷一次新的轉變。

在歷次變革中，懂得發掘美、展現美的時裝設計師，他的工作會因為需要人的想像力和創造力，所以不會消失。產業鏈上的其他相關工作，則會因技術的引入而不斷變化。不過，最終的結果不一定是從業人員的減少，更有可能的是服裝設計、生產效率的大幅提高，生產成本的大幅降低。在這樣的基礎上，甚至可以為每個用戶配備「私人設計師」，根據個人愛好，訂製最美的時裝作品。基於這個判斷，今後服裝設計師的數量，一定會大幅增加。

也就是說，失業問題未必會如某些人想像的那樣嚴重。科技發展將造成一部分簡單工作、底層工作的消失或轉變，但由此也會催生出更多新型、更需要人類判斷力和創造力的

工作類型。從事設計師、架構師、建築師、流程設計和管理者、藝術家、文學家等工作的人，工作不但不會被取代，反而會成為未來的稀缺資源，吸引更多在社會和經濟轉型中，願意嘗試新領域的人來從事類似工作。

AI 只是人類的工具

擔心人工智慧控制甚至毀滅人類的，是對超人工智慧過於樂觀的「科幻」愛好者；擔心人工智慧取代絕大部分人類工作，造成全球大面積失業的，則是不相信科技進步能憑藉自身力量優化社會資源配置、調整經濟結構、構建新就業秩序的保守主義者。

我想，在人類可以預見的近期未來，前述這兩種極端情況的出現概率都非常小。最有可能變成現實的情形，是全人類步入一個嶄新的人機協作時代；在這個時代，以人工智慧為驅動的機器，將大幅提高人類的工作效率，但無論從哪個角度說，機器都只是人類的工具。

辛頓教授在接受採訪時說：「機械式挖掘機和自動櫃員機，透過替代人類的簡單重複性勞動，提高了生產效率。沒有幾個人會說，我們不應該引入這些自動化的機器。在一個公平的制度中，可以提高生產效率的技術進步，會受到所有人的歡迎，因為它們會為每個人帶來更為優越的生活。技術本身不是問題，問題在於制度是否能保證每個人都獲益。」[9]

　　卡普蘭認為，一個關於機器智慧的更好思維方式是：我們有了新的科技手段，可以將這些新技術應用在新的問題領域。因為機器學習技術的進步，我們現在正處於最好的時期。「當你擁有一把錘子，所有東西看起來都像釘子。」今天在美國，所有人都在嘗試，看看我們該如何應用人工智慧技術，可以應用得多麼深入。我們正在解決自然語言處理問題、翻譯問題、機器視覺問題、機器人問題等。有些地方，人工智慧運作得很好；有些地方，目前還難以滿足實際需求。驅動這種進步的主要力量，並不是智慧本身，而是大數據，以及使用更快、更便宜、更簡單的方式取得並利用大數據的能力。

　　今天，人們對於機器學習的興趣，和以往的每一次新技術革命，並沒有本質上的不同。例如，機器學習和當年關聯式資料庫（relational database）的發展非常類似。我們當年使用基於層次模型和網路模型的資料庫，關聯式資料庫的出現改變了一切。借助關聯式資料庫，任何人都可以將資料庫當成一個方便的工具，不需要聘雇許多專業的工程師。人工智慧就是這樣一個能為我們帶來巨大改變的便捷工具，就像關聯式資料庫在幾十年前所做的一樣。[10]

　　AI 只是人類的工具，科技本身不是問題，問題是我們如何使用科技，以及如何圍繞人工智慧這樣一種革命性的新科技，建立配套的社會和經濟結構，用制度來保障人人都可

享用人工智慧所帶來的巨大收益，同時不必擔心失業等潛在風險。

自動駕駛：AI 最大的應用場景

自從谷歌正式對外宣布自動駕駛汽車專案以來，自動駕駛行業已呈現出整體布局、多元配置、多角度切入的格局，五到十年後可具備千億美元，乃至萬億美元規模的龐大產業生態，已經初具雛型。我們也許還無法準確預測，全功能、最高等級的自動駕駛汽車，會在什麼樣的時間點，真正走入普通人的生活。但毫無疑問的是，在這次人工智慧熱潮中，自動駕駛一定是最大的應用場景。

自動駕駛帶給我們關於未來生活的想像空間，幾乎是無窮的。這絕對不是未來的汽車都不需要司機，我們可以躺在車裡睡覺、聽音樂這麼簡單的一件事。例如，當汽車不再需要司機的時候，我們為什麼還要像今天這樣，在家裡供養一到兩部私家車呢？滴滴、優步等共享經濟，已經為我們揭示出一些未來生活的樣子：大多數汽車可以用共享經濟的模式，隨叫隨到。因為不需要司機，這些車輛保證 24 小時待命，可以在任何時間、任何地點，提供高品質租用服務。

這樣一來，整個城市的交通情況，會發生翻天覆地的變化。因為智慧調度演算法的幫助，共享汽車的使用率會接近100％，城市裡需要的汽車總量則會大幅減少。需要停放的

共享汽車數量不多，只要占用城市裡有限的幾個公共停車場的空間就足夠了。停車難、大塞車等現象，會因為自動駕駛共享汽車的出現而得到真正解決。那個時候，私家車只用於滿足個人追求駕駛樂趣的需要，就像今天人們會到郊區騎自行車鍛鍊身體一樣。

更重要的是，汽車本身的形態，也會發生根本性的變化。一輛不需要方向盤、不需要司機的汽車，可以被設計成前所未有的樣子。比方說，由於大部分出行都是一、兩個人，共用的自動駕駛汽車，完全可以設計成比現在汽車小很多，僅供一、兩個人乘坐的舒適「座艙」，而這可以節省大量的道路空間。

在道路上，汽車和汽車之間，可以透過「車聯網」連接起來，完成許多有人駕駛不可能完成的使命。例如，許多部自動駕駛汽車可以在道路上，排列成間距極小的密集編隊，同時保持高速行進，統一對路面環境進行偵測和處理，不必擔心追撞的風險。再如，一輛汽車在路面上，可以透過自己的感測器，發現另一輛汽車的故障，及時通知另一輛汽車停車檢修。至於未來的道路，也會按照自動駕駛汽車的要求來重新設計，專用於自動駕駛的車道可以變得更窄，交通信號可以更容易被自動駕駛汽車識別。

在自動駕駛的時代裡，人們可以把以前駕駛汽車的時間，用來工作、思考問題、開會、娛樂。一部分共享汽車可

以設計成會議室的樣子，人們既可以圍坐在汽車裡討論問題，也可以在乘車時透過視訊會議和辦公室裡的同事溝通。現在，在開車時，最多只能聽聽廣播或音樂。未來，在乘坐自動駕駛汽車的時間，完全可以用來享受汽車座椅內建的全身按摩服務，或是連接虛擬實境（VR）設備來一次穿越奇幻世界的冒險。在自動駕駛時代，人類生活將更有品質，也更加快樂。

自動駕駛的普及，對產業結構和經濟格局的影響將極其深遠。想像一下，在過去一百多年的時間裡，汽車工業是如何徹底改變了全球、全人類的生活方式？如何創造出一大批市值百億美元、千億美元的大型跨國公司？如何帶動從設計、生產，到零件、外包、服務、諮詢、培訓、交通、物流等數百個相關生態產業？如何在短短數十年裡，讓美國成為了「車輪上的國家」，又在短短十幾年時間裡，在中國小康家庭中普及了汽車出行的現代生活方式？如此龐大的汽車工業，正面臨著以人工智慧為依託的自動駕駛技術的改造。生態中的每一個子產業，都可能在未來十年內，發生翻天覆地的變化。即便不提整車製造，單是自動駕駛技術需要的廉價、可靠的感測器（如雷射雷達），就可能成為一個千億美元規模的大產業。或者，針對未來的自動駕駛技術，對現有道路進行改造升級，這又將涉及龐大的固定資產投資和相關產業的升級。無論如何樂觀地預測自動駕駛對全球社會、經

濟發展的貢獻,也許都不為過。

麥肯錫公司(McKinsey & Company)預測,到 2030 年時,自動駕駛技術的普及,將為現有的汽車工業帶來約 30% 的新增產值。這部分銷售額包括受益於自動駕駛技術而獲得更大發展空間的共享汽車經濟(例如,在目前的交通擁堵和人口稠密地區、遠郊區域等,利用自動駕駛技術可大幅提高共享經濟的發展空間),以及因自動駕駛技術的普及而發展起來的車上數據服務,如應用程式、導航服務、娛樂服務、遠端服務、軟體升級等。今天,全球汽車工業的整車銷售總額大約是 2 萬 7 千億美元,售後服務銷售額大約是 7 千 2 百億美元,共享經濟等新興業務的銷售額只有約 300 億美元。到了 2030 年時,前兩項業務的銷售額將穩步成長,由自動駕駛技術驅動的新興業務的銷售額,將大幅成長到 1 萬 5 千億美元,成為刺激汽車工業成長的最大因素。[11]

自動駕駛技術發展簡史

真正由機器全面接管的自動駕駛,最早出現在空中,而非地面。這是因為,對於在高空飛行的飛機而言,行駛路線上的交通狀況遠好於地面。在飛行器上進行感知和操控,環境複雜度遠低於由交通標誌、移動車輛、可能出現的障礙物、隨時可能闖入路面的行人等組成的地面交通生態。

1912 年,人類發明的第一架固定翼飛機首飛不到十

年，為飛機製造導航儀錶的 Sperry 公司，就研製出第一套
自動駕駛系統，並於 1914 年在巴黎做了示範飛行。Sperry
公司這套系統使用陀螺儀來判定飛機航向，使用氣壓高度計
來測定飛機高度，根據系統感知得到的航向和高度數據，透
過液壓裝置操控升降舵和方向舵。

　　Sperry 公司為飛機研製的第一套自動駕駛系統雖然簡
單，但具備了一套自動駕駛裝置必備的幾個組成部分：

‧**感知單元**：主要由各種感測器和智慧感知演算法組成，用
於感知交通工具行經路線上的即時環境情況。

‧**決策單元**：主要由控制機械、控制電路或電腦軟硬體系統
組成，用於根據環境資訊決定對交通工具施加何種操作。

‧**控制單元**：主要透過交通工具的控制介面，直接或間接操
控交通工具的可操縱介面（如飛機的操縱面，或汽車的方向
盤、踏板等），完成實際的駕駛工作。

圖 37　自動駕駛系統的基本概念模型

　　無論是飛機的自動駕駛，還是汽車的自動駕駛，無論是早期系統，還是結合了深度學習演算法的現代系統，大抵都符合這樣一個基本的概念模型。

　　由於高空的環境複雜度較低，飛行器的自動駕駛系統發展很快。兩次世界大戰前後，飛機自動駕駛或輔助駕駛技術不斷改進。1947 年，美國空軍用一架道格拉斯 C-54 運輸機完成了一次橫跨大西洋的飛行，飛機全程使用自動駕駛系統控制，包括起飛和降落環節，這是自動駕駛系統在航空工業中走向普及的標誌性事件。今天，現代客機、貨機、戰鬥機，絕大多數都擁有自動駕駛或輔助駕駛系統，可以大幅減輕飛行員的工作強度。在大部分氣象條件下，只要飛行員允許，飛機的自動駕駛系統，都可以自動完成包含起飛、降落在內的全部飛行控制操作。為了解決較複雜的降落段自動駕駛問題，全球各大機場還根據情況，安裝了不同級別的儀錶著陸系統（ILS），使用無線電信號，或高強度燈光陣列，來為飛機提供精密引導。

　　自動駕駛系統在航空領域取得的巨大成功，也為汽車的自動駕駛系統提供了有價值的參考，這包括：

- 飛機飛行過程中需要感知的環境資訊，幾乎都可以由已有的機上感測器提供。而目前大批量生產的普通汽車，通常只裝配了感知自身行駛速度的簡單感測器。為現有汽車安裝附加感測器，是實現汽車自動駕駛的必經之

路，但也客觀增加了自動駕駛系統的成本。為汽車設
計、生產廉價、精準、可靠的感測器，是未來自動駕駛
行業的重心之一。

- 由於環境簡化，飛機的感知和決策過程相對簡單，系統
演算法通常不需要涉及複雜的深度學習模型。即便如
此，目前從事貨運、客運航空飛行時，飛行員仍需要全
程監控，與自動駕駛系統協同工作。完全不需要飛行員
的無人機，只在軍事領域得到廣泛應用，進入大規模商
業客運、貨運飛行還為時尚早。這提醒我們，為汽車研
發自動駕駛系統時，也不能急於求成，從機器輔助人類
駕駛開始，逐漸過渡到人類輔助機器駕駛，最終再實現
無人駕駛，才是理性和正確的選擇。

- 正如機場可以安裝儀錶著陸系統（ILS）來輔助降落一
樣，對道路的改造（如新的易於識別的交通標誌、與汽
車感測器配合的信號源等），也許是簡化汽車自動駕駛
系統實現難度的一條捷徑。

談到汽車的自動駕駛系統，很多人是透過谷歌公司發布
的自動駕駛汽車認識這項現代科技成果的。其實，在谷歌之
前，有大批的公司和科研機構，已經對汽車的自動駕駛系統
做了多年的研究。

最早在 1920 年代，當時的主流汽車廠商就開始實驗自
動駕駛或輔助駕駛功能。現代意義上的第一輛自動駕駛汽

車，出現在 1980 年代的卡內基梅隆大學電腦科學學院的機器人研究中心，它的名字叫 Navlab。1986 年製造的第一輛 Navlab 汽車上安裝了三台 Sun 工作站，一台卡內基梅隆大學自行研製的 WARP 平行計算陣列，一部 GPS 信號接收器，以及其他相關的硬體單元。限於當時的軟硬體條件，這部自動駕駛汽車的最高時速，只能達到每小時 32 公里，而且還很不實用，但起碼算是具備了現代自動駕駛汽車的雛形。1989 年，卡內基梅隆大學還在自動駕駛系統中，使用神經網路技術，進行了感知和控制單元的實驗。大約在同一時期，賓士、通用、博世、日產、豐田、奧迪等傳統汽車行業的廠商，也開始擴大對自動駕駛系統的投入，陸續推出了不少原型車。

在中國，早在 1987 年，國防科技大學就研製出一輛自動駕駛汽車的原型車，雖然這輛車非常小，樣子也與普通汽車相去甚遠，但基本具備了自動駕駛汽車的主要組成部分。2003 年，國防科技大學和一汽集團聯合改裝了一輛紅旗轎車，自動駕駛最高時速可以達到每小時 130 公里，而且實現了自主超車功能。2011 年，改進後的自動駕駛紅旗轎車，完成了從長沙到武漢的公路測試，總里程 286 公里，其中人工干預里程 2,240 公尺。此外，清華大學、中國科技大學等科研機構，也各自展開自動駕駛技術的早期研究。

雖然在實際測試效果上還遠未達到自動駕駛的要求，但

前述國內外廠商、科研機構的積累，為谷歌自動駕駛汽車取得突破奠定了技術基礎。事實上，被譽為谷歌自動駕駛汽車之父的塞巴斯蒂安‧特龍（Sebastian Thrun）在加入谷歌之前，就是帶領著史丹佛大學的技術團隊研發名為 Stanley 的自動駕駛汽車，並參加美國國防高等研究計畫署（DARPA）的自動駕駛挑戰賽（DARPA Grand Challenge）。特龍主持研製的 Stanley 汽車，贏得了 2005 年 DARPA 自動駕駛挑戰賽的冠軍。

　　Stanley 自動駕駛汽車使用了多種感測器組合，包括雷射雷達（LIDAR）、攝影機、GPS 和慣性感測器，所有這些感測器蒐集的即時資訊，被超過十萬行軟體代碼解讀、分析並完成決策。在障礙檢測方面，Stanley 自動駕駛汽車，已經使用了機器學習技術。特龍的團隊也將 Stanley 汽車在道路測試時，不得不由人類駕駛員干預處理的所有緊急情況記錄下來，交給機器學習程式反覆分析，從中總結出可以複用的感知模型和決策模型，用不斷反覆運算測試、不斷改進演算法模型的方式，讓 Stanley 汽車愈來愈聰明。

圖 38　特龍團隊基於柴油版的大眾途銳研發的 Stanley 自動駕駛汽車

其實，塞巴斯蒂安・特龍主持研製 Stanley 汽車時，就有十幾名谷歌工程師加入團隊，參與研發工作。了解這樣的背景，大家就完全不會奇怪，為什麼研製 Stanley 汽車的有用經驗，幾乎全部被谷歌自動駕駛汽車專案繼承過去了。

2009 年，谷歌基於特龍的團隊正式創建了自動駕駛汽車專案。這項專案最早在谷歌內部被命名為「chauffeur」。「chauffeur」這個詞源自法語，原本是加熱、變熱的意思。蒸汽機發明後，因為蒸汽機驅動的車輛需要先把水燒熱，人們就用「chauffeur」來指代操作蒸汽機的人，或駕駛由蒸汽機驅動的車輛的人。再後來，雖然汽車已經與蒸汽機毫無關係，「chauffeur」這個詞還是被用於指代司機，或專指私人雇傭的司機。谷歌對外幾乎從未提及「chauffeur」這個內部專案代號，但在谷歌正式申請的美國專利，如專利 US9134729B1 中，我們還是發現，技術示意圖的注釋文字裡包含了「chauffeur」字樣。[12]

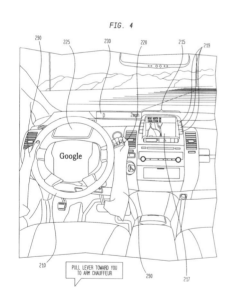

圖 39　示意圖來自谷歌為自動駕駛的使用者操作介面申請的美國專利，注意注釋文字裡出現了「chauffeur」的字樣

2009 年，谷歌內部舉辦了一個名為「GooCamp」的技術交流活動，在那個活動裡，少數工程師第一次體驗了谷歌自動駕駛汽車的神奇。那時，被邀請乘坐谷歌第一代自動駕駛汽車的工程師們既興奮又緊張，儘管預定的乘車路線很短，只是繞著谷歌總部的核心園區轉一圈，從未乘坐過自動駕駛汽車的人，還是難免要擔心電腦會不會出現這樣那樣的問題。結果，測試效果很好，基於豐田普銳斯（Prius）汽車改裝的第一代自動駕駛汽車，頂著圓筒狀的雷射雷達等感測器裝置，有些憨態可掬地完成了直行、轉彎、上坡、下坡、避開路面其他車輛等基本任務，全程只出現了一個有驚無險的狀況：在做一個相對比較急的右轉彎時，自動駕駛系統給汽車的操作指令有些過於生硬，汽車轉彎的動作有些「生猛」，坐在駕駛座位上的測試員，不得不手動控制了一下方向盤。

在那一次內部交流活動中，有工程師問「chauffeur」專案的研發人員：「這樣的自動駕駛汽車在實際路面上測試時，員警會不會找麻煩？」研發人員回答說：「我們在史丹佛大學測試時，有一次，好奇的員警發現，這是一輛不需要司機操控的汽車，就上前

圖 40　谷歌第一代自動駕駛汽車，基於豐田普銳斯汽車改裝（CC BY-SA 2.0, Wikipedia）

盤問：『這是輛什麼車呀？』我們回答：『自動駕駛汽車。』
員警聳了聳肩說：『酷！』嗯，當時的情況就是這樣。」

2010 年，美國公眾已開始注意到谷歌自動駕駛汽車的
存在，法律界人士也已經認識到，自動駕駛汽車在路面上行
駛，必然對已有的公路交通法規、保險體系等帶來新的挑
戰。[13] 支持新興科技的律師和政界人士開始呼籲政府立法，
批准自動駕駛汽車合法在公路上展開測試活動。2012 年 5
月，谷歌自動駕駛汽車正式獲得美國內華達州車輛管理局
（DMV）頒發的執照，這也是美國歷史上為自動駕駛汽車頒
發的第一張執照。截至 2016 年 3 月，美國已經有加州、密
西根州、佛羅里達州、內華達州、亞利桑那州、北達科他
州、田納西州、哥倫比亞特區等地區，允許自動駕駛汽車在
公共路面上進行測試。

2012 年時，谷歌自動駕駛汽車已經取得了超過 30 萬英
里的公路行駛經驗。基於雷克薩斯 RX450h 改裝的自動駕駛
汽車也已上路運行。也正是在這一年，谷歌將自動駕駛汽車
的路面測試範圍，從簡單的園區路況和普通高速路況，擴展
到包含複雜交通環境的城區路況。截至 2016 年，谷歌自動
駕駛汽車的實際測試里程，已經超過 200 萬英里。

2014 年，一輛嶄新、有著可愛卡通版身軀的谷歌無人
駕駛汽車，在著名的谷歌 X 實驗室問世。這輛汽車除了萌
萌的造型，最大的與眾不同之處在於，這是一輛完全不需要

人工干預的自動駕駛汽車，它沒有方向盤，沒有油門，沒有煞車踏板！乘客只要上車，說出自己要抵達的目的地，就可以享受世界上第一輛完全意義上的「無人駕駛」汽車的周到服務了。

應當說，在人工智慧大發展的時代裡，谷歌在自動駕駛領域最早投入研發力量，最早獲得技術突破，在過去的數年間完成了累計里程最長的高級別無人駕駛道路測試。但對普通人來說，谷歌的無人駕駛汽車雖已是矽谷道路

圖 41　在實際路面上進行測試的谷歌新一代無人駕駛汽車（CC BY-SA 4.0, Wikipedia）

上的常客，但商業模式卻一直滯後，基本上停留在市場宣傳層面，面向最終消費者的銷售遙遙無期。這主要是因為谷歌對於自動駕駛技術的高度謹慎。

2016 年 5 月 7 日，發生在佛羅里達州的特斯拉電動汽車致死事故，其中的原因之一就是車主過度信任特斯拉汽車的自動輔助駕駛模式（其實這一模式在當時是不折不扣的「輔助駕駛」，而不是「自動駕駛」），對突發情況沒有做出及時的人工干預。而谷歌認為，要保證自動駕駛的絕對安全，就一定不能依賴於人的參與，必須讓自動駕駛汽車的人工智慧

技術能夠應對所有（至少是極其接近 100％的）極端路況，否則，就無法銷售尚有風險的汽車產品。

因為對 100％自動駕駛的高標準追求，谷歌的自動駕駛汽車研發和商業化之路，無法在短期內獲得收益。就在谷歌不懈追求最高水準的自動駕駛系統的同時，特斯拉、優步、百度、蘋果、英偉達（NVIDIA）等高科技公司，紛紛加入自動駕駛研發的陣營，並大多採用從與谷歌不同的角度切入市場，如關注輔助駕駛的特斯拉、關注汽車資源共享的優步、關注自動駕駛計算平台的英偉達等。傳統汽車廠商如通用、賓士、BMW、豐田等也陸續調整自己的技術戰略，跟上最新的無人駕駛風潮。新創公司如以色列的 Mobileye、Oryx Vision，美國的 NuTonomy、Zoox、Drive.ai、Nuro.ai，中國的馭勢科技（UISEE）、初速度科技（Momenta）等公司，則是瞄準了整個自動駕駛產業鏈中的特定應用場景（如社區通勤、卡車運輸等），特定解決方案（如視覺解決方案、地圖解決方案等），或是特定功能模組（如雷射雷達感測器、視覺模組、決策模組、控制模組等），發揮新創公司靈活、高效的特點。

相形之下，谷歌的自動駕駛團隊多少有些「揀盡寒枝不肯棲，寂寞沙洲冷」的脫俗意味。追求最佳的安全和行駛體驗，遲遲不進行商業化的開發，這讓谷歌自動駕駛團隊在許多新聞評論中成了「起個大早，趕個晚集」的揶揄對象。[14]

因為產品商業化遲緩，谷歌自動駕駛團隊的許多技術人員，都已離開谷歌，成為各大科技企業和新創團隊中研發自動駕駛技術的領軍人物。創始人塞巴斯蒂安・特龍已將精力放在教育專案優達學城（Udacity）上；團隊骨幹安東尼・勒萬多斯基（Anthony Levandowski）帶著自己熟悉的三名同事創立了 Otto 繼續做自動駕駛，這家公司已被優步收購；創始團隊 CTO 克里斯・厄姆森（Chris Urmson）2016 年 8 月離職；另一名技術專家朱家俊也離職組建了 Nuro.ai。

2016 年 12 月，谷歌宣布，自動駕駛團隊正式分離出來，成立了一家名叫 Waymo 的新公司。這一舉措也許意味著谷歌自動駕駛汽車正式走向商業化的開始，也許是谷歌為了應對人才流失和市場競爭的無奈之舉。無論如何，我們還是更願意看到谷歌自動駕駛汽車專案繼續引領自動駕駛的科技革命，未來能繼續代表自動駕駛技術的最高水準。

順便提一下，除了公路上跑的汽車，包括谷歌創辦人賴瑞・佩吉及塞巴斯蒂安・特龍本人在內，都在關注甚至投資研發更加科幻級的自動交通工具。據說，賴瑞・佩吉祕密投資了兩家神祕的「飛行汽車」新創公司 Zee.Aero 和 Kitty Hawk，而 Kitty Hawk 正是塞巴斯蒂安・特龍創立的。目前，有關這兩家神祕公司的公開資料少之又少，人們只能從一些隻言片語，或是已申請專利中一些非常早期的概念圖來猜測，這兩家公司想做的是像飛機一樣在空中自由飛行，又

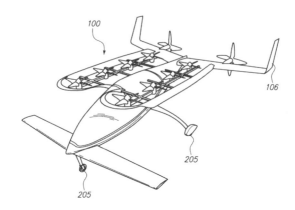

圖 42　Zero.Aero 公司申請的「飛行汽車」專利中的圖示 [16]

像汽車一樣方便乘坐和停放的新一代交通工具。[15]

AI 小百科：自動駕駛的六個級別

　　和「人工智慧」一樣,「自動駕駛」也是一個有歧義,經常被人用不同方式解讀的概念。

　　例如,有人喜歡用「無人駕駛」來描述相關技術與應用,但「無人」一詞帶有鮮明的「100％由機器操控」的含義,無法涵蓋輔助駕駛等初級功能。事實上,許多汽車廠商都把電腦輔助駕駛稱為「自動駕駛」。大家應該知道,裝配有碰撞警示、車道保持、定速巡航、自動停車等自動化功能的汽車,好多年前就已經開始在市場上銷售了,廠家在做廣告宣傳時,就將這些輔助提醒人類駕駛員,或輔助完成特定操作(如停車)的系統稱作「自動駕駛」,這和谷歌研發的全功能

自動駕駛汽車，顯然不是一個級別的技術。

　　從中文語義上來說，「無人駕駛」的語義過於狹窄，而「自動駕駛」的語義過於寬泛。即便在英文文本中，「self-driving car」、「driverless car」、「robotic car」和「autonomous car」等術語之間，內涵和外延也並非完全一致。

　　從理想情況來看，人類當然希望盡早看到完全「無人駕駛」的汽車取代現有的所有人類司機，但從自動駕駛技術的發展進程來看，未來將存在十年或更長時間的過渡期，各種不同類型、不同層次的自動駕駛技術，將呈現共同發展、各自覆蓋不同需求、不同路況、不同人群、不同商業模式的情況。因此，用內涵單一的術語，不利於自動駕駛技術目前的發展階段。

　　為了更良好區分不同層級的自動駕駛技術，國際汽車工程師學會（SAE International）於 2014 年發布了自動駕駛的六級分類體系，美國國家公路交通安全管理局（NHTSA）原本有自己的一套分類體系，但在 2016 年 9 月轉為使用 SAE 的分類標準。今天絕大多數主流自動駕駛研究者，已將 SAE 標準當作通行的分類原則。

　　SAE 標準將自動駕駛技術分為 0 級、1 級、2 級、3 級、4 級、5 級，共六個級別。具體的級別劃分和描述，如下頁圖表所示。[17]

SAE級別	名稱	描述性定義	轉向和加減速操控的執行者	對駕駛環境的監控者	複雜情況下動態駕駛任務的執行者	系統支援的路況和駕駛模式
人類駕駛員監控駕駛環境						
0	非自動化	所有駕駛任務都由人類駕駛員進行操控（即便安裝了警示或干預系統）	人類駕駛員	人類駕駛員	人類駕駛員	n／a
1	輔助駕駛	在特定駕駛模式下由一個輔助駕駛系統根據駕駛環境資訊控制轉向或加減速中的一種，並期望人類駕駛員完成所有其他動態駕駛任務	人類駕駛員和系統	人類駕駛員	人類駕駛員	部分路況和駕駛模式
2	部分自動化	在特定駕駛模式下由一個或多個輔助駕駛系統根據駕駛環境資訊控制轉向和加減速，並期望人類駕駛員完成所有其他動態駕駛任務	系統	人類駕駛員	人類駕駛員	部分路況和駕駛模式
自動駕駛系統（簡稱「系統」）監控駕駛環境						
3	有條件的自動駕駛	在特定駕駛模式下由一個自動駕駛系統完成所有動態駕駛任務，但期望人類駕駛員能正確回應請求並接管操控	系統	系統	人類駕駛員	部分路況和駕駛模式
4	高度自動化	在特定駕駛模式下由一個自動駕駛系統完成所有動態駕駛任務，即便人類駕駛員無法正確回應請求並接管操控	系統	系統	系統	部分路況和駕駛模式
5	全自動化	自動駕駛系統在全部時間、全部路況和環境條件下（可由人類駕駛員管理）完成所有動態駕駛任務	系統	系統	系統	全部路況和駕駛模式

　　按照 SAE 的分級標準，第 2 級技術和第 3 級技術之間，存在著相當大的跨度。使用第 1 級和第 2 級輔助駕駛功能時，人類駕駛員必須時刻關注路況，及時對各種複雜情況做出反應。但在 SAE 定義的第 3 級技術標準中，監控路況的任務由自動駕駛系統來完成。這個差別是巨大的。技術人員也通常將第 2 級和第 3 級之間的分界線，視作「輔助駕駛」和「自動駕駛」的區別所在。

　　當然，即便按照 SAE 標準實現了第 3 級的自動駕駛，根據這個級別的定義，人類駕駛員也必須隨時待命，準備回應系統請求，處理那些系統沒有能力應對的特殊情況。使用這個級別的自動駕駛功能時，人類駕駛員是無法在汽車上看手機、上網、玩遊戲的。

　　所以，雖然從技術標準上說，第 3 級自動駕駛有它存在的必要，但在實際應用場景裡，這一級別的自動駕駛是否真正可用，是很值得我們懷疑的。人類駕駛員一旦發現機器可以應付大多數情況，就會分心去做其他事情，以至於在機器遇到特殊情況時，無法及時、正確回應，並釀成事故。

　　谷歌曾經在員工中做過一項有趣的實驗。自動駕駛團隊在谷歌內部招聘了一批志願者，志願者數量不多，每個志願者可以「認領」一輛測試用途的自動駕駛汽車回家。這些志願者都被告知：用於測試的汽車並不完善，仍然需要志願者坐在駕駛位置，隨時準備應對汽車無法處理的路面突發情

況。但谷歌的自動駕駛團隊發現，志願者幾乎很少聽從這項忠告。因為在絕大多數情況下，谷歌的自動駕駛汽車表現得非常好，完全可以自如應對路面上發生的各類複雜情況。這樣一來，幾乎每個志願者都會 100% 放心將駕駛操作交給汽車，自己則利用乘車的時間，做起任何自己想做的事情來：有乘車時看地圖的，有乘車時看影片的，有乘車時躺在後座打盹兒的，有乘車時跟女友親熱的⋯⋯。

這次志願者測試實驗讓谷歌自動駕駛團隊明白了一點：一旦自動駕駛汽車達到了足夠高的水準，車內乘客就會想當然地將所有操控權交給汽車。無論這時候自動駕駛汽車的軟體是否還有風險，無論路面上那些極端的「長尾」路況是不是能被自動駕駛汽車正確處理，車主都不會保持 100% 的高度警覺。

也就是說，第 3 級的自動駕駛，目前還很難被不受限制地應用於所有場景。其實，之前已經討論過，即便是特斯拉基於第 2 級自動駕駛的自動輔助駕駛技術，也存在這方面的問題。從商業化的視角來看，第 2 級或第 3 級的自動駕駛技術，將來只會被用於有限的場合，而直接面向第 4 級甚至第 5 級的自動駕駛，才是未來最大的商業機會。

自動駕駛的普及：中國有機會扮演關鍵角色

毫無疑問，自動駕駛將在不遠的將來走進我們的生活。

但就真正意義而言，第 4 級或第 5 級的自動駕駛技術何時可以商用，人們有各種各樣的預測。

新創公司 NuTonomy 希望能在 2018 年前後在新加坡提供擁有自動駕駛功能的計程車，並在 2020 年擴展到十座城市。[18] Delphi 和 MobilEye 公司則聲稱，他們可以在 2019 年提供滿足 SAE 第 4 級要求的自動駕駛系統。[19] 百度公司首席科學家吳恩達希望，到 2019 年時將有大量自動駕駛汽車上路進行測試行駛，到 2021 年時，自動駕駛汽車將進入大批量製造和商用化階段。[20] 特斯拉公司創辦人馬斯克宣布，目前上市的特斯拉汽車，已經在硬體標準上具備了實現 SAE 第 5 級自動駕駛的能力。他預測，2018 年時，特斯拉將可以提供具備完全自動駕駛功能的電動汽車，但也許還要再花一到三年的時間，該型車才能正式獲得批准，並且上市銷售。[21]

我覺得，基於宣傳技術和推廣產品的考慮，科技公司、新創公司對於第 4 級、第 5 級自動駕駛何時可以商用的預測普遍比較樂觀。實際情況也許比他們的預測要複雜一些，因為這不僅僅是一個純技術的問題。技術方面，谷歌 Waymo 的自動駕駛系統非常成熟，已經接近商用，也許只要一、兩年的時間，就可以達到 SAE 第 4 級和第 5 級的標準。但在非技術領域，政府、公眾、企業還必須考慮諸多政策、法律、經濟、心理，甚至是道德層面的問題。

　　首先，現有的法律制度、政策和保險體系等，並不是為自動駕駛時代的交通量身訂製的，一定存在諸多不合理之處。對於法律體系的改進和完善，一定不要以今天的眼光去預測未來的科技。

　　比如，當年蒸汽機動力的汽車問世不久，英國議會就於1865年通過了一部《機動車法案》。這部法案後來被人嘲笑為「紅旗法案」。法案規定，每輛在道路上行駛的機動車必須由三個人駕駛，其中一人必須在車前面五十公尺以外做引導，還要用紅旗不斷搖動為機動車開道，並且速度不能超過每小時 4 英里。結果，直到 1896 年「紅旗法案」被廢止前，英國對汽車技術的研發幾乎處於停滯狀態，這項法案在英國汽車發展史上只有極其愚蠢的負面作用。今天，在考慮為自動駕駛汽車制定合適的法規、政策時，我們千萬不要掉進了一百多年前英國「紅旗法案」的窠臼。

　　其次，道德問題始終是制約自動駕駛商業化和大規模普及的關鍵因素。美國人比較喜歡用一個處於兩難境地的道德測試，來衡量自動駕駛的合理與否，這個測試叫做「有軌電車難題」（Trolley problem）。

　　英國哲學家菲利帕・福特（Philippa Foot）1967 年首次提出這個倫理學的思想實驗。問題很簡單：假設你看到一輛失控的有軌電車在軌道上高速行駛，電車前方的軌道上有五個毫不知情的行人。如果你什麼都不做，那麼那五個人會被

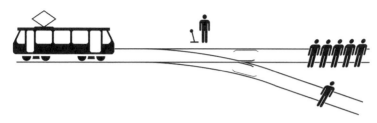

圖 43　有軌電車難題（CC BY-SA 4.0, Wikipedia）

電車撞死。生死瞬間，你唯一的解決方案是扳動手邊的道岔扳手，讓電車駛入備用軌道。但問題是，備用軌道上有一個不知情的行人。扳動道岔的結果是，拯救了原軌道上的五個人，卻犧牲了備用軌道上的一個人。在這種情況下，你會扳動道岔扳手嗎？如果用一條生命換回五條生命，你感到難以定奪，那麼假設犧牲一個人可以救五十個人呢？

　　換到自動駕駛的商用場景，政府和公眾面臨著同樣難以定奪的詰問。從目前的測試結果看，自動駕駛技術比人類駕駛員駕駛汽車要安全，至少不存在人類駕駛員因為疲勞駕駛、酒駕等問題發生事故的情況。但自動駕駛不是萬能的，在極端條件下，例如機器學習系統從未遇過的情況發生時，自動駕駛系統也有可能導致事故，甚至對人類造成致命的傷害。

　　2016 年 5 月 7 日佛羅里達州的特斯拉電動汽車致死事故發生後，特斯拉強調，在總計 1.3 億英里的自動輔助駕駛模式行駛紀錄中，僅發生了這一起致死事故，據此計算的事

故概率，遠比普通汽車平均每 9,400 萬英里發生一起致死事故的概率低。但無論概率有多低，這畢竟是一起致死事故。為了普及自動駕駛技術，人類面臨的道德抉擇，並不比有軌電車難題簡單。

如果自動駕駛汽車造成的死亡事故概率，比人類駕駛員造成的死亡事故概率低，比如 3：5，那麼你願意大力推廣自動駕駛技術，用每犧牲三個人的代價，換回五個人的生命嗎？

我用這個問題問了許多美國朋友，當我說 3：5 的比例時，他們都紛紛搖頭，連說「不行」。我發現，大多數人腦子裡會有一個先入為主的道德假設，那就是人類駕駛員造成的事故，已經被視為現行倫理道德體系中的一種客觀存在，是人類自身的弱點導致的。但引入自動駕駛後，造成致命事故時，操控汽車的主體由「人類」變為「機器」，這種新的倫理道德關係，就很難被現有的體系接受。

如果自動駕駛技術可以拯救五個人，但代價是殺死另外三個人，大多數人就感到難以接受。他們是在用人類現有的倫理道德體系去評估機器的行為：採用新技術的決定是人類做出的，實際造成事故的主體卻是機器、而不是人，人類因為自己的決定，造成了「另外三個人」的死亡，這種道德壓力是不言而喻的；這個時候，是否能拯救原本會因人類失誤而死亡的五個人，反倒成了不那麼重要的因素。

於是，我會問我的朋友：「如果犧牲的生命與拯救的生命比例是 1：5 呢？」朋友們通常都會猶豫一下。我會接著追問：「如果是 1：10 呢？」這時，有不少朋友就會遲疑地點點頭，覺得似乎是一個可以接受的比例。那麼，「如果是 1：20 呢？」這時，大多數朋友都會堅定地站到自動駕駛這一邊，支持用較小的代價拯救多數人的生命。

很有意思的思想實驗？不是嗎？為什麼大家在比例是 3：5 的時候普遍反對自動駕駛，而在比例是 1：20 的時候，就變為普遍支持呢？人類的倫理道德準則，難道是用簡單的數字就可以衡量的嗎？當然，我就此問題詢問的主要是美國朋友，他們的答案代表的也許只是美國公眾的看法，不具有更普遍的意義。

美國國家公路交通安全管理局於 2017 年 1 月發表了一份聲明，證明特斯拉自動輔助駕駛系統，與 2016 年 5 月 7 日發生在佛羅里達的致命交通事故，沒有直接關係。事故的直接原因是，駕駛員忽視操作提醒，沒有對道路上的危險，保持隨時監控和快速反應。美國國家公路交通安全管理局還強調，特斯拉在安裝了自動輔助駕駛系統後，事故發生率降低了 40％。[22]

特斯拉第 2 級別的自動輔助駕駛系統，使事故概率降低了 40％，這和前面假設的 3：5 的比例不謀而合。大家通常會接受特斯拉的輔助駕駛功能，因為該功能要求人類駕駛員

全程監控，隨時參與操作。但同樣是 3：5 的比例，換到第 4 級和第 5 級的自動駕駛汽車上，大家就會感到難以接受。這其中，微妙的心理因素非常值得我們探討和關注。

另一個困擾自動駕駛技術商業化的因素是，失業問題對傳統行業的衝擊。而這種衝擊，也因不同地方、不同人群而存在巨大差別。

新的科技總會引起不同層面的社會、經濟影響，這種影響在有著牢固社會傳統的地方，很可能會被人們視為威脅。卡普蘭講過一個很有趣的例子：同樣是提供汽車共享和出租服務，優步在舊金山做的事情被大加讚賞，可優步在倫敦做的同樣的事情卻飽受批評。

優步在倫敦造成了許多人失業，倫敦有非常發達的出租系統，倫敦人管傳統的計程車叫「黑色出租」。這些計程車的司機是一個有著悠久歷史的社會職業，需要對街道非常熟悉，以通過上崗測試。優步在倫敦破壞了這樣的傳統，因為任何人只要有一輛車，就可以成為優步司機。在這件事上，優步低估了英國人對於傳統職業的重視。倫敦的許多人痛恨優步，他們認為優步是對英國社會的破壞。在舊金山，每個人都覺得優步棒極了。人們讚揚優步，幾乎沒有什麼負面報導。這是同一件事在不同城市得到的不同評價，所以你很難說某項技術是好的，或者是壞的。[23]

自動駕駛也一樣。在美國，絕大多數人都同意，自動駕

駛汽車的一個最好的應用場景，就是去取代那些工作負荷繁重、容易因長途駕駛時的疲勞而導致事故的卡車司機。但即便是這樣一個在技術層面顯而易見的事情，在牽涉到社會和經濟問題時，也會變得十分複雜。

2016 年時，美國有大約 150 萬名卡車司機（另一種說法是 180 萬名），全美約 70％的貨物運輸，都是由這些卡車司機駕駛大貨車通過公路完成的。目前，卡車行業已經出現了司機短缺的問題，根據美國卡車運輸協會（American Trucking Associations）的估計，全美短缺的卡車司機數量是大約 4 萬 8 千名。[24]

以美國 Otto 公司（已被優步收購）為代表的一批科技團隊，已經開始為卡車研發自動駕駛系統。在美國，卡車運輸的路況、環境相對單一，相關的自動駕駛系統在技術上的難度不大。但問題是，如果用自動駕駛系統解決卡車司機短缺的問題，那必然會受到所有人的歡迎，但如果用自動駕駛系統來替代現有的150 萬卡車司機，還會贏得大眾的支持嗎？如此大

圖 44　優步 Otto 正在測試的自動駕駛卡車（CC BY 2.0, Wikipedia）

規模的失業或被迫轉換工作，美國政府就必然要面臨卡車司機工會的考驗了。

Otto 聯合創始人兼總裁利奧爾・榮恩（Lior Ron）認為，人類卡車司機短期內沒有失業的風險。他說：「未來將會發生的事情，是那些卡車司機變成技術系統的助理駕駛員，在自動駕駛系統較難處理的市內路況上，替代自動駕駛系統完成駕駛操作，然後在高速公路上啟動 Otto 自動駕駛系統，讓機器替自己完成冗長、乏味、容易打瞌睡和發生危險的駕駛里程。在可預見的未來，卡車的駕駛室裡都會坐著一個駕駛員，而且這個駕駛員的工作將變得更安全，可以賺到更多的錢，可以更快地抵達目的地。」[25]

但榮恩說的只是基於目前技術的預測，如果展望更長遠一些的未來，當卡車上使用的自動駕駛技術趨於完善，可以適應擁擠的城市等各種不同路況，卡車司機確實有大批被取代、大批失業的風險。對於這樣的未來，150 萬卡車司機們，肯定是充滿疑惑，甚至堅決反對的。美國的卡車司機工會，也會站出來維護司機們的利益。

一個可以類比的例子是美國的煤礦工人。因為自動化開採技術的使用，美國煤礦工人的數量從 1980 年時的 22.9 萬人，降低到目前的大約 8 萬人。在過去的五年間，就有 5 萬煤礦工人失去工作。[26] 這 5 萬失去工作的煤礦工人在美國的各階層看來，是一個重大的社會和政治問題，連總統也必須

親自過問，以妥善處理好這些「下崗」工人的安置和再就業問題，否則美國勢力強大的工會組織，就會對議員、總統施加極大的政治壓力。想一想，5 萬名煤礦工人尚且能引起全美政治家的關注，如果被取代的是 150 萬名卡車司機呢？

當然，也有美國網友提出另一種有些調侃的思考方式：「政治上來說，卡車司機工會是會去阻止自動駕駛系統取代卡車司機的進程的，但他們也會感受到來自另一方面的壓力。如果保險公司不再為人類駕駛員承保，因為自動駕駛系統幾乎從不出事故，這樣一來，不就輕鬆解決了替代人類駕駛員的問題了嗎？另外，人類司機在新成立的運輸公司裡不會有任何發言權，因為這些公司根本就不會聘雇司機。司機工會也沒有能力阻止司機失業，因為他們向雇主爭取權益的主要武器就是罷工，可是在依靠自動駕駛系統的公司裡，他們的罷工又有什麼意義呢？」[27]

當然，這位網友的話只是一種調侃，在真實情況裡，美國政治家和公眾是必須正視卡車司機工會的訴求，防止短期內出現大規模的失業問題的。

有關自動駕駛的商業化，以及人工智慧技術帶來的失業等問題，我與卡內基梅隆大學電腦科學學院的院長安德魯・摩爾（Andrew Moore），有過一次面對面的交流。我和摩爾都認為，類似的情況，在美國和在中國，政府與公眾的態度會有很大的不同，新科技被接受的程度、普及的速度也會有

巨大差別。

　　如果單考慮製造業，美國很多工廠都已經自動化了，需要人工勞動的生產線，大都已經被移往別的國家了，所以，美國比較容易接受在生產線上使用機器人技術（當然，川普出任美國總統後開始執行的「美國製造」等反全球化的經濟政策，會為這個趨勢帶來小小的變數。）反觀中國，從事製造業的工人數量龐大，如果大量使用機器人技術，就會有比較切實的下崗和再就業方面的挑戰。

　　但是考慮到運輸行業，例如卡車司機、公車司機等崗位，由於在美國涉及百萬以上的人群，以及歷來強勢的工會組織，美國政府在進行決策時，就會受到一定的影響（川普上台後，這一影響會更加明顯。）美國政府、國會、兩黨都非常擔心相關政策一旦考慮不周，就會影響到大量手握選票的底層選民。美國科技界則因此擔憂，先進技術如果因為底層人群的反對，而在商業化和普及方面表現遲緩，那反過來就會影響相關科研領域的投資，使得美國錯失人工智慧領域的未來機會。再加上有關自動駕駛汽車致死多少人、拯救多少人的倫理道德考慮，自動駕駛技術在美國的普及，就面臨了重重阻力。

　　歐盟基於安全的考慮，對自動駕駛的普及，也持謹慎態度。我在出席 2017 年瑞士達沃斯世界經濟論壇時了解到，歐盟對自動駕駛技術的要求是，不能用反覆運算、不斷改進

的心態去開發自動駕駛軟體，而是第一個商用版本就要做到足夠安全。[28]

　　在中國，情況也許會不一樣。首先，中國是一個快速發展的國家，在全國和城市的交通路網建設上，一直處於不斷建設、不斷更新的狀態。中國比其他任何一個國家，都容易從道路建設的角度著手，為自動駕駛汽車配備專用的路面、交通標誌，甚至制定針對性的交通法規。這可以彌補自動駕駛技術本身的許多缺陷，將自動駕駛技術發生事故的風險大幅降低。

　　其次，中國在嘗試新科技方面的阻力沒有美國那麼大，中國政府集中力量支持技術突破的能力，也遠比美國政府要強。中國快速建成四通八達的高速公路網路，以及奇蹟般只用幾年時間，就建立了全世界最快、最長的高速鐵路系統，就是這一點的最好體現。類似的事情，當然可能發生在自動駕駛汽車的普及上。為了在技術尚未達到第 5 級自動駕駛的水準時，鼓勵第 4 級和第 2 級技術的商業應用，中國完全可能設計一些自動駕駛的早期試點道路、試點園區，乃至於試點城市，為自動駕駛汽車創造出符合技術要求的路況環境，在確保安全的基礎上，盡早開始自動駕駛汽車的商業營運。這樣一來，技術反覆運算就可以更快速地完成，在中國做自動駕駛相關的科研，就會比在美國或歐洲更容易拿到好的數據、找到好的測試場景，這對自動駕駛在未來的進一步發展

十分重要。

再來，中國在評估自動駕駛系統帶來的倫理道德問題時，通常會比美國政府和公眾的態度更為務實。既然數據已經證明，自動駕駛系統比人類駕駛員更安全，那麼從倫理道德角度去比較自動駕駛系統可能危及多少人的生命，人類駕駛員可能傷害多少人的生命，這又有多少實際意義呢？

基於這些考慮，摩爾教授和我都認為，在自動駕駛技術走入商業化和普及的未來十年裡，中國有機會扮演非常關鍵的角色。

中國的實際交通狀況比美國要複雜得多，每年因為疲勞駕駛、酒後駕駛導致的交通事故，數量相當驚人。自動駕駛系統的使用，對於中國改善交通狀況，減少人為交通事故的意義非常重大。

同時，中國面臨的交通擁堵問題和環境問題壓力巨大。中國的大中型城市動輒擁有數百萬、甚至一兩千萬的人口，如果每個家庭都像美國一樣保有一到兩輛機動車，必然造成中國所有城市道路天天堵、年年堵，中國城市的天空也很難擺脫霧霾的陰影。自動駕駛技術可以非常容易地將家庭用車模式，轉變為共享用車的模式。自動駕駛汽車隨叫隨到，每個家庭不需要長期保有自己的車輛，也不需要購置停車場地。透過基於自動駕駛的共享經濟，中國可以大幅減少汽車的保有量，從根本解決交通堵塞和汽車排氣汙染等問題。

　　想像一下，在未來每個中國家庭的主要用車場景裡，上下班可以用手機呼叫附近的自動駕駛計程車，商務活動可以預先約好自動駕駛的商務汽車，家庭購物、遊玩既可以呼叫附近的共用汽車，也可以親自駕駛私家車體驗駕駛樂趣……，那個時候，每一部共用的自動駕駛汽車都沒有駕駛員，叫車服務完全由電腦演算法根據最優化的方案，在最短時間內將自動駕駛汽車發派給需要用車的消費者。政府對網路叫車可以集中管理，城市路面的公共運輸系統，主要由自動駕駛汽車擔任運輸主力，城市之間的貨物運輸，也因為有了自動駕駛系統而更加便捷、高效。

　　自動駕駛將是中國未來十年科技發展面臨的最重要的機遇之一。中國有全球最大的交通路網、最大的人口基數，自動駕駛的大規模商業化和技術普及，反過來會促進自動駕駛相關科研的飛躍式發展。這種從科研到應用，從應用再回饋到科研的良性循環，正是中國能否在未來十年內，建立起世界先進水準的人工智慧科技體系的關鍵。

智慧金融：AI 目前最被看好的發展領域

　　2016 年 9 月 5 日，嘉信理財集團（Charles Schwab）的首席投資戰略師麗茲・安・桑德斯（Liz Ann Sonders），在個人推特頁面上貼出了兩張對比鮮明的圖片。那是瑞士銀行設在美國康乃狄克州的交易場，整個交易場的面積比一個足

圖45　桑德斯在推特貼出瑞銀交易場時隔五年的對比

球場還大，淨空高度超過 12 米，交易場內曾經布滿了一排排的桌椅和超過一萬名的資產交易員，是世界上最大的金融資產交易場所。可是，2016 年人們在這裡看到的，卻是一片蕭條景象，原本繁忙的交易場內，桌椅稀稀疏疏，幾近門可羅雀。

　　桑德斯的推特圖片展示了在短短五年多的時間裡，金融資產交易行業的巨大轉型。瑞士銀行設在康乃狄克州的這家交易場，原本從紐約華爾街吸引了大批金融工作者，但是自 2011 年起，這家交易場裁掉了超過一萬名櫃檯交易員。[29] 2016 年底，整個交易場地更是被廉價出售。[30]

　　聘雇大量交易員在集中場所進行資產交易的方式，正在從我們這個地球上消失。瑞士銀行康乃狄克州交易場的衰落，固然是 2008 年金融危機後，全美金融業被迫採取諸多結構調整和轉型的結果之一，也的確和近年來人工智慧演算

法替代人類交易員的大趨勢密不可分。就在桑德斯展示交易場對比圖片的推文之下，一位名叫邁克爾・哈里斯（Michael Harris）的金融交易分析師（同時也是一個基於機器學習技術的交易演算法開發者，以及幾本金融交易類暢銷書的作者）評論道：「全都被少數幾種演算法取代了。」[31]

　　人類交易員大量被機器演算法取代，這只是人工智慧正在智慧金融建設中發揮重要作用的冰山一角。事實上，包括銀行、保險、證券等在內的整個金融產業，都已在發生用人工智慧改進現有流程、提高業務效率，大幅增加收入或降低成本的巨大變革。2017 年，據彭博社報導，摩根大通（JPMorgan Chase）開發了一款金融合同解析軟體 COIN，已經上線半年多。經測試，原先律師和貸款人員每年累計需要 36 萬小時才能完成的工作，COIN 只需幾秒就能完成。而且，COIN 不僅在「工作」時錯誤率低，還不用放假。[32]

　　據高盛集團 2016 年 12 月發布的報告指出，在金融業，「保守估計，到 2025 年時，機器學習和人工智慧可以透過節省成本和帶來新的盈利機會，創造大約每年 340 ～ 430 億美元的價值。這個數字因為相關技術對數據利用和執行效率的提升，還具有更大的提升空間。」[33]

　　我們已經知道，人工智慧之所以能在近年來突飛猛進，主要得益於深度學習演算法的成功應用和大數據所打下的堅實基礎。判斷人工智慧技術能在哪個行業最先引起革命性的

變革，除了要看這個行業對自動化、智慧化的內在需求外，主要還要看這個行業內的數據積累、數據流轉、數據儲存和數據更新，是不是達到了深度學習演算法對大數據的要求。

放眼各垂直領域，金融業可以說是全球大數據積累最好的行業。銀行、保險、證券等業務，本來就是基於大規模數據開展的，這些行業很早就開始自動化系統的建設，並極度重視數據本身的規範化、數據採集的自動化、數據儲存的集中化，以及數據共享的平台化。以銀行為例，中國大中型銀行早在 1990 年代，就開始規劃、設計、建造和部署銀行內部的大數據處理流程。經過二十多年的建設，幾乎所有主要銀行都可以毫不費力為即將到來的智慧應用，提供堅實的數據基礎。

在需求層面，金融行業有著各垂直領域裡最迫切的自動化和智慧化的需求，而基於深度學習的現代人工智慧技術正好可以滿足這些需要。過去的幾十年裡，金融業已經習慣了由人類分析師根據數學方法和統計規律，為金融業務建立自動化模型（比如，銀行業經常使用的控制信貸風險的評分模型），或是採用較為傳統的機器學習方法（非深度學習），用機器來自動完成數據規律的總結，以提高金融業務的營運效率。在一個動輒涉及幾千、幾萬數據維度的行業裡，人類分析師的頭腦再聰明，也無法將一個待解決問題的所有影響因數都分析清楚，只能採用簡化的數學模型，來擬合複雜數位

世界裡的隱含規律。而基於深度學習的人工智慧演算法，顯然可以在數據分析與數據預測的準確度上，超出人類分析員好幾個數量級。

拿股票買賣來說，人類股票分析師的大腦裡，最多能夠記住幾百檔股票的交易規律和價格走勢，最多能根據股票市場內的幾千個影響股價的因素，制定出簡化的交易策略。而基於機器學習、特別是深度學習實現的量化交易程式，可以輕鬆應對幾萬、幾十萬變化因數，全面觀察交易場內或交易場外的各種影響因素。在需要時，也可以盯緊全世界每一檔股票的交易價格，每一次交易的即時情況，每一個交易市場的整體波動規律，每一個投資人和投資機構在全部歷史時間內的交易策略，乃至世界所有證券、財經類媒體上每一篇關於股票價格的報導，或是 Facebook 和推特上每一次關於股票價格的討論……，基於這種海量、即時數據的量化交易演算法，顯然有可能發現諸多人類股票分析師難以發現的隱含規律，並且利用這些隱含規律，獲得遠遠超過人類的交易收益。

根據高盛公司的評估，金融業最有可能應用人工智慧技術的領域，主要包括：

• **量化交易與智慧投顧**：一方面，人工智慧技術可以對金融業裡的各項投資業務，包括股權投資、債券投資、期貨投資、外匯投資、貴金屬投資等，利用量化演算法進行建模，

並直接利用自動化演算法參與實際交易，獲取最高回報。另一方面，人工智慧演算法也可以為銀行、保險公司、證券公司及客戶提供投資策略方面的自動化建議，引導他們合理配置資產，最大限度規避金融市場風險，最大程度提高金融資本的收益率。

• **風險防控**：銀行、保險等金融機構對於業務開展中存在的信用風險、市場風險、運營風險等幾個主要風險類型歷來高度重視，投入了大量人力、物力、財力採集相關數據，制定風險模型或評分系統，採用各種方法降低風險，減少損失。近年來新興的互聯網金融公司，由於業務的特殊性，更加需要對客戶的信用風險進行準確評估。相關的風險防控體系，需要依賴高維度的大量數據進行深入分析，在這方面，基於深度學習的現代人工智慧演算法，與人類分析員或傳統機器學習演算法相比，有著先天的優勢，可以對更為複雜的風險規律進行建模和計算。

• **安防與客戶身分認證**：基於新一代機器視覺技術的人工智慧產品，正在各大銀行的用戶端產品和網點，承擔起客戶身分認證與安防的工作。今天，我們使用支付寶或各大銀行的手機銀行時，已經有不少應用需要我們打開手機鏡頭，電腦自動將鏡頭採集的使用者臉部圖像與使用者預存的照片進行比對，以確認用戶的真實身分。銀行各辦公網點則可以利用新一代人臉識別技術，對往來人員進行身分甄別，確認沒有

壞人進入敏感或保密區域。

• **智能客服**：銀行、保險、證券等行業，為了確保客戶服務品質，一般都建立了大規模的呼叫中心或客服中心，雇用大量客服人員，利用電話、網站、聊天工具、手機應用等方式，解答客戶問題，解決客戶疑難。隨著支援語音辨識、自然語言理解和知識檢索的人工智慧客服技術逐漸成熟，金融行業的客服中心會慢慢引入機器人客服專員，由人工智慧演算法代替人類工作人員，最終建立起全智慧化的客服中心。

• **精準行銷**：如何將金融產品透過傳統媒體、網路媒體、手機應用廣告等行銷方式，傳遞給最有可能購買的客戶，這是提高金融行業獲客效率，提升盈利能力的關鍵。基於深度學習的人工智慧技術，可以基於多來源、多維度的大數據，為銀行潛在客戶建構精準畫像，自動在高維空間中，根據潛在客戶曾經的購買行為、個人特徵、社交習慣等，將潛在客戶分為若干種類別，並為每一種類別的潛在客戶，匹配最適合他們的金融產品。

下頁圖 46 以銀行業為例，顯示人工智慧正在和即將發揮重要作用的各個應用場景。

金融行業 AI 應用成功案例

目前，國內外人工智慧在金融領域的應用，已有諸多成功案例。美國的 Wealthfront 和 Betterment、英國的 Money

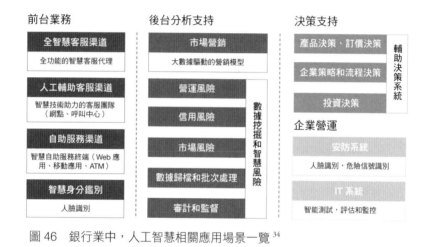

圖 46　銀行業中，人工智慧相關應用場景一覽 34

on Toast、 德國的 Finance Scout 24、 法國的 Marie Quantier
等，均成功將人工智慧引入投資理財，目前智慧顧問已掌握
大量資產；第一個以人工智慧驅動的基金 Rebellion 曾成功
預測 2008 年股市崩盤，並在 2009 年給希臘債券 F 評級，
而當時惠譽的評級仍然為 A，透過人工智慧，Rebellion 比
官方降級提前一個月；掌管 900 億美元的對沖基金
Cerebellum，採用了人工智慧技術，從 2009 年以來一直處
於盈利狀態。

　　在中國，螞蟻金服已成功將人工智慧運用於互聯網小額
貸款、保險、徵信、資產配置、客戶服務等領域；智融金服
利用人工智慧風控系統，已經實現月均 120 萬筆以上的放
款，常規機器審核速度用時僅 8 秒；招商銀行的視覺化櫃

檔、交通銀行推出的人工智慧機器人「嬌嬌」等，則在智慧
客服領域做出了早期的嘗試和探索。

　　在創新工場所投資的公司裡，以機器學習見長的第四範
式就在銀行業的精準行銷、資產預測、風險防控等方面做得
非常出色；以機器視覺見長的曠視科技（主打產品是人臉識
別系統 Face++），則為傳統金融及互聯網金融提供了身分驗
證、智慧門禁、員工考勤等先進的解決方案；以互聯網小額
信貸平台為主營業務的用錢寶公司，則利用人工智慧技術建
立了高品質的風控模型，大幅提高信貸業務的通過率，降低
壞帳率，實現了驚人的業績成長。

　　以用錢寶公司為例，這家公司主打的移動端 APP 於
2015 年 7 月才上線，短短一年半的時間，到 2016 年 12 月，
用錢寶 APP 的單月交易筆數就突破了 100 萬。這個成長速
度在金融類移動應用中，是非常驚人的。用錢寶之所以能在
保證風險可控的情況下高速成長，最關鍵的祕密只有一
個──用機器學習技術自動分析包含大量強特徵和弱特徵的
數據，自動判斷交易風險。

　　傳統信貸風控經常使用一種叫做「風險評分卡」的數學
模型，這個模型依賴大量以非 0 即 1 的形式存在的強特徵，
綜合計算一個客戶的風險等級。這樣的傳統數學模型考慮的
因素少，對現實風險的擬合非常簡單，難以直接遷移到強特
徵不明顯的互聯網金融客戶上。

　　如果把一個人的數據比作一座冰山，那麼強特徵數據僅是冰山的一角，底下還存在著海量的弱特徵數據，例如電商數據、設備數據、位置數據、行為數據等。同時，作為百業之母的金融行業與整個社會存在巨大的交織網路，本身沉澱了大量有用或者無用資料，包括各類金融交易、客戶資訊、市場分析、風險控制、投資顧問等。這些資料單位都是海量級，而且大量資料又以非結構化的方式存在，無法轉換成傳統模型可有效分析的數據。

　　以深度學習為代表的人工智慧演算法所要做的，就是充分挖掘並有效地利用這些海量弱特徵數據，建立起更符合真實世界規律的數學模型。雖然無法憑藉其中少數幾條資料就做出借貸決定，但如果把幾百個、甚至幾千個維度的數據綜合起來，就可以訓練出有效的風控模型，並以此為風控依據為用戶做出借貸決定。

　　在人工智慧技術的驅動下，用錢寶等新型金融應用，可以在大大減少人工勞動的同時，大幅提高效率、降低成本。未來的金融科技，必將是互聯網與 AI 的有機結合，由此產生的智慧金融服務，將成為每個人生活的重要組成部分。

AI 科學家的土豪人生

　　在金融市場上，用人工智慧技術自動建立預測模型，自動進行量化交易來賺錢，是許多數學天才和電腦科學家都十

分熱中的研究方向。

　　其實，科學家與金錢的關係，本身就是個值得探討一輩子的有趣話題。如今，真正有才的人工智慧科學家鳳毛麟角，能被谷歌、Facebook、百度等頂級公司搶來搶去的頂級科學家，年薪動輒幾百萬美金。這在普通碼農眼裡，已經是非常高的收入了。但如果說，最聰明的電腦科學家，可以在金融市場上輕鬆收入幾十億美金，這樣的財富神話，你會相信嗎？

　　各位還記得此前提到過，我在做語音辨識的時候，是受到 IBM 一位叫彼得・布朗的師兄的啟發，才走上統計學道路的嗎？我們現在就來說說這個彼得・布朗的故事。

　　當時，在 IBM 研究中心，鑑於統計學方法在語音辨識領域的成功，彼得・布朗和他們這個研究小組的同事，基本都「歸順」了統計流派。這個小組的許多人，後來一直從事語音辨識研究，可彼得・布朗不是在一個領域一耗若干年的那種人。這個組裡還有另一個不安分的人，他的名字後來經常與彼得・布朗並列，他叫羅伯特・默瑟（Robert Mercer），通常人們也暱稱他為鮑勃・默瑟（Bob Mercer）。

　　鮑勃比彼得年長，1972 年就加入 IBM 研究中心。鮑勃和彼得玩膩了語音辨識，就開始去弄機器翻譯，反正是人工智慧領域的幾大難題之一。這一下，還真捅了馬蜂窩。要知道，在 1980 年代、1990 年代，語音辨識和機器翻譯在經典

人工智慧科學家的心裡,地位是有天壤之別的。

語音辨識嘛,不就是聽見啥就輸出啥,一個聽寫機器而已。符號語言學的方法在語音辨識上派不上用場,統計學方法大放異彩,那完全是因為問題本身就不屬於高級智慧的範疇。機器翻譯?那可是要理解原文語法、語義,然後轉換成目的語言的語法、語義的。論智慧程度,語音辨識是兩、三歲孩子的水準。跨語種翻譯?那可是許多翻譯大家皓首窮經,一輩子也難以企及的高遠境界。這玩意兒絕對算得上是高級智慧,是人類智慧的精華,要用電腦來解決翻譯問題,非得懂得人類思想方法,懂得語言學不可。

鮑勃和彼得這兩個渾身碼農味道的研究員,居然要用什麼概率統計方法來解決機器翻譯問題,這真真要被語言學家們笑掉大牙的。這故事的結局大家肯定猜得到,鮑勃和彼得帶領的機器翻譯小組,只用了很短的時間,就建立一套可以運行、基於大語料統計模型的機器翻譯系統,居然也獲得不算太糟的結果,至少那結果比經典語言學方法得到的結果更接近人類語言,更讓使用者信服。從那之後,成功的機器翻譯系統,比如谷歌翻譯,走的都是統計模型的道路(今天,更是在統計模型的基礎上,增加了深度學習這個高級武器。)鮑勃和彼得的工作並不複雜,但他們在機器翻譯領域的貢獻直到許多年後還有人記得。2014 年,計算語言學會議給鮑勃・默瑟頒發了終身成就獎。

鮑勃比彼得從事研究的時間長些，論文也比彼得多些。兩個人都在語音辨識和機器翻譯這兩個領域，取得了不俗的成就，算得上人工智慧發展史上的重要人物吧。功成名就之後，大概可以考慮在大公司帶帶團隊，在高等院校指導指導學生，沒事就去申請申請科研經費的所謂「後半生」了。

但別人的人生到達頂峰，鮑勃和彼得的人生才剛開始呢！他們的人生目標不是賺一個億，而是賺十個億、一百個億，甚至更多──而且是運用電腦科學的方法，借助電腦科學家特有的敏銳頭腦和人工智慧知識。

有一家高科技公司，在熟悉投資和基金的人聽來如雷貫耳，在普通碼農聽來，卻多半是丈二金剛摸不著頭腦。這家公司叫文藝復興科技（Renaissance Technologies）。

文藝復興科技？聽起來像什麼公司？前半部分像搞藝術的，後半部分像搞電腦的？其實，這是家特別特別著名用量化交易來賺錢的對沖基金公司。

文藝復興科技的創始人詹姆斯・西蒙斯（James Simons）老先生，本身就是個很牛的數學家，還是個很有駭客精神的密碼學家（據說攻破過美國政府的密碼系統）；此外，他還立志用數學模型來賺錢──可謂既有科學情懷、極客情懷，又有財富情懷。當然，尋常老百姓看不懂他在數學領域做了啥，也沒法知道他究竟破解了哪些密碼，只知道他經常在《富比士》富豪榜上排在前 100 名裡。至於他到底有

幾百億的身家，網上有不少資料，有沒有灌水不好說，反正他每年至少入帳一、二十億，媒體對他的一致評價是——世界上最聰明的億萬富翁。

西蒙斯之所以能賺那麼多錢，主要是文藝復興科技的幾檔基金，特別是一支叫大獎章基金的，表現超乎尋常，年均回報高達 71.8％，[35] 難怪這基金連管理費和業績分紅都比同行高出一倍還多。西蒙斯把基金成功的主要原因，歸結為數學魔術。當然，大獎章基金到底是如何建模的，外人大多只能猜測些皮毛，真正的魔術技法，文藝復興科技才不會隨便透露。即便最近幾年外界對文藝復興科技的質疑聲漸多（特別是大獎章基金以外的幾檔基金表現不佳），大獎章基金依然在最牛基金排行榜的前列屹立不倒。姑且認為，基於機器學習的人工智慧技術，就是這一類頂級基金公司的印鈔機好了。

據說，西蒙斯招人的條件頗為嚴格，一定要找最聰明的數學家或電腦科學家，堅決不找學金融、學工商管理的。文藝復興科技的公司內部，基本上就是一個極客樂園，一點也沒有華爾街那些世俗金融企業的影子。1993 年，鮑勃·默瑟和彼得·布朗這兩個在人工智慧領域已經頗有名氣的研究員，被西蒙斯招至麾下，開始和文藝復興科技裡的數學家、電腦科學家一道，用人工智慧技術投資理財，走上了光芒萬丈的財富之路。

2009 年，西蒙斯退休，鮑勃·默瑟和彼得·布朗出任

文藝復興科技的聯合 CEO，正式成為財富巨輪的領航人——這麼說顯得不那麼功利，其實，身為這家神奇公司的 CEO，他們自己也早就變成億萬富翁了。《富比士》的估計是，他們每人每年都能淨入一億美金以上。

從大學校園和 IBM 研究中心走出來的電腦科學家領導一家基金公司，這件事在華爾街不算新鮮，但在不熟悉金融圈、投資圈的碼農們看來，確實有些不可思議。科學家和財富之間，什麼樣的關係才最和諧？

就愛好、性格及個人生活來說，鮑勃・默瑟和彼得・布朗也都算得上是神人級的存在。而且，他倆的性格還大不一樣。彼得・布朗愛動，話嘮，好勝，據說喜歡在公司健身房跟員工較勁，也花了不少精力將財富投到慈善事業裡。鮑勃・默瑟就不大一樣，他自己說自己喜歡孤獨，寧願不跟人說話。可另一方面，鮑勃・默瑟又是個著名的政治活動參與者，參與的方法很簡單——大把大把地捐錢。從 2012 年總統競選，到 2016 年的川普和希拉蕊，鮑勃・默瑟以個人或家族名義，幾百萬幾百萬地捐出政治獻金。他女兒瑞貝卡（Rebekah）更是直接站在前台支持川普，參與競選團隊的事務和決策。此外，諸如鮑勃・默瑟和女兒都是德州撲克高手，鮑勃・默瑟擁有多少多少遊艇，業餘時間愛玩一套幾百萬美元的鐵路模型之類，只能算是億萬富翁的日常生活一隅，實在不足以成為多麼了不起的談資。

智慧生活：從機器翻譯到智慧超市

在本書的開頭，我們已經提過，人類生活中已處處是人工智慧的身影。我們日常使用的手機上，幾乎每個流行的應用程式，裡面都有人工智慧大顯神通的地方。那麼，放眼五到十年後的未來，我們每個人的生活中，到底還會有哪些人工智慧元素熠熠生輝呢？

與機器視覺、語音辨識取得的突破相比，對人類語言的理解，目前還處在相對滯後的階段。基於深度學習的人工智慧演算法，已經可以十分準確地完成「聽寫」或「看圖識字」的操作，但聽到的、看到的文字的意思，機器還是比較難準確掌握。

在未來五到十年裡，自然語言理解方向，也許最可能取得重大突破的就是機器翻譯。在本書開頭，我們已經談過谷歌公司的機器翻譯系統在 2016 年取得的重大突破。目前的機器翻譯水準，大概相當於一個剛學某種外語兩、三年的中學生做出的翻譯作業。對於多數非專業類的普通文本內容，機器翻譯的結果，已經可以做到基本上表達原文語意，不影響理解與溝通。

那麼，假以時日，不斷提高翻譯準確度的人工智慧系統，會不會在某個普通的日子裡，像下圍棋的 AlphaGo 那樣，悄然越過了業餘譯員和職業譯員之間的技術鴻溝，一躍

成為翻譯大師了呢？

　　還記得《星際大戰》（*Star Wars*）電影中的 C-3PO 機器人嗎？據說，C-3PO 可以流利完成銀河帝國裡超過六百萬種語言的對話交流，是一個不折不扣來自未來的翻譯大師。在《星際大戰》的世界裡，人類是不需要學習星際語言的，人類口譯員、書面翻譯、同聲傳譯員等工作也沒有必要存在，一切都可以交給這個機器人來解決。

　　C-3PO 機器人預示的未來，真的離我們很遠嗎？一旦機器翻譯技術在不斷累積的基礎上，突破人類可接受的心理閾值，達到了人類翻譯的水準，那時我們何必花費生命中大約五分之一的時間，去學習和精通一、兩門甚至更多的外語？我們何必雇用如此多的翻譯職員？在出門旅行、出國參與商務或學術活動的時候，攜帶一部裝了機器翻譯程式的手機，不就可以與外國人順利溝通了嗎？

　　順著自然語言理解的方向，我們還可以發揮想像。今天的微軟小冰、蘋果 Siri 等對話機器人還遠遠不能達到「聰明」的程度，因為他們無法深入理解人類語言的含義。一旦自然語言理解的方

圖 47　《星際大戰》中擅長翻譯的 C-3PO 機器人

向上有了突破，這些對話程式將一躍成為每個人每天都想聊上幾句的好夥伴、好幫手，屆時是否突破圖靈測試已經不再重要，重要的是真正「聰明」的聊天程式，到底能為我們的生活帶來什麼改變？

屆時，不只是手機會和人智慧對話，我們每個人家裡的每一件家用電器，都會擁有足夠強大的對話功能。亞馬遜公司於 2015 年開始銷售的 Echo 智慧音箱，就是這個應用方向的一次成功嘗試。

亞馬遜 Echo 是一只能聽懂人說話的智慧小音箱，它的聽音模組做了特殊的技術處理，可以在絕大多數室內家居環境中，清楚分辨出使用者發出的語音指令，甚至當使用者距離音箱有一定距離的時候也是如此。在自然語言理解技術還沒有達到人類心理預期的時候，亞馬遜 Echo 做了一個十分明智的設定：它只擅長和用戶聊某幾類很具體的話題，比如，音樂播放相關的話題、天氣相關的話題、設置時鐘或提醒等。這樣一來，因為限定了對話場景，亞馬遜 Echo 對人的語音指令的識別準確率，就可以大幅度提升。而且，在只

圖 48 亞馬遜 Echo 音箱
（CC BY-SA 3.0, Wikipedia）

談音樂的情況下，很多使用者都認為，亞馬遜 Echo 表現得足夠「聰明」。

更為重要的是，亞馬遜 Echo 音箱，只是亞馬遜的智慧會話系統與使用者交流的一個終端；實際上，使用者對 Echo 說的話，都會被上傳到亞馬遜的 Alexa 服務進行解析。這樣一來，亞馬遜的 Alexa 服務，就有能力蒐集到愈來愈多的真實使用者交互樣本。基於這種方式，亞馬遜很快就可以建立起非常龐大的用戶交互行為資料集，在這個資料集的基礎上，用機器學習演算法不斷反覆運算，取得重大的技術突破，只是時間問題。

和亞馬遜類似，中國的家用電器廠商，也在積極為各自的電器引入智慧功能。例如，小米公司旗下的一系列智慧家電，都在智慧功能上做了不同程度的探索和嘗試。大疆無人機的團隊，也在積極儲備人工智慧人才，為無人機配上智慧避障、智慧拍照等功能。創新工場投資的小魚在家智慧家庭助手，就擁有透過人臉、動作和聲音識別，自動捕捉並錄製孩子在家的活動畫面。2017 年 1 月，小魚在家還和百度一起發布了基於百度自然語言對話式人工智慧作業系統 DuerOS 的新產品。

亞馬遜在人工智慧方面的許多嘗試，都令人眼前一亮。2016 年底，亞馬遜宣布了一則震驚幾乎整個科技界的大新聞：開辦一家不用排隊、不用結帳，拿了東西就可以走人的

圖 49　亞馬遜不用排隊、不用結帳、拿了東西就可以走人的 Go 商店

小超市，名叫「亞馬遜 Go」！[36]

　　沒錯，這是一家利用人工智慧技術管理的小超市。你只要走進去，拿你想拿的東西，然後大搖大擺走出去就好了。超市的每個貨架，都布滿攝像頭等感測器，利用機器視覺技術記住每個顧客到底都拿了哪些商品，在顧客出門時，再根據人臉識別辨認出來的顧客身分，自動到顧客預先關聯的結算方式（如銀行卡）上結帳。顧客的整個購物體驗，完全可以不用排隊，不用結帳。

　　從機器翻譯到智慧家電，再到智慧超市，人工智慧技術給我們生活帶來的巨大變化，才剛剛開始。其實，如果回到十年以前，2007 年蘋果才剛剛發布第一代 iPhone 手機，那時誰會想到只用了十年的時間，智慧手機就無處不在了呢？同樣地，從現在算起，再過十年，大家可以看看我們的生活細節，發生了哪些變化。今天的我們，絕對沒法準確預測，在未來十年內，人工智慧可以為我們的生活，帶來多麼巨大的改變。

智慧醫療：AI 將成為醫生的好幫手

人工智慧對人類最有意義的幫助之一，就是促進醫療科技的發展，讓機器、演算法和大數據為人類自身的健康服務，讓智慧醫療成為未來地球人抵禦疾病、延長壽命的核心科技。

很多年前，還處於萌芽期的人工智慧技術，就對藥物的研發發揮過積極作用。世界上第一個專家系統程式 Dendral，是一個由史丹佛大學的研究者用 Lisp 語言寫成的，幫助有機化學家根據物質光譜推斷未知有機分子結構的程式。這個程式衍生出許多判斷有機物分子結構的變種，相關演算法在 1960 年代到 1970 年代，就開始被用於藥物的化學成分分析和新藥研製。

今天，在製藥領域，以深度學習為代表的人工智慧技術，可以發揮比六、七〇年代時大得多的作用。一家總部位於倫敦、名叫 BenevolentAI 的創業公司，就在做一個有趣的嘗試：他們讓人工智慧系統閱讀儲存在專利數據庫、醫療數據庫、化學數據庫中的專利、數據、技術資料，以及發表在醫藥學期刊上的論文，透過機器學習來尋找潛在的可用於製造新藥的分子式或配方。為了更好地將人工智慧與醫藥相結合，這家新創公司甚至還設置了一個「首席醫藥官」（Chief Medical Officer, CMO）的職位。[37]

對於人工智慧為製藥業提供的幫助，《經濟學人》撰文評論道：「製藥公司愈來愈難在尋找新產品方面取得突破，原因之一是大多數明顯有用的分子已被發現，這導致開發週期長，失敗率高。同時，科學成果的數量每九年倍增，要理解所有不同類型的資料已非人力所及。這正是 AI 可以發揮作用的地方：它不僅可以『攝取』從論文到分子結構、基因組序列和圖像的一切資訊，還能自主學習，建立關聯，形成假設。AI 可以在幾週內闡明突出的關聯，提供新的想法，而人類要想取得同樣的成果，可能會窮盡畢生之力。」[38]

大數據和基於大數據的人工智慧，為醫生輔助診斷疾病提供了最好的支援。例如，Celmatix 公司是一家為婦女健康提供醫療解決方案的新創公司。Celmatix 公司首席執行長派瑞・貝姆（Piraye Yurttas Beim）博士說：「大數據在 Celmatix 中引領我們的工作，讓內科醫生可以根據每個人的多項資料，而不止於年齡，對女性懷孕的幾率提供診斷。」[39]

根據矽谷銀行 2016 年 9 月舉辦的 HealthTech 活動對超過 200 名醫療或相關行業創業公司高管的調查，有 46％的被調查者認為大數據是未來醫療行業裡最有前景的技術，而 35％的被調查者則認為人工智慧是最有前景的技術。

IBM 則將其著名的人工智慧系統華生，用於輔助癌症研究。IBM 公司聯合了二十多個頂尖的癌症研究機構，用這些機構提供的大數據，來教會華生理解基因學和腫瘤學。研

究小組只花了一週時間，就教會華生讀完了 2,500 篇醫學論文。參與此項研究的北卡羅來納州立大學教堂山分校的諾爾曼·沙普利斯（Norman Sharpless）評論道：「要知道，我們每天發表的研究論文有 8,000 多種，沒人能夠每天閱讀 8,000 篇論文。所以，我們發現所提出的最新治療方案，往往是基於過去資訊，落後了一、兩年的資訊。然而，這正是適合華生的任務。」基於華生系統的實驗頗有成效，沙普利斯說：「在 30％的病人中，華生發現了新東西。也就是說，有大約 300 多人，華生找到了治療方法，但是一群認真工作的醫生卻沒有找到。」[40]

2017 年 2 月，發表在《自然》雜誌上的一篇論文，介紹了一次有關皮膚癌診斷的人與機器的「較量」。在該論文所揭示的研究中，科學家們讓一個卷積神經網路，分析將近 13 萬張臨床上的皮膚癌圖片，這個數字比現在最大的研究用圖片集高出了兩個數量級。在大量的學習資料支持下，這個神經網

圖 50　《自然》雜誌封面文章介紹皮膚癌診斷領域的「人機競賽」

路迅速成為了一名皮膚癌的專家。

　　研究者讓這個電腦皮膚癌專家與 21 名資深的皮膚科醫生「同場競技」。在第一場挑戰中，這個神經網路與醫生們一同區分兩種不同的皮膚疾病──角質細胞癌與良性脂溢性角化病，前者是最為常見的皮膚癌。綜合靈敏性和特異性來看，這個神經網路的表現，比大部分參與研究的皮膚科醫生都要好。不服氣的人類做了第二項測試，這次他們比較的是惡性黑色素瘤與良性的痣，前者是最具殺傷力的皮膚癌。但在這場比試中，人類也同樣敗下陣來。[41]

　　用 AI 來輔助疾病診斷，並不是要在所有領域都超越頂尖醫生。其實，AI 可以給經驗不足的醫生提供幫助，減少因為經驗欠缺而造成的誤診。或者，AI 可以幫助醫生提高判讀醫療影像、病理化驗結果的效率，讓高明的醫生可以在相同時間內，給更多的病人提供服務。隨著基因定序和基因診療技術的完善，AI 技術還可以幫助醫生針對每個人的基因序列，制定個性化的醫療方案。

　　今天，世界醫療資源分布嚴重不均衡，很多國家醫生數量不足，發展中國家社區醫生的水準與頂尖醫生相差甚遠。在 AI 的幫助下，我們看到的不會是醫生失業，而是同樣數量的醫生可以服務幾倍、數十倍甚至更多的人群，醫療資源分布不均衡的地區會因為 AI 的引入，讓絕大多數病人享受到一流的健康服務。

　　更重要的是，在 AI 的幫助下，頂尖的醫生和科學家可以騰出時間來，從事那些真正有挑戰性的科學研究。比如說，AI 可以大大節省醫生們診斷癌症所花費的時間，提高癌症的早期診斷效果，大大降低癌症死亡率。這時，基礎研究就可以向其他威脅人類生存的疾病傾斜，也可以有更多資源來研究如何延長人類壽命。例如，今天的科學界大致認為，人類的自然壽命可以延長到 120 歲左右，那麼未來如果有更多 80 歲、90 歲以上的老人，就會有更多的人面對阿茲海默症等老年疾病的威脅。在 AI 的幫助下，我們可以更有效地分配醫療資源，幫助人類既延長壽命，又擁有健康的生活品質。

　　與其他行業的大數據相比，獲取高品質的醫療影像資料相對比較困難。不同醫療機構的資料目前還很少互通、共用。單個醫療機構累積的資料，往往不足以訓練出有效的深度學習模型。此外，使用醫療影像資料進行人工智慧演算法的訓練，還涉及保護病人隱私等非技術問題。因此，在基於醫療影像的智慧診斷方面，無論是數據還是演算法，都有相當大的提高空間。

　　2017 年 1 月，著名的機器學習演算法競賽平台 Kaggle 宣布，作為 2017 年度的數據科學大賽的首要目標，設立一百萬美元的獎金，獎勵給能夠在肺癌檢測中大幅提高自動檢測準確率的團隊。這是工業界對人工智慧輔助醫療科研提供

大力支持的有效方法之一。[42]

　　圍繞 Kaggle 這項競賽，學術界和工業界預計將有數千支團隊，投入到肺癌影像的智慧識別研究上，這將極大促進肺癌智慧診斷技術的發展。據統計，美國每年新增的肺癌患者就有 22 萬 5 千人，每年消耗在肺癌診療上的經費大約為 120 億美元。如果相關的人工智慧演算法能大幅提高肺癌早期診斷的準確率，這對人類整體健康而言，的確具有難以估量的現實意義。

　　順道一提，機器學習演算法競賽平台 Kaggle 於 2017 年 3 月被谷歌收購，成為谷歌雲端服務平台的一部分，這從另一方面展示了數據與演算法競賽對於人工智慧科研的重要性。

藝術創作：AI 與人類各有千秋

　　我們通常說，目前的人工智慧更擅長從大量數據中發現規律，幫助人類完成那些只需要簡單思考就能做出決策的重複性工作，而人類相比人工智慧的一個優勢是，人類有情感、明善惡、懂美醜，更擅長從事對創造性要求很高的文藝類工作。但這只是從普遍規律的角度，來區分機器與人的最大不同。在一些特定的案例中，其實機器也可以用非常有趣的方式，完成某些足以令人類刮目相看的「藝術創作」。

　　2017 年 1 月，我在瑞士達沃斯出席世界經濟論壇時，

就有三部由軟體演算法驅動的智慧機械手，拿畫筆為我畫了
三幅有趣的肖像畫。

　　從演算法來說，當智慧機械手為我作畫時，電腦所做的
事情包括採集我的面部影像，用人工智慧演算法將影像與電
腦事先學習過的某一種繪畫風格互相結合，利用一種叫做
「風格遷移」的技術，將我面部的每一個特徵，映射到一種
特定的表現手法，最終計算出畫筆的移動方位和運筆力度，
以完成肖像畫創作。

　　有趣的是，三部機械手為我畫的三幅肖像畫，竟然是三
種完全不同的畫風。照片裡，最左邊一幅畫的風格是「寫
實」，中間一幅畫的風格是「瘋狂」，而右邊一幅畫的風格是
「抽象」。大家覺得，哪一幅畫得更好些？

圖 51　三部智慧機械手為我畫肖像　　圖 52　機器為我畫的三幅肖像，風格完全不同

　　基於深度學習的「風格遷移」技術，可以為電腦繪畫或電腦修圖軟體，帶來許多難以令人置信的功能。在本書開頭，我們已經見識過名為 Prisma 的手機應用程式，將普通照片變為或曼妙、或奇幻的不同風格繪畫作品的神奇魔力，也看過著名的手機 APP 美圖秀秀提供的手繪自拍功能。

　　其實，除了繪畫或修圖，人工智慧演算法還可以模仿人的筆跡創作書法作品。2017 年春節前夕，阿里巴巴在公司的西溪園區，展示了一個能夠自動創作春聯的機器人——阿里雲人工智慧 ET。這個阿里雲人工智慧 ET 可不簡單，不但會根據之前學習的書法風格，現場揮毫潑墨，而且寫出來的春聯內容，也是由人工智慧演算法根據人類體驗者的具體要求，現場創作出來的。人工智慧演算法既可以寫出很有傳統意味的春聯，如「九州天空花俊麗，未央雲淡人泰康」，也可以根據體驗者要求，寫出頗具調侃味道的詞句，如「貌賽西溪吳彥祖，才及阿里風清揚」，真是妙趣橫生。[43]

　　用機器進行音樂創作，也是人工智慧領域長期以來的研究方向。加州大學聖克魯茲分校的大衛・柯普（David Cope）就是這一方向最有名的研究者之一。早在 1981 年，柯普就開始嘗試電腦譜曲的研究。據說，他花了七年時間，寫了一個名叫 EMI（音樂智慧實驗，Experiments in Musical Intelligence）的人工智慧程式，這個程式可以在一夜之間，寫出五千多首巴哈風格的樂曲來。有一次，在聖克魯茲音樂

節上，柯普演奏了 EMI 譜寫的幾首樂曲。當時，場內的觀眾大都以為聽到的真是巴哈的某個曲目。柯普後來又對 EMI 進行了許多次升級，使這個人工智慧演算法可以模仿貝多芬、蕭邦、拉赫曼尼諾夫等音樂家的曲風。不過，根據柯普自己的描述，EMI 使用的大多還是基於音樂規則類似專家系統的人工智慧演算法，在許多情況下，電腦所做的只是將古典音樂大師慣用的小節根據預設規律，做重新排列組合或簡單變換。[44] 今天，與電腦繪畫使用的風格遷移技術類似，深度學習一樣可以在音樂領域，幫助電腦更精準類比大師的作曲風格。

2016 年，谷歌的工程師讓人工智慧學習了 2,865 篇愛情小說，然後又教人工智慧一些英語詩歌創作的基本格式，接下來，人工智慧演算法就真的寫出了一首又一首情感小詩。這些英文詩讀上去，還真有一些多愁善感的意味，隱約流露著那兩千多篇愛情小說中，為了愛情輾轉反側的主人公們難以捕捉的微妙心情。比如下列這首「小詩」：[45]

> it made me want to cry.
> no one had seen him since.
> it made me feel uneasy.
> no one had seen him.
> the thought made me smile.
> the pain was unbearable.

the crowd was silent.
the man called out.
the old man said.
the man asked.

人工智慧演算法會畫畫，能作曲，懂書法，能填詞賦詩，還會做春聯，這在普通人看來，是非常了不起的成就。這是不是意味著，人工智慧和人一樣有意識、有創造力、有情感、有思想了呢？

人文學者通常會用感性的方式，來思索機器與人在藝術創作方面的異同問題。歷史學家、暢銷書作者哈拉瑞（Yuval Noah Harari）在《人類大命運》（*Homo Deus：A Brief History of Tomorrow*）一書中，是這樣分析的：「常有人說，藝術是我們最終的聖殿（而且是人類獨有的）。等到電腦取代了醫生、司機、教師，甚至地主和房東時，會不會所有人都成為藝術家？然而，並沒有理由讓人相信，藝術創作是一片能夠完全不受演算法影響的淨土。人類是哪來的信心，認為電腦譜曲永遠無法超越人類？」[46]

但從事人工智慧研究的專業技術人員非常清楚，這些所謂的「藝術創作」，離人類作家和藝術家真正意義上的藝術創作還相距甚遠。人類藝術或者緊密結合人類的真情實感，或者深刻反映歷史積澱的厚重久遠，或者清晰折射社會現實

的複雜多樣，或者自由發揮藝術家天馬行空的想像力……，相比之下，人工智慧演算法的「藝術創作」，只是在大量學習人類作品的基礎上，對人類某種特定創作風格的簡單模仿。兩者之間的區別，還是非常明顯的。即便如哈拉瑞所說的那樣，機器與人在藝術創作的根本原理上，並沒有不可逾越的鴻溝，但從今天人工智慧演算法的發展水準看，在可預見的近未來，我們實在看不到電腦有接近或超越人類藝術家的可能性。

人類將如何變革？

　　人工智慧將改變全世界各行各業的現有工作方式、商業模式，以及相關的經濟結構，那麼人類應當如何應對呢？最最基本的一點，當人工智慧開始大規模取代人類工作者的時候，我們應該做些什麼，才能避免人類大批失業、社會陷入動盪的危險局面呢？

　　從刀耕火種時代至今，人類歷史上的協作分工，基本都遵循一個類似金字塔形狀的社會結構模型：少數人影響、領導和指揮較多的人，較多的人再進一步影響或管理更多的人，逐級向下，金字塔最底層是大量從事簡單、重複性勞動的人。

　　無論是在古羅馬的奴隸社會，還是在中國漢唐、直到明清的皇權社會，抑或是在今天的現代社會裡，人們總是努力

尋求這種金字塔結構的平衡。當然,由古代集權社會到現代
共和政治之間所經歷的天翻地覆變化,深刻地影響著這個金
字塔結構中每個層級的管理者的產生方式,以及層級之間的
權利與義務的重新組合、分配。但即便是在共和體制的現代
社會裡,高效的經濟運行機制,仍然需要這種從上而下、層
層分解工作、層層授權的金字塔形分工結構。迄今,唯一能
稍微改變這種金字塔構型的現象,是在已開發國家中可以觀
察到的中產階級數量的增長和藍領工人的減少,這讓金字塔
最下面兩層的人數比例,不再呈現絕對化的梯形關係,而是

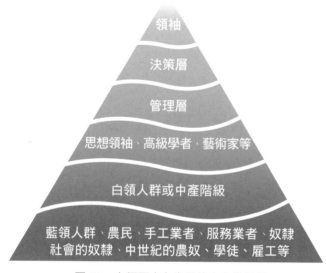

圖 53　人類歷史上常見的金字塔結構

有可能融合為一個更大的人群。

哈拉瑞在《人類大命運》中說：「研究歷史，就是為了掙脫過去的桎梏，能讓我們看到不同的方向，並且開始注意到前人無法想像、或過去不希望我們想像到的可能性。……研究歷史並不能告訴我們該如何選擇，但至少能為我們提供更多的選項。」[47]

過去幾千年裡，人類在科技、經濟、社會等方面所做的諸多變革，其實大多數都是為了讓這個金字塔結構工作起來更高效。

比如，幾乎同一時間，歐洲的古羅馬和中國的秦帝國，都在全國範圍內建設四通八達的公路網路。古羅馬有超過 29 條大型軍事公路，由首都羅馬以輻射式向外擴散，總長超過 40 萬公里。秦帝國不但修建了類似的路網，甚至還修築了最寬處達 60 米、穿越 14 個縣，全長 700 多公里的高速公路——秦直道，又用行政命令的方式，統一了全國車轍標準（車同軌）。對於帝國交通的狂熱，讓當時的羅馬帝國和秦帝國，從中央到地方，從官僚機構到平民百姓的政令傳遞，暢通無阻。這套高效的金字塔結構的指揮體系，無論是用於軍事征服，還是用於大型工程建設，水準都達到當時歷史條件下的巔峰。

從本質上來說，今天的現代人，還是在做與兩千多年前的古羅馬人和秦人一樣的事情。我們建設了通達全世界的互

聯網，我們用發達的空運、海運、陸路運輸，為全世界每一個角落配送世界各地生產的產品。新技術的普及和全球化經濟體系的建設，都是為了讓人類的金字塔構型的社會分工更加合理和高效。

在現代商業體系中，處於金字塔頂層的政治家、經濟學家，為整個經濟活動的總體戰略布局指示方向——這個人群的數量最少；處於稍下層的企業家們，則在盡可能地利用互聯網時代的全球化經濟體系，設計最符合自身企業需求的商業模式——這個人群的數量稍多；企業裡的中層管理者則發揮了承上啟下的作用，在實際執行過程裡既負責監控執行效果，也負責制定具體執行策略，實施人員管理（互聯網和流程自動化的普及，讓這個中層的管理結構趨於扁平，使每個中層管理者可以管理更多員工，或監控更複雜的流程）——這個人群的數量相當大，在中國也許有數千萬人；而更多的人則投入到每一項具體的工作任務中，包括產品的生產製造者、技術的研發者、商品的運輸者（想想我們在淘寶輕鬆購物的背後，有千千萬萬的快遞騎士，每天奔波於每個城市的街頭）——這個人群在中國有好幾億人。這種社會體系順利運行的基石就是分工協作，從最複雜的腦力勞動，到簡單的、重複性的腦力或體力勞動，分別由數量不同的人群承擔。

那麼，人工智慧到來後，如果 50％以上的簡單、重複

性工作，在未來的一段時間內，都會被人工智慧所取代，人類過去數千年來分工協作的金字塔結構，會不會變得不再穩定？這大概涉及了三個問題：

- 金字塔底層原本從事簡單工作的人，如果都湧向金字塔中部、甚至頂部，試圖去做藝術創作、決策分析、領導管理等工作，金字塔會不會就此坍塌？

- 現代社會裡，在金字塔結構中分工協作的人，本來擁有一個從初級到高級的上升通道。比如，在公司裡，一個高層管理者通常需要從底層實際工作做起，透過學習和鍛鍊，慢慢承擔起中層管理工作，再經過一定時間的累積，最終走上高階管理的職位。如果底層工作都由機器來完成，人們是不是就缺少了向上發展所必須的實際鍛鍊機會？

- 更重要的是，如果未來失去工作的人，都必須從簡單工作轉換為相對複雜的腦力勞動，那麼他們要學習的知識體系，對他們來說將是一個龐大的架構，對那些在中年時失去工作的普通勞動者，怎麼可能重新開始一次歷時五到十年的學習深造呢？

走出金字塔模型

　　傑瑞・卡普蘭在《人工智能時代》一書中，提過一個解決人工智慧造成失業或工作轉換問題的方法——工作抵押

（Job mortgage）。初聽上去，這是一個相當完美的解決方案。本質上，這是一種由政府、雇主和教育系統聯合提供保障的再培訓機制。當雇主希望使用人工智慧來替代某一部分工作人員時，被解雇的人會得到一個免費接受再培訓的機會，代價是在培訓結束後，必須為目標雇主工作一定長的時間。仔細想想，這種方案也許存在一個悖論——考慮到在人工智慧時代裡，由於簡單和重複性的工作，更容易被人工智慧取代，人類教育可能因此比以往複雜得多。人們學習一種新技能可能會變得非常困難。有鑑於此，「工作抵押」的再培訓機制真的可行嗎？

　　我和卡普蘭當面討論了這個問題，他對我說：「我想，你的問題中，包含了一種隱藏的假設：需要低級別技能和更少訓練的工作更容易被自動化，而需要高級別技能和更多訓練的工作則難於被自動化。但是，這個假設，也許不像你想像得那樣正確。」

　　卡普蘭舉例說明，放射科醫師是醫生的一種，需要多年培訓來學習技能，但他們的工作完全可以被徹底自動化。這是一個高等教育程度的工作，也可以被自動化的好例子。駕駛卡車可能是一種低級別的工作，也許需要一些訓練，但它顯然不是一種高級技能。也就是說，自動化將影響所有技能級別、各行各業的人。當我們擔心應該如何處置那些低級別工作者的時候，我們一樣需要擔心那些高級別的工作者。

即便如此，仍然存在很多不需要大量訓練，但也很難被自動化的工作。從事這些工作的人，是不用擔心失業問題的。以人類角色出現這件事，對這些工作非常重要。例如，看看那些體育教練，我們很難將這類工作自動化。所以，也許我們可以將失業的卡車司機，重新培訓成體育教練，那些能夠駕駛卡車的人也許會發現，體育教練的技能，是比較容易掌握的。

卡普蘭舉的另一個例子是按摩服務。通常，按摩服務在今天的美國是一種奢侈服務，你必須擁有足夠的收入，才能負擔得起按摩服務的昂貴價格。按摩師的收入很高，但按摩師需要的工作技能是什麼？這種工作技能並不需要特別高級的訓練，如果人們有了足夠的錢，更多人就會選擇接受按摩服務，這會讓按摩師的需求大增。未來，因為可共享的自動駕駛汽車的普及，你可能不再需要擁有自己的汽車了。在美國，這意味著平均水準的個人，可以每年節省大約 1 萬美元的養車費用，一些人就可以將這些省下來的錢，花在按摩等較奢侈的服務上，然後我們就需要更多的按摩師了。

所以，在卡普蘭看來，有關人工智慧只會取代低級別工作的假定是不正確的。許多需要人際接觸的工作都很難被取代，例如櫃檯接待員。你當然可以用一個自動化系統來取代他們，但你肯定不希望看到你的飯店或你的公司櫃檯，只有機器來接待訪客。你肯定需要在櫃檯安排人類職員，因為你

需要他們在那裡解決一些很難被高級規範化的系統預測的問題。再比如，調酒師的工作當然可以被自動化，你可以走到一台自動販賣機前，用自助的方式買一杯酒精飲料。但調酒師還可以參與我們的社交活動，你希望看到他們，你希望和他們聊天，所以調酒師的職業不會消失。那些失業的卡車司機，也可以被訓練成調酒師。

也就是說，金字塔結構不一定坍塌，更大可能是在現有基礎上進行自我調整。人工智慧雖將引起社會工作結構的大規模調整，但調整的結果不等於大量從事簡單工作的人，必須勉為其難地完成高層次的分析、決策、藝術等創造性的工作。即便是處在金字塔中層或頂層的人，也將面臨著人工智慧技術的衝擊，也需要重新適應。比方說，醫生就必須適應與人工智慧協同工作，以提高診斷效率。

有關金字塔結構如何優化和調整，我們可以拿公司組織結構來做一個類比。

例如，在微軟公司，人們常年習慣於逐層彙報、逐級管理的金字塔形管理結構，這根本上是源於微軟的主業是Office、Windows 等商用套裝軟體的開發與銷售，這類任務特別適合被層層拆解後，由一個金字塔形的執行體系，逐層細化，按任務、子任務、功能、模組、代碼單元等由大到小的層級進行開發。當年，曾經主持微軟 Office 各主要元件開發工作的查理斯・西蒙尼（Charles Simonyi）就是這種開發

模式的粉絲。

　　開發最初版本的 Excel 時，蓋茲與西蒙尼一道，設計、探討並實踐了後來被人們稱為微軟產品開發週期模式的理論與方法體系，並在微軟內部推廣。這麼做的好處是，可以由少數精英人才，帶領一大批相對平庸的工程師，準確地執行公司上層的戰略部署，完成產品開發工作。微軟公司這種管理機制最符合傳統金字塔模型的要求，但在人工智慧時代，受到的衝擊可能也最大。一旦相對平庸的人才的工作可以被人工智慧所代替，那麼整個管理結構就會失衡，公司會面臨大規模裁員的風險。

　　反之，谷歌公司因為從初創時起，就專注於靈活、多變的互聯網服務產品的研發，谷歌內部的技術團隊大多採用扁平化管理模型，整個產品開發團隊由無數個三、五人，最多八、九人的微型團隊單元組成，可以根據市場變化或資源調配需要，隨時靈活變更專案組結構，靈活調配資源。在谷歌，大多數技術管理者，同時也是軟體發展者，不但做分析、決策，也實際動手寫代碼，而許多實際寫代碼的工程師，也會花時間參與專案中的關鍵技術決策。與微軟對人才的要求不同，谷歌公司總是強調，不同崗位、不同層級的人，都需要是最優秀的精英人才，這樣谷歌在需要做任何技術或商業轉型時，都很容易重新安排工作的分配方式，因為優秀的人才，總是能夠快速學會技能，或是快速適應新的崗

位。這種體系，相信在人工智慧時代受到的衝擊會很小。

不難預測，隨著人工智慧技術的普及，類似谷歌公司這樣，可以靈活配置資源、靈活轉換方向的管理體系，會愈來愈受到公司領導者的青睞。

此外，與金字塔構型相關，還有一個人才教育與成長的問題。2017 年 1 月，我出席瑞士達沃斯論壇時，針對未來人類社會、經濟的轉型，分享和討論了下列幾個主要觀點：

- 在金字塔形的社會結構裡，人才的成長也是金字塔形的——從金字塔底端不斷成長，並不斷被篩選。先從簡單工作做起，再完成複雜工作，直至能夠承擔決策任務。精英領導就是這麼磨練、篩選出來的。但是，當人工智慧取代了多數最底層的簡單工作，那時，人才該如何磨練成長呢？

- 也許，在人工智慧時代，政府和企業有責任保證人才培訓與成長的可持續性。例如，在初級工作被取代時，依然擁有一個培訓機制，讓人可以繼續獲得第一手的工作經驗，並從中培養、篩選出高端精英人才——這種機制是否真的可行？與卡普蘭所說的「工作抵押」，是否有異曲同工之妙？

- 如果大量中老年員工的工作被取代，屆時重新培訓將會非常困難。可能唯一的希望，就是讓他們進入服務業，從事必須由人來完成的那些簡單工作。但是，他們會願

意嗎？這會不會造成新的社會問題？

- 很顯然，在前述挑戰面前，人類的教育體制需要重啟。整個教育體制應該更關注素質教育和高端教育，讓每個人都有機會學習和嘗試各種更複雜，或是更需要人類創造力的工作種類，以培養出更多博學之才、專深之才、文藝人才、領導人才；同時，職業教育則應及時關注那些涉及人機協作的新技能和新工作，並大力拓展服務業相關的人才培訓。

- 在人工智慧時代，我們需要教育父母，讓他們不要再期望孩子尋找「安穩」的工作，因為在傳統意義上，「安穩」意味著簡單、重複，「安穩」的工作早晚都會被機器取代。我們要幫助下一代做最智慧的選擇，選擇那些相對不容易被淘汰，或者可以與機器協同完成任務的工作。

  只有我們的教育體系，不斷培養出適應新的金字塔模型、可以隨著社會結構調整需要、快速靈活完成不同類型工作，並且發揮人類創造力的人才，人類才不必終日擔心被人工智慧取代。有更好的人才，才有更好的未來。

用開放的心態迎接新世界

在每個人都擔心未來的時候，未來也許沒有大家想像的那麼糟。人工智慧為全人類提出有關社會、經濟轉型的好問題，關鍵在於我們人類如何作答。

　　人類仍是這個地球的主宰，數千年的歷史變幻和滄海桑田，歷經無數次危機與挑戰，人類都在不斷的調整與變革中持續成長。人工智慧至少目前還是人類的造物，完全由人類控制和管理，我們有何理由懼怕人工智慧為我們帶來的衝擊呢？眼光長遠的人，已經在積極尋找答案，而不是被動接受變革。

　　2016 年 5 月，矽谷著名投資人，Y Combinator 公司總裁和 OpenAI 公司創始人薩姆・奧爾特曼，在加州的奧克蘭展開了一項社會學實驗：如果定期為人們（無論這些人是否失業），提供一份基本收入的資助，那麼這些人是更傾向於選擇用這筆錢來吃喝玩樂，還是乾脆過著失業、卻衣食無憂的生活，或是會利用這項資助主動接受培訓，尋找更好的工作機會？

　　大約 1,000 名志願者報名參加這項社會學實驗，Y Combinator 選出 100 個家庭作為第一批實驗對象。[48] 參加實驗者每人每月可以得到 1,000 到 2,000 美元的資助，不考慮住房的話，這筆錢在加州足以涵蓋一個人的基本生活費用，甚至還有盈餘。而且，未來的人類生活成本（主要消費品價格），可能會因人工智慧的普及而大幅降低，這樣的資助就會顯得更加實惠。

　　奧爾特曼說：「我們希望一個最低限度的經濟保障，可以讓這些人自由尋求進一步的教育和培訓，以找到更好的工

作，並且為未來做好規劃。」[49]

　　奧爾特曼的實驗非常有趣，在人工智慧開始普及的大背景下，也十分有現實意義。這種實驗可以從社會學的角度，探尋除了社會基本福利之外，整個社會可以為處於轉型期的人提供何種幫助，並且釐清這種幫助是不是真的有效，人工智慧時代的失業者和轉換工作者，是不是真的需要類似的幫助。這和北歐一些福利國家正在執行的高福利制度，以及正在開展的一系列最低生活保障的實驗類似，但奧爾特曼的實驗更具針對性。

　　奧爾特曼本人似乎相信，人工智慧在未來創造的新工作機會，將少於人工智慧所製造的失業數量，這項判斷是推動奧爾特曼展開社會學實驗的根本原因。

　　先不談奧爾特曼的判斷是否準確，如果我們能用開放的心態來看待人工智慧的崛起，那麼人工智慧取代人類工作、造成人類失業，為什麼不能被大家視作一件好事呢？

　　我的意思是說，即便人工智慧普及後，有很大一部分的人會失去現有工作，但這為什麼不是一次人類真正意義上的「個人解放」呢？用開放的心態設想一下，人工智慧的普及，必將帶來生產力的大幅提高，整個世界不需要所有人都努力工作，就可以保證全人類的物質富足。在這樣的基礎上，如果各國像奧爾特曼所做的實驗那樣，為每個人定期發放基本生活資助，那麼所有人就可以自由選擇自己的生活方式。喜

歡工作的人可以繼續工作，不喜歡工作的人可以選擇旅遊、娛樂、享受生活，還可以完全從個人興趣出發，學習和從事藝術創作，愉悅身心。

到了那個時候，少數人類精英繼續從事科學研究和前沿科技開發，大量簡單、重複的初級工作，則由人工智慧完成。大多數人享受生活，享受人生。由此，也必然會催生娛樂產業的大發展，未來的虛擬實境（VR）和擴增實境（AR）技術，必將深入到每個人的生活中，成為人類一種全新的娛樂方式。

2017 年 1 月，著名人工智慧科學家、史丹佛大學人工智慧實驗室和視覺實驗室主任李飛飛，在北京發表演說。談到人工智慧和人類的關係時，李飛飛提出一個發人深省的問題：「AI 的未來，掌握在那些創造、開發和使用者的手中。無疑地，AI 會改變世界，但這裡真正的問題是：改變 AI 的，又會是誰呢？」

李飛飛提出，人類未來的一個重要目標，就是增強人工智慧研究者的多樣性。這是基於三個層面的考慮：「第一個理由關乎經濟和勞動力，人工智慧是一個日益增長的技術，會影響到每個人，我們需要更多人力開發出更好的技術；第二個理由關乎創造力和創新，很多研究都顯示出，當擁有多種多樣背景的人共同合作時，會產生更好的結果和更具有創意的解決方案；最後一個理由關乎社會正義和道德價值，當

各式各樣背景的人聚在一起時，會擁有各種各樣不同的價值觀，代表著人類的技術，也會有更加多樣性的思考。」[50]

李飛飛敏銳地從另一個角度，看到人工智慧未來發展的一種可能：當擁有多樣化背景、多種價值觀，對未來有不同訴求的人，一起參與人工智慧的研發與普及時，我們最容易得到一個趨近完美的平衡點，找到人工智慧與人類協同工作、生活、生存的多樣化解決方案，可以避免被偏見所左右。這也許是我們目前所能想到的，可避免潛在危機、防範風險的最好方案。

科幻作家，雨果獎得主郝景芳女士，則是從更加文藝的角度，解讀了人工智慧為人類回歸「個性化」所提供的時代契機。

郝景芳說，在人工智慧時代：「人們不得不開始思考『我能做什麼？』，而結論必然是『我能做和機器人不一樣的事。』機器人會迅速占領所有標準化領域，而人類在各種差異化產品的供應中，尋覓新的領地。……在未來，工廠機器流水線留給機器人，人會以更加富有創造性的方式與流水線競爭。人的獨特性會體現出來：思考、創造、溝通、情感交流；人與人的依戀、歸屬感和協作精神；好奇、熱情、志同道合的驅動力。根本不是計算能力和文書處理能力，而是人的綜合感悟和對世界的想像力，才是人和機器人最大的差別和競爭力。創造者的個性化，才是產品的價值所在。」[51]

是啊！只有人的精神個性，才是人工智慧時代裡，人類的真正價值。只有用開放的心態，創造性地迎接人工智慧與人類協同工作的新世界，才能真正成為未來的主人。

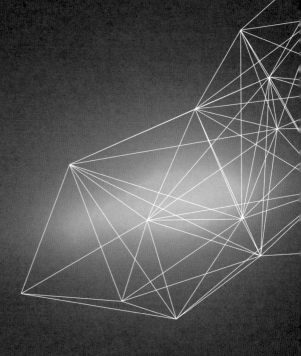

Chapter 5 | 機遇來臨：
AI 優先的創新與創業

大時代，大格局

人工智慧來了，普通公眾看到的是智慧應用的驚豔，科技公司看到的是大勢所趨的必然，傳統行業看到的是產業升級的潛力，國家層面看到的是技術革命的未來。

AI 時代，有 AI 大格局。我們可以不關心科幻影視中的機器人，卻無法不正視今天的 AI 技術，對產業、經濟、社會、乃至人類生活的巨大影響。

五百年前，在大航海、大發現，以及後來的工業革命時代選擇閉關鎖國的，後來大都因為科技落後，被列強的船堅炮利敲破了國門。四十年前，在個人電腦大發展的時期，錯過了積體電路、作業系統、辦公軟體、資料庫軟體等技術機會的，只能眼看著英特爾、微軟、IBM 等公司占據技術制高點。十年前，如果在移動互聯網的風口上，錯過了桌面平台到移動平台的轉型，就只能在手遊晶片及整機、移動電商、移動社交、移動搜索、O2O、手遊等巨大商機前懊悔莫及。

今天，「互聯網＋」的理念已經向各行業、各應用的縱深不斷滲透、落實，逐漸累積出來的高品質大數據，為許多前沿行業打下了全面運用人工智慧的基礎。我們有理由說，「AI+」或「+AI」的模式，已經步入蓬勃發展的大好時機。

大多數情況下，人工智慧並不是一種全新的業務流程或全新的商業模式，而是對現有業務流程、商業模式的根本性

改造。AI 著重在提升效率，而非發明新流程、新業務。未來十年，不僅僅是高科技領域，任何一個企業，如果不盡早為自己的業務流程引入「AI+」的先進思維方式，就很容易處於落後的追隨者地位。

AI 將成爲中國科技戰略的核心方向

2016 年 11 月，第三屆世界互聯網大會在浙江烏鎮召開。名為互聯網大會，但從議程的設置和媒體報導的關注熱點來看，這幾乎已經是一屆「人工智慧大會」了。例如，大會的分論壇設置就有智慧醫療、智慧出行等主題，都與人工智慧相關。而作為時下互聯網最核心的領域——移動互聯網所在的分論壇，幾乎完全被人工智慧相關的演講「占領」。我們不妨來看一下官方發布的 11 月 17 日移動互聯網論壇的議程：[1]

石峰	Facebook 副總裁	人工智能在 Facebook
楊元慶	聯想董事長	人與設備心心相映，共同邁向智能互聯
傑瑞·卡普蘭	產業專家、史丹佛大學客座教授	人工智能 +，引領新一輪產業革命
張亞勤	百度總裁	雲計算引領人工智能落地
孟福來	希捷（Seagate）副總裁	數據存儲「智」造未來

余承東	華為消費者業務 CEO	人工智能，未來已來
馬格納斯‧艾爾布林	愛立信亞太區首席技術官	人工智能 -5G，與物聯網共同推進的互聯網未來
盧陽	優辦創始人	從自為到自覺，創新商務空間 N 效能
邁克爾‧布蘭克	美國思科 Jasper 公司全球車聯網高級總監	智能汽車之潮流
湯道生	騰訊社交網絡事業群總裁	AI，就在身邊
張一鳴	今日頭條創始人、CEO	信息平台的智能浪潮
王小川	搜狗 CEO	人工智能，未來之路

　　瞧，90％以上的話題都是──人工智慧！如果說未來的移動互聯網就是「AI+」的移動互聯網，恐怕一點兒都不為過吧。

　　其實，中國對人工智慧大趨勢、大格局的重視，已經開始從社會層面上升到國家層面。2016 年 5 月，國家發改委、科技部、工業和資訊化部、中央網信辦就聯合制定了《「互聯網＋」人工智慧三年行動實施方案》。[2] 2017 年 3 月，第 12 屆全國人民代表大會第五次會議所做的政府工作報告更是明確提出，中國將加快人工智慧等新興產業的技術研發和

轉化。

　　在國家層面進行人工智慧發展的戰略規劃和布局，這絕不是一件過於超前的事。人工智慧發展涉及科研向產業轉化的諸多挑戰，在各行業應用 AI 提高生產效率、改進生產流程，也需要更高層面的資訊共享和整體規劃。未來因人工智慧引發的產業革命，亟待新一代教育體制、人才培養與再培訓機制、新的社會保障體系等的建立和完善。單靠企業或社會的力量，這些全域層面的問題，很難獲得快速解決。

　　2016 年，關注全球人工智慧發展態勢的朋友，一定會注意到，這一年幾乎成了人工智慧的「戰略報告年」，從科研機構到諮詢公司，從民間到政府，我們看到許多份重量級的 AI 報告。

　　2016 年 9 月，成立於 2014 年的史丹佛大學人工智慧百年研究專案小組，發布了首份人工智慧報告——《2030 年的人工智慧與生活》。[3] 這個研究專案小組包括 17 名成員，由人工智慧學術界、公司實驗室，以及產業界的專家，還有了解人工智慧的法律、政治科學、政治及經濟方面的學者組成。他們計畫在持續至少百年的時間內，追蹤和預測人工智慧產業的發展。《2030 年的人工智慧與生活》，是這項百年計畫發布的第一份報告。[4]

　　史丹佛大學這份報告，首先列舉了當前人工智慧的熱門研究領域，包括大規模機器學習、深度學習、強化學習、機

器人、電腦視覺、自然語言處理、協同系統、眾包和人類計算、演算法博弈理論與電腦社會選擇、物聯網（IoT）、神經形態計算等。然後，報告概要分析了人工智慧在 2030 年時最可能的應用場景，例如，包括智慧汽車、交通規劃、即時交通、人機交互等技術變革在內的交通應用，家庭服務機器人領域的應用，人工智慧輔助的醫療應用，智慧教育應用，在資源匱乏的社區內的應用，公共安全與防護方向的應用，就業與勞資關係，以及娛樂類應用等，並為政府和社會決策提供了一些政策性的建議。

2016 年 12 月，高盛公司發布了長達百頁的人工智慧生態報告——《人工智能，機器學習和數據是未來生產力的源泉》。[5] 作為金融服務、投資和戰略諮詢行業的頂級企業，高盛公司當然深知 AI 對於產業變革和經濟走勢的戰略意義。他們這份報告的重點，在於人工智慧對經濟發展的影響，以及人工智慧時代的投資機會。高盛認為，人工智慧在四個方面的影響力最為顯著：

- **生產率**。根據高盛首席經濟學家簡・哈祖斯（Jan Hatzius）所說：「大體上而言，AI 看起來似乎比上一次創新浪潮更有可能在統計資料中，捕捉到更有價值的東西。人工智慧可以降低成本，減少對高附加值生產類型的勞動投入。」
- **尖端技術**。AI 和機器學習在速度上的價值，有利於建

構一種在建設數據中心和網路服務時讓硬體更便宜的
趨勢。

* **競爭優勢**。我們看見 AI 和機器學習具有重新調整每個
  行業的競爭秩序的潛力。未能投資和利用這些技術的管
  理團隊，在和受益於戰略智慧的企業競爭時，有很大可
  能會被淘汰，因為這些技術可以讓企業的生產力提高，
  為它們創造資本效益。

* **創辦新公司**。我們發現了 150 多家在過去十年中創建的
  人工智慧和機器學習公司。雖然我們相信人工智慧的大
  部分價值，都掌握在具有資源、數據和投資能力的大公
  司手中，但我們也期望風險投資家、企業家和技術專
  家，可以繼續推動新公司的創立，從而促進實質性的創
  新和價值創造，即使最後新創公司會被收購。

　　美國政府也不甘落後。2016 年 10 月至 12 月，美國白
宮科技政策辦公室連續發布三份人工智慧戰略報告，分別題
為《為未來人工智慧做好準備》，《美國國家人工智慧研究與
發展策略規劃》和《人工智慧、自動化與經濟》。[6]

　　白宮認為，生產率增速放緩和收入增速放緩的問題，正
困擾著大部分已開發國家；由人工智慧驅動的自動化技術，
是進一步釋放生產力、全面提升全要素生產率增長，並廣泛
提高美國人的收入與生活水準的關鍵。考慮到人工智慧已經
進入一個最為重要的發展時期，美國政府需要為科研、產

業、教育等領域的相關發展，提供一個戰略方向上的指導。為此，《美國國家人工智慧研究與發展策略規劃》[7]，提出了下列七個重點戰略方向：

- **策略 1：對人工智慧研發進行長期投資。**將投資重點瞄準在下一代人工智慧技術上，推動發現和深入了解，確保美國在人工智慧領域，始終居於世界領先地位。

- **策略 2：開發有效的「人─人工智慧」協作方式。**大部分人工智慧系統，將透過與人類合作來實現最佳績效，而非代替人類。需要展開充分研究，從而達到人與人工智慧系統間的有效交互作用。

- **策略 3：理解並應對人工智慧帶來的倫理、法律和社會影響。**我們期望所有人工智慧技術，能夠遵循與人類相同的正式與非正式道德標準。研究理解人工智慧的倫理、法律和社會影響，並且開發用於設計與倫理、法律和社會目標一致的人工智慧研發方法。

- **策略 4：確保人工智慧系統的安全。**在人工智慧系統廣泛應用之前，需要確保系統能以可控的、明確的、已充分理解的方式安全操作。需要深入研究，以應對人工智慧系統所存在的威脅，設計出可靠、可依賴的、可信任的系統。

- **策略 5：開發人工智慧共享公共數據集和測試環境平台。**訓練數據集的資源的深度、品質和準確度，深刻影

響人工智慧的性能。研究人員需要開發高品質數據集和環境，並使可靠訪問高品質數據集，以及測試和培訓資源成為可能。

- **策略 6：建立標準和基準，以評估人工智慧技術。** 標準、基準、試驗平台和社會參與，是人工智慧進步的基礎，它們將指導及評估人工智慧的進展。需要進一步的研究，以形成一系列的可評估技術。

- **策略 7：妥善了解國家人工智慧研發人才的需求。** 人工智慧的發展，需要一組強勁的人工智慧研究團體。要更妥善了解當前及未來人工智慧研發對人才的需要，以確保有足夠的人工智慧專家，可應對計畫中概述的戰略研發任務。

白宮發布的三份人工智慧報告，無論從深度和廣度上，都值得其他國家科技戰略規劃人員研究。不過，從另一個角度來說，美國政府在產業發展中所發揮的作用歷來有限。歷史上，發生在美國的歷次技術革命，更多由科研或企業主導，而非政府主導。歐巴馬在任時的白宮科技政策辦公室在川普上台後，到底還有多少政策持續性，更是值得懷疑。

《人工智能時代》的作者卡普蘭，就完全不相信美國政府發布的所謂戰略規劃，能有多大的約束力。卡普蘭說，[8] 多年以前，美國啟動了一項名為「第五代電腦」的專案，而日本政府也認為他們需要做類似的事情。政府認為，他們可

以主持建造所謂的「第五代電腦」——擁有大量 CPU 以提升效能的電腦。美國政府一度大力推動計畫的實施,但這個計畫從未變成現實。日本政府所做的類似努力,讓日本經濟倒退了好幾年,因為他們投入數十億美元,卻收效甚微。2009 年,歐巴馬總統啟動了一項投資太陽能的專案。政府決定去做投資,我認為這是一件好事情。政府在不同公司投入了資金,在這些公司,有一家叫 Solyndra 的公司,拿到 5 億美金的投資,其中大多數來自政府。這家公司在 2011 年倒閉了,當時政府和民主黨飽受批評,歐巴馬總統的聲譽遭受嚴重打擊,因為他推動設立了這項專案。能源工業在這些公司身上投入巨資,卻因此虧損數億美元。

卡普蘭認為,當我們看到美國政府的類似計畫時,我們必須抱持一種懷疑的態度。美國所謂的「政策」,很多時候不過是一群擁有美好願望的人,召開了一次政府會議,並且發布一些相關文件,但這些東西通常並不具有約束力。白宮能做的事情非常有限,他們必須勸說工業界,勸說人們去做這件事。中國的公眾看到美國公布了什麼人工智慧國家戰略,也許會很焦慮。中國公眾會想,我們也需要在這個領域做些什麼,因為美國政府認為這很重要。但是,這種報告和政府聲明,在美國和中國的意義截然不同。中國政府擁有比美國政府強大得多的能力,來將計畫付諸行動。

顯然,在討論所謂「國家科技戰略」的時候,我們需要

認清不同國家在制定、實施相關政策時，各自擁有不同的角色和行動能力。對中國來說，政府和整個社會，一向注重科技發展。今天，就是一個將 AI 提升到科技發展戰略層面，加強全社會協作與資源分享，發揮人才優勢，快速占領 AI 產業制高點的最好機會。

從谷歌的 AI 優先，看科技企業的 AI 戰略

假如要在互聯網公司裡，找一家總是引領科技潮流的「前沿標竿」，很多人都會想到谷歌。但這絕不是因為谷歌有免費的美食和樂園一般的辦公環境，谷歌之所以為谷歌，最重要的是，無論在哪一次重大的技術變革中，谷歌幾乎都能敏銳捕捉到先機，早早建立起領先競爭對手一、兩年，乃至三、五年的巨大技術優勢。

當年，移動互聯網還在襁褓之中的時候，谷歌高層就極為重視，連續透過自研與收購，為移動互聯網打造 Android 作業系統和 Chrome 流覽器兩大基礎平台。2009 年前後，當 iPhone 手機和 Android 手機剛剛出現在普通人視野之中的時候，谷歌內部就要求大家按照「行動優先」（Mobile first）的戰略，來安排產品設計和技術布局，包括最核心的搜尋引擎、地圖、YouTube 等在內的全系列產品，早早就與行動應用場景接軌。拿產品使用者介面來說，早在行動用戶占比還不足全部流量的 40％時，谷歌內部就要求所有產品的使用

者介面，必須重點適配當時還特別狹小的手機螢幕——這個決策對谷歌產品的全面「行動化」至關重要。

要知道，在移動互聯網時代，評論者經常嘲笑谷歌錯失社群網路的絕好機遇，也經常揶揄谷歌連續關停 Google Reader 等人氣產品。如果只看具體的應用級產品，谷歌在移動互聯網時代的表現，確實毀譽參半。但如果上升到戰略層面，那麼，谷歌對互聯網技術大格局的認知之早、把握之精準，實在是傲視同儕，比競爭對手高明太多。這是谷歌能夠順利跨越互聯網到移動互聯網的轉型關口，始終保持全球領先優勢的原因所在。

同樣地，這一次人工智慧熱潮到來之前，谷歌早早就做好了技術積累與鋪墊。早在我剛加入谷歌、開始創立谷歌中國的 2005 年，谷歌研究部門的總監彼得・諾維格（他也是《人工智慧：一種現代的方法》的作者），就在谷歌中心園區的 43 號樓，舉辦一個每週一次的機器學習課程。那時，在谷歌內部的研究團隊和工程團隊裡，依賴機器學習技術解決實際問題的場景還不算多。但諾維格的課程，已經吸引了包括大牛傑夫・迪恩在內的許多工程師，每次講課都人滿為患，課程還被錄成影片，在谷歌全球幾十個辦公室傳播。

2006 年到 2010 年間，深度學習在理論和實際應用上，連續取得里程碑式的突破。對技術極為敏感的谷歌研究員和工程師，幾乎在第一時間注意到技術革命的曙光。迪恩帶

領谷歌內部最為精幹的技術團隊，開始打造神祕的谷歌大腦——這絕對是高科技公司內部，第一次基於深度學習理論，建立如此大規模的分散式運算集群。谷歌大腦的意義，絕不僅僅是打造一個可以進行深度學習計算的高性能平台這麼簡單。實際上，隨著谷歌大腦成為谷歌內部愈來愈多技術專案的基石，谷歌也自然而然地喊出了「人工智慧優先」（AI First）的戰略口號。

從 2012 年到 2015 年間，谷歌內部使用深度學習（絕大多數都依賴谷歌大腦）的專案數量，從零迅猛增長到一千多個。隨著谷歌 TensorFlow 深度學習框架的開源，谷歌以外得益於谷歌大腦的專案更是數不勝數。到了 2016 年，「人工

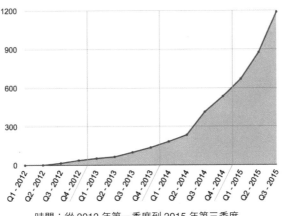

谷歌內部使用深度學習的專案〈目錄〉數量

時間：從 2012 年第一季度到 2015 年第三季度

圖 54　深度學習在谷歌內部專案中的應用，呈現迅速遞增的態勢 [9]

智慧優先」在谷歌已經不只是口號，而是隨處可見的事實。

2015 年，谷歌創始人賴瑞・佩吉和塞吉・布林，宣布成立母公司 Alphabet，而谷歌則變成了 Alphabet 旗下諸多子公司之一。

為什麼佩吉和布林要重組公司結構，將谷歌置於母公司 Alphabet 的旗幟之下？有人說，這是在分離健康盈利的資產和暫時虧損的早期專案；有人說，這是在給每項獨立業務的未來發展，提供更寬廣的成長空間；有人說，這是在用兄弟公司打造生態系統，實現相互加持……。

我認為，這些說法都有道理。但佩吉和布林之所以要重

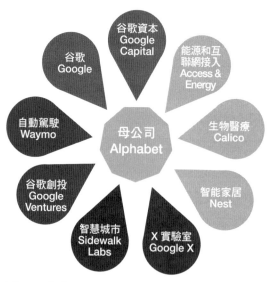

圖 55　谷歌母公司 Alphabet 旗下主要子公司一覽圖

組公司，還有一個重要原因，就是要用谷歌大腦為基礎，建立一個面向人工智慧時代的新技術平台。在這個平台上，基於深度學習的谷歌大腦是驅動引擎，幾乎每一家 Alphabet 旗下的子公司，都像是安裝了這具引擎、在不同賽道上飛馳的賽車。這裡面既有人工智慧驅動的生物醫療項目 Calico，也有智慧家居項目 Nest，既有曾經風光無限的自動駕駛項目 Waymo，也有面向智慧城市的 Sidewalk Labs，當然，Alphabet 旗下最能帶來現金收益的龍頭老大，還要數早已將人工智慧當作核心競爭力的搜尋與移動互聯網巨頭——谷歌。

所有這些圍繞人工智慧技術建立的戰略方向，讓整個 Alphabet 集團變成世界最大的 AI 平台！谷歌的「人工智慧優先」戰略，為谷歌帶來了展望未來的最好資本。其他互聯網巨頭或高科技公司也不甘示弱，紛紛展開面向 AI 時代的戰略布局。

老牌 IT 公司 IBM 未來十年的戰略核心是「智慧地球」計畫，希望在智慧能源、智慧交通、智慧醫療、智慧零售、智慧能源和智慧水資源等領域全面發力。IBM 華生作為知識解決服務的代表，營收已占 IBM 總營收的 22.17％。[10] 今天的 IBM 華生，已經不再是單一智慧系統，而是被分解成不同領域的人工智慧元件，隸屬於四十多種不同產品，解決不同行業、不同場景下的 AI 問題。

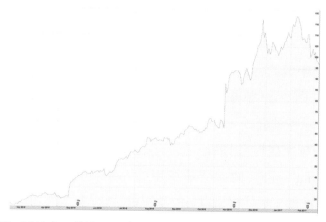

圖56　2016 年 2 月至 2017 年 2 月，英偉達（NVIDIA）公司股價的走勢 [11]

　　在顯卡晶片領域深耕多年的英偉達（NVIDIA）公司，在人工智慧時代贏得最好的機會。深度學習天生青睞於顯卡中圖形處理器（GPU）的強大計算能力，英偉達公司在 AI 時代一躍成為比英特爾 CPU 還要搶眼的核心驅動力。雖然深度學習的底層計算、加速晶片，還遠未達到一種技術包打天下的地步，GPU 架構之外尚有 ASIC、FPGA 等多種不同的基礎架構，但在深度學習的晶片市場上，英偉達已占得先機。與此同時，英偉達又多點布局，全面展開深度學習加速軟體、高性能深度學習計算伺服器、自動駕駛解決方案等產品的研發。過去一年裡，英偉達的股價一路飆升，這基本反映了英偉達在人工智慧技術體系內的重要程度。

　　社群網路龍頭 Facebook，不但將深度學習「三巨頭」之

一的揚・勒丘恩招至麾下，還挖到了著名深度學習框架
Caffe 的作者——曾在谷歌大腦工作的賈揚清。2016 年 11
月，Facebook 宣布，賈揚清的技術團隊基於 Caffe，開發了
一個基於移動設備的深度學習框架 Caffe2Go，首次在運算
能力受限的手機上，實現了即時的圖像與視頻捕獲，以及後
續基於深度學習的分析和處理。賈揚清說：「隨著我們不斷
進步，你可以想像，可以在（移動）設備上運行的即時 AI
技術，將能幫助這個世界變得更開放，讓人與人之間的聯繫
得以加強，特別是在無障礙應用和教育等領域。可以拿在手
上的智慧設備，將會持續改變我們對智慧的定義。」[12]

　　谷歌、Facebook 等互聯網巨頭，不但在戰略上紛紛布局
人工智慧，在技術層面擴大人工智慧的研發力度，還在最近
五、六年的時間裡，大幅加強對人工智慧新創公司的收購力
道。例如，谷歌收購 DeepMind 公司並推出震驚世界的
AlphaGo 的故事，早已成為人工智慧領域最值得稱道的投資
案例。事實上，根據粗略估計，從 2011 年開始，谷歌、
IBM、雅虎、英特爾、蘋果等科技巨頭，總計收購了 140 家
新創 AI 公司。其中，僅 2016 年一年，科技巨頭對 AI 新創
公司的收購案例就多於 40 件。

　　迄今為止，人工智慧方向金額最為龐大的一筆收購發生
在自動駕駛領域。2017 年 3 月初，據報導，英特爾公司以
153 億美元的巨資，收購曾為特斯拉自動輔助駕駛方案提供

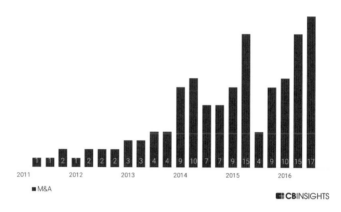

2011　2012　2013　2014　2015　2016

■ M&A

CB INSIGHTS

圖 57　按季度統計的 AI 新創公司被收購和併購的數量 [13]

技術的以色列公司 Mobileye。此一收購案創下以色列科技公司被收購的最高價，也深刻影響了整個人工智慧的創投格局。例如，所有研發自動駕駛技術的創業公司，在下一輪融資時，也許都會用這筆收購案作為對標依據。

　　人工智慧已經成為高科技企業制定戰略規劃時，無法忽視的一部分。無論是依靠自身力量建立人工智慧團隊，還是透過收購、併購的方式獲得相應的研發能力，高科技企業愈早重視人工智慧、愈早擁有人工智慧技術力量，就愈容易掌控未來的競爭。

科技巨頭的潛在威脅

　　科技巨頭全面擁抱人工智慧，這當然是驅動技術革命的

重要力量。但另一方面，科技巨頭在人工智慧領域的巨大投入，也隱隱讓專業人士為之擔憂：AI 時代，數據為王。谷歌等行業巨頭坐享地球上最為豐富的大數據資源，利用這些龐大的數據資源，幫助人類克服挑戰、解決問題當然最為理想，但誰又能從法律、道德等層面保證，對這些大數據資源的壟斷，不會成為行業巨頭謀求一己私利的壁壘與工具？

矽谷著名投資人、網景公司（Netscape）共同創辦人馬克・安德森（Marc Andreessen）說，大企業在 AI 領域擁有幾個巨大的優勢：[14]

- 懂得如何創建 AI 系統的人數非常有限，大企業可以為他們支付比創業公司更多的薪酬，就像聘請體育明星。大企業差不多可把他們都收入麾下，留給其他企業的人才，將少之又少。

- AI 專案通常都非常大、非常複雜，這是全新的科技領域。亞馬遜的 Echo 智慧音箱，是大約 1,500 名工程師開發四年才完成的〔安德森這裡說的工程師人數應該是有些誇大了，亞馬遜 CEO 傑夫・貝佐斯（Jeff Bezos）2016 年 5 月在另一個場合的說法是：經過四年發展，Echo 團隊目前已超過 1,000 名員工。〕[15] 創業公司可沒法投入如此多的資源。

- 此外，還有對數據的需求。你需要巨大數量的數據集來創建 AI 應用，谷歌和 Facebook 之類的大型企業，可以

訪問浩如煙海的數據資源，而創業公司只能望洋興嘆。

2016 年 9 月，谷歌（包括 DeepMind）、亞馬遜、Facebook、IBM 和微軟等，甚至結成了 AI 聯盟（Partnership of Artificial Intelligence），宣稱：「我們相信人工智慧技術，必將改善人們的生活品質，幫助人類解決氣候變遷、糧食、不平等、健康和教育等全球性問題。為了更加造福人類和社會，AI 聯盟致力於引導研究，組織討論，分享觀點，提供思想領導力，徵詢協力廠商建議，回答公眾和媒體的疑問，並創建教學資源，以推動包括機器感知、學習、自動推理等領域的 AI 技術普及。」[16]

巨頭圍繞 AI 技術結成夥伴關係，共同推動 AI 發展和 AI 合理應用，從這樣的角度來看，這當然是件好事。但從另一個角度來說，巨頭聯盟只會加劇資源的進一步集中，甚至是封閉。

我在參加瑞士達沃斯經濟論壇時，曾和維基百科創辦人吉米・威爾斯（Jimmy Wales）等人討論平台的力量。我們覺得，在國際化、資本、互聯網趨勢等共同作用下，未來的 AI 將會形成非常強大的平台，美國如谷歌、Facebook，中國如微信、淘寶，這些平台將彙整原本零散的內容或應用，因此大幅改善用戶體驗，使更多用戶更容易享受到 AI 的巨大價值。

但專業人士和普通公眾，也有理由對這些集中大量數據

和計算資源的 AI 平台，提出合理的質疑。例如，這些平台、特別是巨頭聯盟的力量將特別強大，對整個科技圈的輿論影響將是決定性的。影響力較小的平台發出的不同聲音，很難在巨頭世界裡傳達給普通公眾。

同時，巨頭圍繞 AI 建立的平台，也缺乏足夠的透明性，較難與外界保持有效溝通。一旦這些 AI 平台的利益與公眾利益不符，在商業上也找不到可以制衡這些大平台的協力廠商力量。舉個例子，假如 Facebook 借助龐大的社群網路資源，希望透過智慧演算法主動引導資訊流動，進而影響美國總統大選時的選民傾向，這在技術上幾乎是完全可行的。我們當然知道，目前的谷歌、Facebook 等巨頭，對人類的實際貢獻遠多於他們「作惡」的可能性，但從法律或道德的角度，我們又必須想辦法防範這種潛在風險。因為再友善的巨頭，本質上也是商業公司，巨大的商業利益，永遠是誘惑他們「作惡」的誘餌。

技術開源和數據開放方面，其實谷歌已經算是做得非常好的了。谷歌開源的 TensorFlow 框架，已經成為業界深度學習的標準框架之一。谷歌在過去幾年的時間裡，連續開源 YouTube 8M、Open Images、AudioSet 等包含數百萬份影片、圖片、聲音檔的標注數據集，為人工智慧領域的科研發展提供「原材料」。但我們也必須知道，谷歌、Facebook 這樣的大企業，很難主動開放那些關於核心業務的網頁標注、

結果排序的特徵、使用者點擊次數、廣告轉換指標等，對這些數據的壟斷，將 AI 世界裡的大數據海洋，分割成一個個相互隔離的區域。

更糟糕的是，巨頭建立的 AI 平台與巨頭之間的結盟關係，有可能讓數字鴻溝變得愈來愈嚴重。資訊在人工智慧演算法的組織、管理下，會更向有資訊理解和處理能力的平台、企業、終端使用者傾斜，接受過高等教育、積極參與網路生活的使用者，更容易獲得資訊和人工智慧應用的幫助，而教育水準低、較少參與網路生活的使用者，則難以找到可以改善自己生活的有效資訊。想想電子商務平台上的智慧推薦演算法：一個用戶愈是頻繁購物，就愈容易得到最適合自己的商品資訊。類似的場景會在許多有真實資訊需求的領域存在，資訊或大數據世界裡的「富者愈富、窮者愈窮」現象，並不是危言聳聽。

對於這樣的「巨頭風險」，我覺得，我們應該從法律和制度建設層面，多做一些有前瞻性的事情，包括：

- 提高大數據和人工智慧應用領域的透明度，鼓勵公開那些不涉及用戶隱私和商業機密的研發成果，鼓勵開源。
- 更鼓勵利用區塊鏈技術管理數據和資訊流動，從技術和制度雙方面，打破科技巨頭對大數據的壟斷。
- 成立有社會責任感的 VC 基金，專注於新興的大數據和人工智慧方向。

- 多關注能幫助落後人群獲取資訊、享受 AI 福利的平台。
- 鼓勵大眾和媒體監督行業巨頭的商業行為。

　　在瑞士達沃斯，我受邀與麻省理工學院媒體實驗室負責人伊藤穰一，探討巨頭可能對 AI 的壟斷。我的看法是，目前的體系會持續促使大型科技企業不斷發展，他們有能力壟斷資源、壟斷數據，在商業利益和激烈競爭的驅使下，他們會不斷競逐更為精進的技術能力，為公司賺取更大利益。對於較小的企業，進入 AI 市場的難度，的確比移動互聯網時代的創業高出非常多。我呼籲大力推動 AI 生態系的開放性，在創新工場北京總部和我們所投的創業公司體系中，已經啟動了全新的 AI 技術相關研發工作。近期，創新工場也成立人工智慧工程院，帶著孵化中國 AI 生態系的目標投入大量資源，招聘培訓一批年輕工程師進入 AI 領域，展開可公開數據集的採集和標注。我們也積極尋求在中國和全球資本市場融資和成長的機會。

　　我覺得，目前有些公司採取所謂「公開、透明」的做法，其實是很討喜的宣傳手段。但我也確實擔心，下面這種兩難問題會不會出現：一些公司選擇透過自律或推動立法來限制錯誤發生，但另一些公司不會這麼做。自然而然，比較規範自律的公司，由於發展顧慮更多、更全面，相對發展速度上可能放緩；而較不顧慮錯誤發生的企業，反而可能成為最快速或最成功的那一方。這很難說是一個好的，還是不好的發

展態勢。

例如，在自動駕駛技術的開發上，谷歌很小心謹慎，把保護駕乘人員和行人放在極其重要的位置上，技術不成熟就不推廣；相反地，特斯拉的自動輔助駕駛系統就很激進，會直接把測試版產品拿給公眾進行試驗。然而，現在看來，特斯拉製造出好的自動駕駛汽車的可能性，也許要更大一點。所以，這個難題對任何規模、任何階段的企業來說，都是一個道德層面的決策。

伊藤穰一則認為，隨著世界愈緊密互連，要以「贏家通吃」的玩法去壟斷市場是愈來愈難。現在，如果某個個體試圖進行壟斷行為，會自動觸發市場機制，市場競爭會形成限制：如果某方採取壟斷動作，對標競爭的另一方，會花數百上千萬美元，去找到超級優秀的 AI 博士們來迎頭趕上。現今人才培養的源頭已經到位，但我擔心，當某個企業實現了壟斷，甚或做上了寡頭的時候，自然而然能順勢招募 AI 領域的全球才俊，吸引能夠負擔他們百萬美金酬金的投資人，種種多方因素都正匯聚在一起。市場單方面依賴競爭機制進行調節並不完善。

伊藤穰一說：「因此，我對開復和創新工場在中國推動的開放做法特別感興趣。而且，資本主義的市場競爭，是不會激勵大家分享數據、資源和市場的。傳統的政府監管方式，過去曾經行之有效，但在面對互聯網的開放和動態結

構，這種傳統的監管方式將會失效。現在，這些 AI、比特幣和其他所有領域中的問題，都不是過去十年、二十年間學者們研究的題目，而是真正在資本市場能夠快速賺錢的技術。然而，相較於開放的互聯網，行業不曾充分在開放領域探討這些技術衍生的問題和現象，這是我的擔憂所在。」[17]

總的來說，巨頭壟斷大數據資源、壟斷科研與輿論的風險客觀存在。在國家政策層面、法律法規層面，甚至道德層面，我們還缺乏應對這種潛在風險的有效體系。

我感覺，儘管存在著潛在威脅，但這就像人類站在一道剛剛開啟的大門面前，門外是一個美麗而神祕的新世界，既流光溢彩又暗藏危機。勇敢的人必會腳踏實地，正視問題，大膽實踐。因為在大門外面的，是人類真正的未來。

AI 創業是時代的最強音

創業大潮裡，有些創業者脫穎而出，有些創業者負重前行。我們雖不以成敗論英雄，但如果一定要找一條誕生偉大公司的必要條件，我會選擇「生逢其時」。

雷軍創立小米的傳奇讓，「風口論」深入人心──只要站在風口上，豬也能飛起來。有人說，這是絕對的機會主義，但在創業的時代大潮中，是否符合科技大趨勢，的確是決定創業成敗的第一要素。

同樣生於 1955 年的蓋茲和賈伯斯，在競爭桌機時代的

王者地位時，兩人都才二十歲出頭，都年輕氣盛，也都有著傲人的天資。但設想一下，如果蓋茲和賈伯斯在 1970 年代，就開始投入互聯網創業（我這個假設並不是異想天開，因為在 1970 年代，早期互聯網已經開始連結幾所美國大學，並展開實驗運行），那他們恐怕連足夠支持創業的投資都拉不到。

生於 1964 年的貝佐斯在 1994 年創立亞馬遜，生於 1968 年的楊致遠同樣在 1994 年創立雅虎。1994 年，那時互聯網剛剛開始在歐美普及，歐美之外很多地方的電腦用戶，還不知互聯網為何物。貝佐斯和楊致遠在三十歲上下的年紀，抓住互聯網萌芽、興起的最好時期，用他們的創業天分，為互聯網時代留下帶有個人特色的烙印。

生於 1983 年的凱文・斯特羅姆（Kevin Systrom）和生於 1990 年的伊萬・斯皮格（Evan Spiegel），是移動互聯網時代創業明星的代表。無論是斯特羅姆在 2010 年創立的圖像社區 Instagram，還是斯皮格在 2011 年創立的社交工具 Snapchat，這類型的創業必須依附於移動互聯網的「風口」。如果這兩個年輕人在移動互聯網時代，硬是要去創立一個新的 PC 品牌，與戴爾、聯想、惠普競爭，那無論他倆的個人天賦怎樣，創業都必將以失敗而告終。

同樣地，在中國，李彥宏創立百度、張朝陽創立搜狐，都抓住了 1990 年代互聯網普及的「紅利期」，而馬化騰、馬

雲則分別在正確的時機，站上社交工具與電子商務的浪頭。
移動互聯網時代，中國科技產業尤其異彩紛呈。前兩年一波
O2O 浪潮，就如大浪淘沙一般，數以千計的新創公司曇花
一現，但美團、滴滴等明星公司也脫穎而出。

　　雷軍 2010 年創辦小米時，移動互聯網的大格局才剛剛
顯現。第一批移動互聯網用戶，大都在使用相對昂貴的
iPhone 手機和 Android 手機，中國大量普通用戶的痛點，是
難以接受高性能手機的高昂價格。小米在最恰當的時間，為
移動互聯網的普及注入了一針強心劑──性價比超高的智慧
手機。無論手機市場今後如何發展，我們都無法抹煞小米在
中國手機發展史上的關鍵地位。

　　小米之後，「小米模式」成為業界競相研究的物件，智
慧手機的性價比如何，也成為大量用戶選購手機時的重要考
慮因素。如果沒有小米在最好的時機，做了這樣一件「生逢
其時」的事情，中國移動互聯網的普及，肯定會來得遲一
些。2010 年時的雷軍本人，就是「風口論」的最佳實踐者。

　　那麼，今天呢？剛好 20 歲、30 歲，有志創業的年輕
人，該如何尋找今天的創業「風口」呢？我想，看過這本書
的讀者，心中應該已經有了一個最好的答案──人工智慧！

　　人工智慧時代剛剛到來，人工智慧領域的各種創業機
會，還處在相對早期的發展階段。未來四、五年對人工智慧
時代的意義，和 1970 年代、1980 年代對 PC 時代的意義相

比，絕對毫不遜色。幾乎可以預言，如果人工智慧時代也會出現蘋果、微軟、谷歌、百度、阿里、騰訊等偉大公司的話，那麼這些偉大的公司，一定會有相當數量是在這四、五年裡創立的。

在這樣一個大時代、大格局來臨的前夕，世界各國都加強了人工智慧發展的布局，支持和鼓勵人工智慧方向的創業。不用說，在美國，世界最成熟的風投資本，幾乎步調一致地將目前的投資重點，由移動互聯網轉向人工智慧。由於資本、人才和市場三位一體的優勢，美國的人工智慧新創企業不僅數量最多，而且品質最高、類型最為齊全。

從舊金山到矽谷，從西雅圖到紐約，在 AI 晶片、AI 平台、自動駕駛、智慧金融、智慧醫療、機器人、智慧物聯網、智慧教育、智慧客服等領域創業的公司數不勝數。有興趣的讀者，可以從 CBInsights 發布的前 100 家人工智慧新創企業名錄中，[18] 尋找一下美國當前人工智慧創業的趨勢和脈絡。

英國是另一個人工智慧創業的樂園，研發 AlphaGo 的 DeepMind，就是一大批英國 AI 創業明星中的代表。2017 年 1 月，我和倫敦市長薩迪克・阿曼・汗（Sadiq Aman Khan）討論英國人工智慧創業氛圍時了解到，英國之所以在人工智慧創業領域獨具特色，主要是因為英國有足夠優秀的人工智慧科學家，在科研領域處於世界頂尖水準。但在資

本、市場等大環境上，英國仍無法與美國相比，這是包括
DeepMind 在內的許多英國創業團隊，都被美國公司收購的
原因。薩迪克・阿曼・汗覺得，英國應當加強自己的資本生
態系統（英國支援科技創新的資本總額，比起美國和中國還
是差了不少），同時需要讓本土技術能夠更快走向美國、中
國等更大市場。[19]

　　加拿大是人工智慧創業的「科研型孵化器」，在深度學
習三巨頭中，傑佛瑞・辛頓和約書亞・本吉奧，都在加拿大
的大學教書，這直接促成加拿大極為出色的人工智慧研究氛
圍。有大批人工智慧方向的優秀學生，從加拿大的大學畢業
後，相當一部分都「南下」美國工作或創業，但也有不少人
選擇在加拿大開始創業歷程。

　　2016 年 10 月，本吉奧啟動了一項名叫 Element AI 的創
業孵化專案，專注於深度學習技術研發，幫助蒙特婁大學和
麥基爾大學的人工智慧研究專案建立新創公司。本吉奧說：
「我將努力在蒙特婁大學建立一個『人工智慧』生態。」[20]

　　中國的人工智慧創業，幾乎與世界同步。根據《烏鎮指
數：全球人工智慧發展報告 2016》[21] 的統計：在人工智慧的
領域，美國與歐洲投資較為密集，數量較多，其次為中國、
印度、以色列。美國總共獲得 3,450 多筆投資，位列全球第
一；英國獲得 274 筆投資，位列第二；中國則以 146 筆投資，
位列第三。美國人工智慧企業總數為 2,905 家，全球第一。

僅加州的舊金山灣區、大洛杉磯地區兩地的企業數量即達到1,155 家，占全球的 19.13％。中國人工智慧企業數量，雖然不及美國，但在北京、上海、深圳三大城市，也集中了一批高品質的人工智慧團隊。北京、上海、深圳的 AI 企業數量，占全球總數的 7.4％，在東亞地區位列前三。其中，北京的 AI 企業就有 242 家。

AI 時代，最大「風口」就是人工智慧本身。肯定不是所有豬都能在風口上飛起來，但要做一飛沖天的創業英雄，就一定要看準科技大勢，選擇在最正確的時機、做最正確的事。

人工智慧的商業化路線圖

本質上，過去二十年的互聯網和移動互聯網，是一個不斷將線上、線下的業務場景緊密連接，同時不斷促使數據產生、流轉、集中和再利用的過程。如果把世界看成一個大市場，互聯網和移動互聯網的作用，就是讓這個大市場中的資訊更透明，讓資訊流通更順暢，以此降低交易成本，消除資訊不對稱。

但在知識、數據的累積達到頂峰，業務流程也因為資訊的高效流轉而順利運作後，如何進一步提高生產率，降低業務成本，提升業務收入呢？我們認為，下一次生產率革命的關鍵是「自動化」，而人工智慧正是幫助現有流程實現自動

化的最好工具。

從投資人的角度來看，AI 興起的最大契機，還不是深度學習技術的發明，而是過去二十年互聯網、移動互聯網的高速發展對自動化的強烈需求。有了這項需求，以及成熟的業務流程和高品質的大數據，深度學習技術的突破就是「萬事俱備、只欠東風」的事了。

所以，在戰略方面，我們絲毫不用擔心 AI 能否落地、能否商業化。谷歌、Facebook、百度等互聯網巨頭的搜尋和廣告業務，本質上就是機器學習驅動的，而且早已證明成功。我們需要關心的，只是人工智慧在接下來的時間內，以何種趨勢、何種方式在其他領域落地的問題。

創新工場管理合夥人、資深投資人汪華認為，人工智慧的商業化大致可分為三個主要階段：

> 第一階段，AI 會率先在那些線上化程度高的行業開始應用，在數據端、媒體端實現自動化。這個過程首先會從線上「虛擬世界」開始，隨著線上化的發展擴張到各行業，幫助線上業務實現流程自動化、數據自動化、業務自動化。

互聯網和移動互聯網的發展，已經在許多領域為 AI 做好業務流程和數據上的準備。擁有高品質線上大數據的行

業，會最早進入人工智慧時代。例如，大家常說金融業是目前人工智慧應用的熱點，這正是因為金融業、特別是互聯網金融，已經做好使用 AI 的準備。此外，美團等公司將餐飲服務與線上業務連結起來，滴滴、摩拜單車等公司將交通出行與線上業務連結起來，在這些擁有線上業務流程和高品質數據累積的地方，AI 同樣開始發揮作用，大幅提高線上業務的自動化程度。

第二階段，隨著感知技術、感測器和機器人技術的發展，AI 會延伸到實體世界，率先在專業領域、產業應用、生產力端，實現線下業務的自動化。

能感知實體世界資訊的感測器和相關的感知技術會愈來愈成熟、愈來愈便宜。在線下業務中，電腦系統可以透過物理方式，接受線下資訊或幫助完成線下操作。這個轉變意味著人工智慧從線上的「虛擬世界」，走入線下的實體世界。在這個階段，人工智慧的商業化，首先會從生產力的角度切入，全球的生產製造會逐漸被 AI 滲透。工業機器人、倉儲機器人、物流機器人等，將在這個階段實現大範圍的普及。

第三階段，當成本技術進一步成熟，AI 會延伸到個人場景，全面自動化的時代終將到來。

隨著技術日趨成熟，相關智慧產品價格大幅下降，AI
終將從企業應用進入個人和家庭。屆時，在每個人的工作和
生活中，大量應用場景都會因為 AI 的幫助而更自動化、更
有效率，人類的生活品質將因為 AI 普及而大幅提升。在這
個階段，AI 商業化的核心目標，是創建全面自動化的人類
生活方式。

根據汪華的判斷，我們目前正在進入 AI 商業化的第一
個階段，也許只需要三年左右的時間，AI 就可以在各種線
上業務中得到普及。AI 商業化的第二個階段，大概要花
五、六年或六、七年左右的時間才能充分發展。而標誌著全
面自動化的第三階段，也許需要十幾年或更長的時間。

就像過去二十年互聯網和移動互聯網的商業化所走過的
歷程一樣，人工智慧的商業化會以自己的節奏，分階段、分
步驟滲透到人類生產、生活的方方面面。而且，AI 對整個
社會的改變，可能比過去二十年互聯網革命所帶來的改變要
大得多。能否準確把握 AI 商業化的脈絡，是 AI 時代的創
業能否站上「風口」的關鍵。

AI 創業的五大基石

每個時代的創業有每個時代的特點，人工智慧創業就與
此前的互聯網時代創業或移動互聯網時代創業，很不相同。

按照我的歸納和總結，人工智慧時代的創業，有下列五

項前提條件：

- **清晰的領域界限**：人工智慧創業要解決的領域問題，一定要非常清晰，有明確的領域邊界，因為這類問題是今天以深度學習為代表的人工智慧演算法最善於解決的。例如，同樣是做機器人，如果做一個借助視覺感測器更良善規劃掃地線路、提高清潔效率的掃地機器人，將機器人的需求限定在一個有限的問題邊界內，這樣的解決方案就相對靠譜；如果一上來就要做一個長得像人一樣、可以與人交流的人形機器人，那麼以今天的技術，做出來的多半不是人工智慧，而是「人工智障」。

- **閉環的、自動標注的數據**：針對要用 AI 解決的領域問題，最好要在這個領域內，有閉環的、自動標注的數據。例如，基於互聯網平台的廣告系統，可以自動根據使用者點擊及後續操作，蒐集到第一手轉化率數據，而這個轉化率數據反過來又可以作為關鍵特徵，幫助 AI 系統進一步學習。這種從應用本身蒐集數據，再用數據訓練模型，用模型提高應用效能的閉環模式更加高效。谷歌、百度等搜尋引擎，之所以擁有強大的人工智慧潛力，就是因為他們的業務如搜尋和廣告本身，就是一個閉環的系統，系統內部就可以自動完成數據蒐集、標注、訓練、反饋的全過程。

- **千萬級的數據量**：今天人工智慧的代表演算法是深度學習，而深度學習通常要求足夠數量的訓練數據。一般而言，

擁有千萬級的數據量，是保證深度學習品質的前提。當然，這個「千萬級」的定義過於廣泛；事實上，在不同的應用領域，深度學習對數據量的要求也不盡相同。而且，也不能僅看數據紀錄的個數，還要看每個數據紀錄的特徵維數，以及特徵在相應空間中的分布情況等。

• **超大規模的計算能力：** 深度學習在進行模型訓練時，對電腦的計算能力，有著近乎「痴狂」的渴求。創新工場曾經給一個專注於研發深度學習技術的團隊，投資了 1,000 萬人民幣。結果，團隊建設初期才兩、三個月的時間，只是購買深度學習使用的計算伺服器，就花掉了 700 多萬。今天，一個典型的深度學習任務，通常都要求在一台或多台安裝有 4 塊甚至 8 塊高性能 GPU 晶片的電腦上運行。涉及圖像、影片的深度學習任務，則更是需要數百塊、數千塊 GPU 晶片組成的大型計算集群。在安裝了大型計算集群的機房內，大量 GPU 在模型訓練期間，會發出遠比普通伺服器多數十倍的熱量，所以許多機房的空調系統都不得不重新設計、安裝，在一些空調馬力不足的機房裡，創業團隊甚至購買巨大的冰塊來協助降溫。

• **頂尖的 AI 科學家：** 今天的人工智慧研發，還相當依賴演算法工程師、甚至是 AI 科學家的個人經驗累積。水準最高的科學家與普通水準的演算法工程師之間，生產力的差異不啻千百倍。人工智慧創業公司對頂尖 AI 科學家的渴求，直

圖 58　人工智慧創業的五大基石

接造成這個領域科學家和研究員的身價與日俱增。谷歌雇用傑佛瑞・辛頓、李飛飛，Facebook 雇用揚・勒丘恩，據說都開出數百萬美元的年薪。國內 AI 創業公司如曠視科技，也用令人瞠目的高薪，將機器視覺領域的頂尖科學家孫劍「挖」了過來，擔任公司的首席科學家。

AI 創業的泡沫現象及六大挑戰

當然，看到人工智慧創業機遇的同時，我們也必須保持

足夠清醒的頭腦。2016 到 2017 年，人工智慧的創業和投資，明顯存在無序、失衡、過熱的情況。人們常常擔憂的泡沫現象的確存在。

看看星火燎原般在美國、中國、以色列等地建立的自動駕駛創業團隊吧！自動駕駛這個行業確實巨大，但真的需要那麼多早期創業團隊嗎？要做一個第 4 級或第 5 級的自動駕駛，技術難度異常之大，非要投入巨資和最頂尖的研發人才不可。那麼，在那麼多新創的自動駕駛團隊裡，究竟有幾個可以在自動駕駛普及的那天倖存下來，成長為產業巨人的呢？

家用機器人的概念就更別提了。那麼多號稱開始研發家用機器人的公司，如果是做亞馬遜 Echo 那樣的限定使用場景的智慧家電還好，如果一上來就要做語言交流、人形外觀的機器人，那幾乎一定會因為技術水準無法達到人類用戶預期而走向失敗。道理很好理解，愈是長得像人的機器人，用戶就愈是會用人的標準去衡量、評價它，希望愈大，失望也就愈大。

語音和自然語言處理方面的創業，也有類似問題。今天的語音辨識雖然做得相當不錯，但機器的能力僅限於感知領域，只能完成聽寫這種以轉錄為主的任務。也就是說，機器目前只能很有效地將語音轉為文字，但根本無法直接理解文字的含義。只有限定一個非常特定的領域，技術才能解決問

題，如果要求自然語言處理演算法支援通用的人機對話，那就不切實際了。目前有許多從事智慧客服、智慧聊天機器人創業的團隊，如果不善於界定問題領域，就很容易將需求問題變複雜，以至於人工智慧技術也愛莫能助。

基於人臉識別技術的身分認證、安防類應用，是中國人工智慧創業的特色領域，已經產生了至少四家獨角獸，或接近獨角獸規模的創業公司。但這個領域的市場空間，絕對不會像自動駕駛那麼寬廣，目前二、三十家公司都要削尖腦袋擠進人臉識別市場的情況，顯然是過熱了。

基於人工智慧的輔助醫療診斷剛剛起步，就出現了一大批瞄準這個方向的創業公司。但只要是熟悉醫療行業的人都很清楚，在這個行業裡，要得到閉環的、有標注的、數據量足以發揮深度學習效能的醫療大數據，難度遠遠超過普通人的想像。沒有符合要求的醫療數據，人工智慧又該從何談起？所以，在智慧醫療領域，今後可以成功的新創公司，一定是那些既懂人工智慧演算法，又特別了解醫療行業，可以蒐集到高品質醫療數據的公司。

概括來說，目前的人工智慧產業發展面臨六大挑戰：

1. 前沿科研與產業實踐尚未緊密銜接：除少數垂直領域憑藉多年大數據積累和業務流程優化經驗，已催生出行銷、風控、智慧投顧、安防等人工智慧技術可直接落地的應用場景外，大多數傳統行業的業務需求與人工智慧的前沿科技成

果之間尚存有不小的距離。面向普通消費者的移動互聯網應用與人工智慧技術之間的結合，尚處於探索階段。科學家和研究者所習慣的學術語境，與創業者和工程師所習慣的產品語境之間，還無法快速銜接。

2. 人才缺口巨大，人才結構失衡：據領英（LinkedIn）統計，全球目前擁有約 25 萬名人工智慧專業人才，其中美國約占三分之一。但這個數量級的人才儲備，遠遠無法滿足未來幾年人工智慧在垂直領域及消費者市場快速、穩健成長的宏觀需求。人才供需矛盾顯著，高級演算法工程師、研究員和科學家的身價持續走高。在人才結構方面，高端人才、中堅力量和基礎人才間的數量比例，遠未達到最優。

3. 數據孤島化和碎片化問題明顯：資料隱私、資料安全對人工智慧技術建立跨行業、跨領域的大數據模型，提出了政策、法規與監管方面的要求。各垂直領域的從業者從商業利益出發，也為數據的共享和流轉，限定了基本的規則和邊界。此外，許多傳統行業的數據積累，在規範程度和流轉效率上，還遠未達到可充分發揮人工智慧技術潛能的程度。

4. 可複用和標準化的技術框架、平台、工具、服務尚未成熟：雖然 TensorFlow、Caffe、MXNet 等深度學習框架，已被數以萬計的研發團隊採納，相關開源專案的數量也在飛速增加，但一個完整人工智慧生態所必備的，從晶片、匯流排、平台、架構到框架、應用模型、測評工具、視覺化工

具、雲端服務的模組化與標準化工作，尚需三年或更長時間才能真正成熟。

5. 一些領域存在超前發展、盲目投資等問題：目前的人工智慧技術，只有在限定問題邊界、規範使用場景、擁有大數據支援的領域，才能發揮最大效用。但創投界存在盲目吹捧，不顧領域自身發展程度，或利用人工智慧來包裝概念等現象。由此產生的盲目創業和投資問題雖非主流，但仍有可能傷害整個行業的健康發展。

6. 創業難度相對較高，早期創業團隊需要更多支援：與互聯網時代、移動互聯網時代的創業相比，人工智慧創業團隊面臨諸多新的挑戰。例如，對高級人才較為依賴，科學家創業者自身的商業實踐經驗較少，高品質大數據較難獲得，深度學習計算單元和計算集群的價格十分昂貴等。

AI 是創新、創業的最好機會

如前所述，AI 創業既客觀存在局部過熱的泡沫，也有巨大的潛能尚待挖掘。總體來說，在目前的人工智慧大格局中，機遇是主旋律，泡沫和危機是必須克服的局部挑戰。此一格局在全球如此，在中國亦如此。

而且，若專就中國的 AI 創業環境來說，人工智慧更是助力中國科技騰飛的最好機會之一。互聯網和移動互聯網時代，中國科技精英已經用淘寶、微信、摩拜單車等「中國創

新」，讓世界看到創造力和執行力。人工智慧時代，中國的人才優勢、市場優勢、資金優勢、堅持多年創新的商業模式優勢等，都是人工智慧最好的生長土壤。如果措施得當、行動高效，中國甚至有可能藉人工智慧技術，全面占據資訊科技的制高點，在創新、創業領域真正成為引領者，而不是跟隨者。

在 AI 領域，華人已是科研中堅

2016 年，美國白宮發布的《國家人工智慧研究與發展策略規劃》報告，從 Web of Science 核心資料庫裡查詢提到「深度學習」或「深度神經網路」的文章，統計其數量變化趨勢。報告說，從 2013 年到 2015 年，SCI 收錄的論文裡，提到「深度學習」的文章成長了大約 6 倍，同時強調，「按文章數量計算，美國已不再是世界第一了。」

美國不是世界第一？誰是世界第一？報告指出，中國發表的相關論文數量，在 2013 年以前還落後於美國，在 2014 年和 2015 年，中國的相關論文數量，就躍居世界第一。如果只統計論文數量，中國在 AI 研究領域，已經是不折不扣的領跑者了。

白宮《國家人工智慧研究與發展策略規劃》中的數字統計，其實還是存在一些技術上的問題，比方說，直接搜

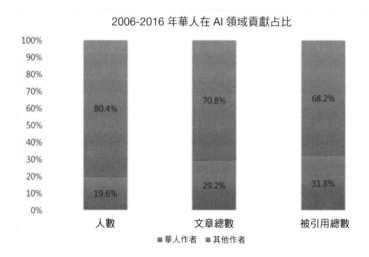

圖 59　華人在人工智慧研究領域的貢獻占比

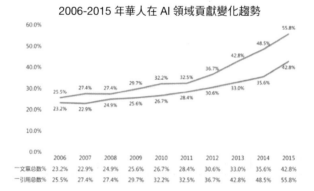

圖 60　華人在人工智慧研究領域貢獻的變化趨勢

尋關鍵字「深度學習」、「深度神經網路」，是否真的能涵蓋這些年人工智慧領域的所有科學研究進展？統計論文數量時，是否要考慮論文所發表期刊的影響因數，以便衡量論文的重要程度？

創新工場使用更嚴格的條件，只統計 Web of Science 核心資料庫中，SCI 影響因數較高的人工智慧期刊中的論文，並且在主題上涵蓋人工智慧相關的所有科研領域，做了一次獨立的資料分析。

根據創新工場的統計，在 2006 到 2016 年的時段裡，近兩萬篇最頂級的人工智慧文章中，由華人貢獻的文章數和被引用數，分別占全部數位的 29.2％和 31.8％。近十年，華人用五分之一左右的作者人數，平均貢獻了三成的頂級 AI 研究文章和被引用數。從統計角度來說，這已經是超出平均水準的科研貢獻了。

從變化趨勢上來看，2006 年到 2015 年間，華人作者參與的頂級 AI 論文，占全部頂級 AI 論文數量的比例，從 23.2％逐年遞增到 42.8％。而華人作者參與的頂級 AI 論文被引用次數，占全部頂級 AI 論文被引用次數的比例，從 25.5％逐年遞增到 55.8％。

舉例來說，《IEEE 模式分析與機器智能彙刊》（*IEEE Transactions on Pattern Analysis and Machine Intelligence*, PAMI）在 2006 到 2016 年間，引用數最多的前 500 篇最頂

級的人工智慧論文中,作者一共 1,220 人,其中華人科學家、研究者 316 人,占 25.9%。所有作者單獨累計的被引用數總和是 231,361 次,其中,華人科學家、研究者被引用數總和是 63,846 次,占 27.6%。如果單看 2014 年的數據(當年華人的文章數、引用數均較高),華人科學家、研究者被引用數占 51.8%,超過了半數。

也就是說,即便只統計頂級出版物裡的頂級文章,華人在人工智慧領域的貢獻,在發展趨勢上也和白宮報告中揭示的規律一致——無論從哪個角度來說,華人正在人工智慧領域裡,發揮舉足輕重的作用,而且從 2014 年和 2015 年開始,華人已經處於人工智慧研究的領先地位,占據人工智慧科研世界的半壁江山!

當然,需要特別指出的是,我們不能單看這些反映整體趨勢的統計資料就沾沾自喜。事實上,這些資料所表現的,僅僅是中國 AI 科學家及全世界的華人 AI 科學家作為一個整體,已成為 AI 科研的最大陣營這個事實。但從突破性科研貢獻的數量和品質上來說,中國還無法與美國相比。如果只統計那種革命式的、里程碑式的突破,中國人或華人的占比就會少很多了。

深度學習「三巨頭」中,沒有一個華人面孔,這個事實至少說明了,中國或世界華人科研群體中,還缺少頂級大師式的人物。用圍棋的段位來比喻的話,就是中國在人工智慧

領域擁有不少六段、七段，甚至八段的高段位棋手，但暫時還缺少九段的頂級高手。

　　一方面，客觀承認中國與美國在 AI 前沿科研上，仍存在著較大差異；另一方面，我們也必須看到中國 AI 科研力量的蓬勃興起。中國國內的研究者和分布在世界各地的華人研究者，在人工智慧領域共同構成一個巨大的人才儲備庫。無論是從國家的層面，還是從投資者、創業者的層面，我們都應該設法培育好、善用這個人才庫，盡量鼓勵海外華人科學家回國創業，或是幫助國內創業團隊盡快趕超世界水準。

中國獨具優勢的 AI 創業環境

　　儘管存在諸多挑戰，但我仍然大膽預測，在未來五年內，中國將會誕生許多世界級水準的人工智慧企業。為何我會如此堅定？因為中國具備了人才儲備、行業需求、龐大市場、生態系統等許多極有利於人工智慧發展的條件。

　　在人才儲備方面，除了前文提到的中國科研力量不可忽視之外，中國人也普遍對國內的數學等理工科的教學水準感到自豪。高水準基礎科學、工程學教育，可以造就大批高素質的年輕人才，這是任何一個新興產業賴以發展的關鍵。

　　中國學生普遍理工科較強、數學較強，這在人工智慧時代裡，顯然有巨大的優勢。龐大的理工科學生基礎，造就了一大批高素質的人工智慧科學家、工程師。同時，即便是沒

有專門去學電腦科學的學生，其中有很多已經具備了非常扎實的數學知識。這些學生在需要時，可以透過培訓，較快成為掌握深度學習等人工智慧技術的演算法工程師。目前，創新工場正和許多致力於人工智慧發展的企業一道，加強與大專院校的合作，努力培養更多的人工智慧人才，同時也投入資金，展開人工智慧科研數據集和競賽的建設，讓更多人有機會參與人工智慧技術的普及和提升。

在行業需求方面，中國的傳統行業較為薄弱，但這種狀況反而給中國帶來一種後發優勢。如今，許多中國傳統企業在技術轉化領域，還大幅落後於美國企業。但是，這些中國企業坐擁的是海量資料和充沛資金。他們有熱情、也有動力去投資那些能幫助企業拓展業務、提高收益、降低成本的人工智慧技術與人才。

中國有全球規模最大的互聯網市場，網民人數近八億，大量的互聯網公司正在深耕市場。很多非人工智慧的互聯網公司，成長到一定規模之後，為了轉型升級、擴大規模，都需要引入人工智慧技術。而且，中國市場既開放又有許多獨特性，儘管美國人工智慧企業領先全球，但他們要想進入中國市場，必須跨越重重阻礙。中國市場需要的，是最「接地氣」的當地語系化解決方案。此外，對於人工智慧的探索性和試用性需求，中國往往會採取相對開放和鼓勵的路線，這也可能促進產業的超速發展。

　　也就是說，中國雖然在人工智慧的前沿研發中不如美國，但中國擁有獨具優勢的 AI 科研和創業環境，有機會實現彎道超車，後發先至。

　　舉例來說，美國的金融業已經發展得非常成熟，金融企業使用的行銷、風控等模型，是數十年經驗累積的結果，要讓美國金融企業轉變思路，採用基於深度學習的新一代人工智慧系統，需要花費大量的時間與精力。反觀，中國的金融系統，各種新型金融機構十分活躍，基於互聯網的金融產品，幾乎每年都在進行模式創新。中國的新興金融機構，沒有那麼多歷史包袱的束縛，反而可以更快試用或部署深度學習演算法，協助改進業務流程、提高效率。

　　現在正是將人工智慧技術轉化為產業應用，解決現實社會問題的黃金時期。妥善抓住人工智慧熱潮中的機遇期，中國應當會有一番大作為。

AI 黃埔軍校 —— 微軟亞洲研究院

　　說到今天的中國 AI 創業，就不能不提一所培養人工智慧人才最多，輸出人才品質最高的人工智慧黃埔軍校，就是我在 1998 年回國創立的微軟亞洲研究院（1998 年創立時的名稱是微軟中國研究院。）

　　我非常懷念 1998 年創立微軟亞洲研究院的時光，那段時間就像我自己的「陽光燦爛的日子」，似乎只要你有足夠

圖 61　1998 年，微軟中國研究院（微軟亞洲研究院前身）的新創團隊合影

的熱情，就可以將全球最具實力的華人科學家聚集在一起，共同從事機器視覺、語音辨識、智慧交互、多媒體、圖形學等前沿領域的研究，共同享受科研所帶來的快樂。

　　那個時候，雖然剛剛經歷國際象棋領域的「人機大戰」，但科研界和產業界還處於人工智慧發展的低谷期。人工智慧科學家，還不像今天這樣被高科技企業以重金「哄搶」，有太多急功近利的科研人員，耐不住人工智慧領域的寂寞，匆匆轉向其他更容易完成產業轉化的領域。

　　但微軟亞洲研究院不同，我們從一開始就制定了面向未

來的主導原則，確定了圍
繞人工智慧各技術領域組
建高水準研究團隊的基本
思路。敢於設想別人不敢
想的未來，敢於做別人不
願做的研究，這是微軟亞
洲研究院之所以能在數年
之後，成為國際人工智慧
領域科研重鎮的關鍵。

圖 62　微軟亞洲研究院創立早期，我和
張亞勤在清華大學與計算機系學生交流

　　在那段「陽光燦爛的
日子」裡，我親自聘請或
招募到的微軟亞洲研究院
的科研精英們，個個都那
麼年輕、有活力。今天，
他們幾乎每個人的名字，
都在科技大潮中熠熠生
輝。尤其是在人工智慧領
域，今天中國最好的 AI 創

圖 63　微軟亞洲研究院四位歷任院長：
李開復、張亞勤、沈向陽、洪小文

業團隊裡，首席科學家的人選有許多都曾在微軟亞洲研究院
工作過。

　　1999 年加入微軟亞洲研究院的張宏江是視頻檢索領域
的「開山鼻祖」。張宏江在微軟亞洲研究院期間，就曾帶領

和指導視覺計算組解決人臉識別的問題。今天，人臉識別在中國的金融和安防兩個垂直領域得到廣泛應用，人臉識別方向的優秀新創團隊，幾乎都能從師承關係上，回溯到張宏江當年指導過的這個研究組。例如，商湯科技創始人湯曉鷗，曾在微軟亞洲研究院擔任視覺計算組主任，商湯科技的核心技術團隊也基本來自微軟亞洲研究院，2016 年加盟曠視科技（Face++）擔任首席科學家的孫劍，曾在視覺計算組工作了十幾年，是沈向陽的得意門生，而曠視科技的技術骨幹差不多都是孫劍和湯曉鷗的學生。

此外，像郭百寧、芮勇、馬維英、顏水成等一大批青年科學家，當年都曾在微軟亞洲研究院從事人工智慧相關的科研專案。今天，郭百寧擔任微軟亞洲研究院的常務副院長，芮勇則在 2016 年加入聯想擔任 CTO，馬維英於 2017 年 2 月出任今日頭條副總裁，顏水成現在是 360 公司首席科學家、人工智慧研究院院長。在更年輕的人工智慧大牛中，曠視科技的創始人印奇、商湯科技的楊帆、初速度（Momenta）的創始人曹旭東、依圖科技的創始人林晨曦、Linkface 的創始人夏炎、深度學習框架 Caffe 的作者賈揚清等，都有在微軟亞洲研究院實習或工作的經歷。

當年接替我擔任微軟亞洲研究院院長的張亞勤，研究方向主要在多媒體領域，但也和人工智慧有很多交集，例如對視頻的壓縮、分類、理解，都需要 AI 的幫忙。相關的三維

圖形學研究，會慢慢由純粹的圖形學問題，逐漸演變為使用人工智慧演算法理解空間結構等 AI 問題。此外，微軟亞洲研究院當年從事搜尋、大數據等方向研究的，最後都需要融合機器學習，特別是深度學習技術。應該說，當年我和張亞勤為微軟亞洲研究院規劃的幾個研究組，除了其中偏重人機交互介面技術的小組（當年由王堅領導的小組。王堅後來成為了阿里雲的創始人）外，其他研究組都或多或少與人工智慧相關。

　　當年，我在微軟亞洲研究院開創的一番事業，許多年後，在人工智慧領域真的結出了讓人欣慰的果實。幾十年來，人工智慧技術幾起幾落，但始終有那麼一批志向高遠的科學家、研究員、大學生，始終埋頭科研，探索未知。正是因為有微軟亞洲研究員等一批面向未來的科研機構存在，人工智慧才得以在今天蓬勃發展起來。

創新工場的 AI 布局

　　2009 年，我離開谷歌，創辦了幫助青年人完成創業夢想的風險投資機構——創新工場。迄今，創新工場已在移動互聯網和各垂直領域，投資了近 300 家創業公司，其中包括 30 餘家以人工智慧技術為核心驅動力的公司。創新工場對人工智慧目前和未來落地的主要應用場景，有著透徹的理解和深厚的經驗累積。

　　把握時機對創業和投資至關重要。創新工場根據技術成熟度和未來發展趨勢，將人工智慧各應用領域劃分為現階段已成熟、三到五年成熟、五到十年成熟、十年後成熟等不同類型，並分別設計相應的投資策略。

　　如圖 64 中所示，創新工場將人工智慧領域的應用劃分為大數據、感知、理解、機器人、自動駕駛等不同門類，在每個門類中，按照人工智慧技術的應用成熟度，將具體應用領域排列在時間維度上。

　　總體來說，人工智慧在互聯網、移動互聯網領域的應用，如搜尋引擎、廣告推薦等，已經非常成熟。在商業自動化、語音辨識、機器視覺、手勢識別、基礎感測器、工業機器人等方面，人工智慧可以立即應用、立即收效。

　　金融類人工智慧的應用雖然已經起步，但尚需一段時間才能真正普及。智慧教育、智慧醫療、AR／VR 中的人工智慧、量產的感測器、商業用機器人等，預計會在三到五年內成熟可用。

　　可供普通技術人員、乃至非技術人員使用的人工智慧平台，包括計算架構、演算法框架、傳感平台、雲端服務等，大約會在三到五年後趨於成熟，並擁有夠大的商業機會。

　　通用的自然語言對話工具、智慧助手、普及型的家用機器人等，則至少需要十年左右甚至更長的時間，才有可能完成商業化。

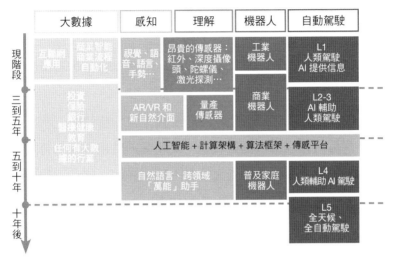

圖 64　創新工場在人工智慧領域的投資布局

　　另外，在自動駕駛領域，三到五年內，必將是第 2 級到第 3 級的輔助駕駛最先大規模商用，而且鑑於安全考量，這些自動駕駛應用也會是限定場景、限定道路等級的。真正的「無人駕駛」，即第 4 級或第 5 級的自動駕駛，大概還需要五到十年，才能上路運行。

　　除了直接投資，創新工場還宣布成立人工智慧工程院。這是一個專門面向人工智慧的創業人才培養基地和創業專案孵化實驗室，使命是為人工智慧創業提供人才與技術、產品和商業經驗、市場推廣、軟硬體平台、高品質大數據來源等多方位的支援。

　　人工智慧領域的高級人才和高水準技術團隊，如果已經

有了清晰的商業模式和成熟的產品規劃，創新工場可直接提供投資支援；如果商業模式或產品規劃尚未清晰，創新工場人工智慧工程院則可使用孵化的方式，幫助創業者實現創業夢想。

創新工場人工智慧工程院的主要工作任務包括：

- **對接科研成果與商業實踐，幫助海內外頂級人工智慧人才創業**：創新工場人工智慧工程院面向海內外招聘頂級人工智慧科學家和駐點創業家（EIR），利用創新工場豐富的產品化和商業化經驗，協助完成前沿科研成果向商業應用的轉化，同時也可根據需要，匹配優秀的創業夥伴，建立高效的創業團隊，對接有價值的商業管道，發展成熟的商業模式。

- **培育和孵化高水準的人工智慧技術團隊**：創新工場人工智慧工程院招聘人工智慧相關的演算法工程師、架構工程師、應用開發工程師等高級人才，並在大學相關專業科系招聘實習生。來自谷歌、微軟等頂級工程與研究團隊的技術專家將作為導師，帶領並培養年輕工程師、研究員，孵化高水準的人工智慧技術團隊。

- **積累和建設人工智慧數據集，促進大數據的有序聚合和合理利用**：大數據是人工智慧科研與產業化的關鍵，創新工場人工智慧工程院計畫在科研數據和商業數據兩個方面，投入資金與技術力量，推動數據集建設和大數據

聚合，探索在高效利用大數據的同時，切實保證資料安全和使用者隱私的技術、流程與規範。

- **展開廣泛合作，促進人工智慧產業的可持續發展**：創新工場正與國內頂級大學系所合作建設人工智慧相關課程，也積極與技術社區、科技媒體、教育機構等展開合作。創新工場計畫利用演算法競賽、技術俱樂部、論壇和會議等方式，全面推動技術交流與人才培養。創新工場還希望加強與政府相關部門、國內外高科技公司的合作，促進人工智慧相關的技術、格式、介面、服務的標準化，提高人工智慧在更大範圍的普及程度，建立規範、合理、健康、可持續發展的人工智慧產業生態。

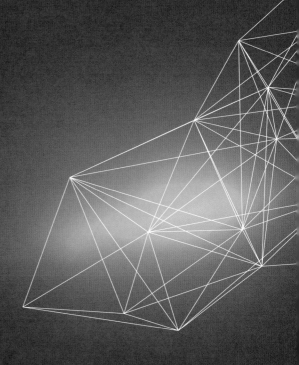

Chapter 6 | 迎接未來：
AI 時代的教育和個人發展

AI 時代，應該如何學習？

　　過去一年，我做了許多場關於人工智慧發展趨勢的演講。講到 AI 將在未來十年內，取代或改變許多簡單、低效的人類工作時，身為家長的聽眾會好奇地問我：AI 時代，孩子到底該學什麼，才不至於被機器「搶」了工作？

　　其實，與其討論讓孩子學什麼，不如先討論孩子應該如何學習。學習方法遠比學什麼內容更為重要，尤其是在人機協作、各自發揮特長的時代裡，填鴨式和機械式的學習，只能把人教成機器，讓孩子喪失人類獨有的價值。

　　2013 年，包括哈佛大學前任校長在內的一群著名美國教育家，聯合創辦了一所神祕的四年制大學——密涅瓦大學（Minerva Schools at KGI）。第一年招生時，這所大學的錄取率低於 3%，遠低於哈佛大學的 8～9%，是全美錄取最嚴格的大學院校。被密涅瓦大學第一批錄取的學生，收到的錄取「通知書」，是一具精緻的小木盒，盒蓋上用英文寫著「好奇心」的字樣，盒子裡頭是一台訂製的 iPad。只要打開，密涅瓦大學的創辦人本・尼爾森（Ben Nelson）就會收到通知，並與學生進行一次視訊通話，安排學生在舊金山開始四年的學業。

　　這麼神祕的學校、這麼低的錄取率、這麼有趣的新生報到流程，密涅瓦大學到底有什麼過人之處？該校創辦人相

信，傳統的四年制大學，已經無法適應未來的需要，大學教育過程本身需要被改革、甚至被顛覆，線上課程、討論小組、實習實踐、自我探索和自我完善，將成為今後教育的主流模式。基於這樣的思路，密涅瓦大學使用的是一套名為「沉浸式全球化體驗」（Global Immersion）的教學方法。

　　密涅瓦大學的所有入學新生，都要在舊金山的一個獨特校區，完成第一年的學業。這一年的主題是「基礎」，但學生所學的課程與普通大學一年級的課程，有著非常大的差異。密涅瓦大學的教育家們相信，讓學生付費去學網上到處都可以找到的基本課程，例如基礎的電腦導論、經濟學導論，或是物理學導論，是一件得不償失的事。因此，密涅瓦大學的大一課程，直接將知識課程與四種極其重要的方法論有機結合起來，變成「形式分析、實證分析、多模式交流、複雜系統」四大課程板塊。[1]「形式分析」主要用於訓練學生精密、合理思考的能力；「實證分析」著重培養創造性思維和解決實際問題的能力；「多模式交流」則關注使用不同方法進行有效交流的能力；「複雜系統」的重點在於複雜環境中的有效協作。

　　從大二開始，密涅瓦大學的學生們，會進入專業課程的學習階段，這一年的主題是「方向」。學生可以跟導師一起，從藝術與人文、計算科學、商學、自然科學、社會科學共五個方向中，擇定自己的專業，也可以選擇攻讀兩個專業。大

圖 64　密涅瓦大一的四個課程方向

三的主題是「專注」，要求學生深入各自專業方向的領域內，培養精深的專業技能。大四的主題是「綜合」，著重培養學生學以致用的能力。

　　最獨特的是，除了大一在舊金山外，大二到大四的三年內，學生每年都會到世界上的一個不同地方完成學業。密涅瓦大學分布在全世界的教學地點，包括印度海德拉巴、布宜諾斯艾利斯、台北、首爾、柏林、倫敦等。[2] 專業課程教學時，沒有死板的課本，也沒有傳統的填鴨式授課，每堂課同

時參與的學生人數很少，最多不超過 20 人，以遠端教學和集體討論為主，學生可與分布在全球各地的著名教授交流、互動。同時，在學習之餘，學生要在當地進入一家與自己學業相關的代表性公司，在實習中培養自己的全面素質，真正學會如何工作。

對於密涅瓦大學的大膽實踐，人們存有很多爭議。密涅瓦大學與谷歌、麥肯錫、高盛等企業有合作關係，培養出來的人才，很多都可以滿足這些一流企業的實際需要。但這種近乎顛覆式的模式，到底是不是未來最好的教育形式，恐怕這要更長時間的檢驗，才能夠下結論。就拿密涅瓦大學重點採用的遠端線上教育的方法來說，優點是學生能夠隨時與最優秀的學者互動，從更多不同風格的教授身上汲取知識和經驗，但線上教育缺少面對面教學時的那種沉浸感，有時難以深入交流的問題也比較明顯。

無論如何，實驗性質的密涅瓦大學，為「未來如何學習」，提供了一種建議性的答案。其實，在中國著名學府中，有識之士也在積極做著有關新教學模式的探索。在清華大學，姚期智院士創辦的清華學堂電腦科學實驗班（又稱「姚班」），就是其中很有代表性的一個。

姚班專注於「因材施教」和教學上的「深耕」、「精耕」，設置了階梯式培養環節：「前兩年實施電腦科學基礎知識的強化訓練，後兩年實施『理論和安全』、『系統和應用』兩大

方向上的專業教育；著力營造多元化、富有活力的學術氛圍，建立多方位、多層次的國際學術交流平台。」[3]

姚班對於大學四年課程的設計，與密涅瓦大學擁有異曲同工之妙。最重要的是，姚班不但提倡多元與專深結合的教學方法，還特別鼓勵面向實踐、面向解決問題的教學氛圍。電腦科學本身，就是一門強調實踐的科學，姚班特別鼓勵學生在學習期間參加競賽，或參加谷歌、微軟等科技公司的實習專案。創新工場與姚班之間，也嘗試共辦人工智慧課程的合作，將最前沿的產業實務經驗、創業經驗帶給姚班的學生。

姚班的學生非常厲害。在姚班第一屆的學生裡，出了一個後來被大家稱為「樓教主」的超級牛人——樓天城。樓天城在高中期間就聰慧過人、獲獎無數，得過國際資訊奧賽金牌。進了姚班之後，更是頻繁參與世界各大程式設計的挑戰賽，在百度之星、谷歌全球程式設計挑戰賽、Facebook 駭客盃世界程式設計大賽、TopCoder 比賽、ACM 大賽中，顯露出驚人的實力，有著「一人單挑一隊」的傳奇故事。在喜歡程式設計競賽的後輩學生看來，樓教主就是百萬軍中取得上將首級如探囊取物的「神」級人物。

樓天城的功力，不僅僅在於競賽，在實際工程專案中，功夫一樣了得。2007 年夏天，樓天城就曾在谷歌北京實習，表現不錯。隨後，曾在谷歌自動駕駛團隊工作。後來，

在短期加入 Quora 之後，樓天城入職百度，成為百度無人車團隊的中堅力量，在級別上更是成為百度最年輕的 T10 級工程師──據說，深度學習領軍級人物吳恩達，在加入百度時也才是 T10 級。最近，樓天城和百度另一位資深工程師彭軍（James Peng）一起離開百度創業，註冊了一個名叫 Pony.ai 的神祕功能變數名稱。相信樓天城在自己的創業道路上，也能表現不俗。

出自姚班的樓教主，擁有許多姚班學生的共通性，用他自己的話來說就是：「我非常喜歡挑戰困難。所以，我希望我工作的地方，是一個每天都可以接受有趣、有挑戰性的問題的崗位。」[4]

敢於挑戰自己，敢於面對有趣、有難度的問題，這是姚班這種新型教育氛圍，較容易培養出來的學生特質。具備這種特質的學生，最容易在人工智慧時代作為人類智慧的代表，設計出最高效的 AI 系統，與 AI 系統一起創造更大價值。

如果要我總結，我覺得，人工智慧時代最核心、最有效的學習方法，包括：

• **主動挑戰極限：**向樓天城那樣喜歡並主動接受一切挑戰，在挑戰中完善自我。如果人類不在挑戰自我中提升，那也許真有可能全面落後於智慧型機器。

• **做中學（learning by doing）：**面對實際問題和綜合性、複雜性問題，將基礎學習和應用實踐充分結合，而不是先學

習再實踐。一邊學習一邊實踐的方法，有點像現代職業體育選手的以賽代練，對個人素質的要求更高，效果也更好。

• **關注啟發式教育，培養創造力和獨立解決問題的能力**：被動的、接受命令式的工作，大部分都可以被機器取代。人的價值將更多會體現在創造性的工作中，所以啟發式教育非常重要。死記硬背和條條框框，只會「堵死」學生靈感和創意的源頭。

• **雖然面對面的課堂仍將存在，但互動式的線上學習，將會愈來愈重要**：只有充分利用線上學習的優勢，教育資源才能被充分共享，而教學品質和教育公平性，才有切實保證。創新工場投資的 VIPKid、盒子魚等面向教育創新的公司，就是大量使用線上教育、機器輔助教育等方法，來幫助孩子學習的範例。

• **主動向機器學習**：在未來的人機協作時代，人所擅長的和機器所擅長的，必將有很大的不同。人可以拜機器為師，從人工智慧的運算結果中，吸取有助於改進人類思維方式的模型、思路，甚至基本邏輯。事實上，圍棋職業高手們，已經在虛心向 AlphaGo 學習更高明的定式和招法了。

• **既學習「人─人」協作，也學習「人─機」協作**：未來的「溝通」能力，將不只限於人與人之間的溝通，人機之間的溝通，將成為重要的學習方法和學習目標。學生要從學習的第一天起，就和面對面或遠端的同學（可以是人，也可以是

機器）一起討論，一起設計解決方案、一起進步。

• **學習要追隨興趣：**興趣就是那些比較具有深度的東西，所以只要追隨興趣，就更有可能找到一個不容易被機器取代的工作。無論是為了美、為了好奇心，或是為了其他原因而產生的興趣，都有可能達到更高的層次。在這些層次裡，人類才可以創造出機器不能替代的價值。

AI 時代，應該學什麼？

有關學習的內容和目標，我的小女兒德亭，曾經說過一段讓我特別尊重、特別讚許的話。

德亭很早就喜歡攝影，她五歲的時候，得到人生第一台相機，並從幫姐姐設計出來的漂亮時裝拍照開始，逐漸拓展拍攝物件，很早就成了一個小小攝影愛好者。她中學時，很想以攝影作為自己的專業，但我擔心她喜歡攝影，只是為了逃避功課。申請大學前，我反覆跟她討論，提醒她：「妳必須想清楚喔！專業攝影師很快就會被淘汰，現在攝影工具愈來愈方便，大家都能輕易拍出好照片，專業攝影師的優勢會漸漸消失。」

可我沒有料到，德亭很鄭重地說了下列這段話：「我做過調查了，目前在美國，一個專業攝影師的薪水比記者還要低，而記者的薪水相比其他各行業也愈來愈低了。可是爸爸，我願意賺比較少的錢，做自己真正想做的事。每次背著

沉甸甸的相機出去拍照，回來的時候雖然筋疲力盡，我卻總是心花怒放。我非常慶幸生活在高科技的時代，可以輕鬆擁有數位攝影，以及低成本、大容量的儲存裝置，還有無處不在的網路。這些讓我像一個裝備齊全的獵人一樣，捕捉我所有的感動，然後用心將圖像提取出來。未來的攝影，絕對不只是按下快門，而是要用新的眼光，讓影像產生新的意義，而那絕對不是科技可以取代的。」

每當我思索人與機器共存的未來時，就總會想起德亭的這段話。的確，攝影技術再先進，相片畫質再好，也取代不了攝影師內心因為拍攝物件而產生的感動。這種感動可以賦予風景、人物、靜物、街景新的意義，即便以後有了人工智慧照相機，可以自動幫助人完成捕捉美景、記錄美好瞬間的任務，但是人的感動、人的審美、人的藝術追求，卻是機器無法取代的。

攝影如此，其他工作也是如此。我們很難準確列舉，AI時代到底該學什麼，才不會被機器取代。不過，我們大致還是可以總結出一個基本思路：

在人工智慧時代，程式化的、重複性的、僅靠記憶與練習就可以掌握的技能，將是最沒有價值的技能，幾乎一定可以由機器完成。反之，那些最能體現人的綜合素質的技能，例如，人對複雜系統的綜

合分析與決策能力，人對藝術和文化的審美能力和創造性思維，人由生活經驗及文化薰陶所產生的直覺和常識，還有基於人自身的情感（如愛、恨、熱情、冷漠等）與他人互動的能力……，這些是人工智慧時代最有價值、最值得培養與學習的技能。而且，在這些技能中，大多數都是因人而異，需要「訂製化」教育或培養，不可能從傳統的「批量」教育中獲取。

比方說，同樣是學習電腦科學，今天許多人滿足於學習一種程式設計語言（例如 Java），並且掌握一種特定程式設計技能（例如開發 Android 應用程式），這樣的能力在未來幾乎一定會變得價值有限，因為未來大多數簡單、邏輯類似的代碼，一定可以由機器自己來編寫。人類工程師只有去專注電腦、人工智慧、程式設計的思想本質，學習如何創造性地設計下一代人工智慧系統，或是指導人工智慧系統編寫更複雜、更有創造力的軟體，才可以在未來成為人機協作模式裡的「人類代表」。一個典型的例子是，在移動互聯網剛剛興起時，電腦科學專業的學生都去學移動開發，而人工智慧時代到來後，大家都認識到，機器學習、特別是深度學習，才是未來最有價值的知識。過去三年內，史丹佛大學學習機器學習課程的學生，就從八十人爆增到一千多人。

　　再比如，完全可以預見，未來機器翻譯取得根本性的突破後，絕大多數人類翻譯，包括筆譯、口譯、同步口譯等工作，還有絕大多數從事語言教學的人類老師，都會被機器全部或部分取代。但是，這絕不意味著人類大腦在語言方面就完全無用了。如果一個翻譯專業的學生，學習的知識既包括基本的語言學知識，也包括足夠深度的文學藝術知識，那麼這個學生顯然可以從事文學作品的翻譯工作，而文學作品的翻譯，因為涉及了大量人類的情感、審美、創造力、歷史文化素養等，幾乎一定是機器翻譯無法解決的一個難題。

　　未來的生產製造業，將是機器人或智慧流水線的天下。人類再去學習基本的零件製造、產品組裝等技能，顯然不會有太大的用處。在這個方面，人類的特長在於系統設計和品質管控，唯有學習更高層次的知識，才能真正體現出人類的價值。這就像今天的建築業，最有價值的，顯然是決定建築整體風格的建築師，以及管理整體施工方案的工程總監。這些能夠體現出人類獨特的藝術創造力、決斷力、系統分析能力的技能，是未來最不容易「過時」的能力。

　　在人工智慧時代，自動化系統將可大幅解放生產力，大量豐富化每個人可享有的社會財富。而且，由於人工智慧的參與，人類可以從繁重的工作中解放出來，擁有大量的休閒時間。屆時，這個社會對文化、娛樂的追求，就會達到一個更高的層次。而未來的文化娛樂產業，總體規模將是今天的

數十倍、甚至上百倍。那麼，學習文創相關技巧，用人類獨有的智慧、豐富的情感，以及對藝術的創造性解讀，去創作文創娛樂的內容，顯然是未來人類證明自己價值的最好方式之一。

當絕大多數的人，每天花六個小時或更多的時間，體驗最新的虛擬實境遊戲、看最好的沉浸式虛擬實境電影、在虛擬音樂廳裡聽大師演奏最浪漫的樂曲、閱讀最能感動人的詩歌和小說，或是賞析作家、音樂家、電影導演、編劇、遊戲設計師等的作品，那麼與此相關的工作，一定是人工智慧時代的明星職業。

科幻作家、雨果獎得主郝景芳說：「很顯然，我們需要去重視那些重複性標準化的工作，所不能夠覆蓋的領域。包括什麼呢？包括創造性、情感交流、審美、藝術能力，還有我們的綜合理解能力、我們把很多碎片連成一個故事這樣的講述能力，以及我們的體驗。所有這些在我們看來非常不可靠的東西，其實往往是人類智慧非常獨特的能力。」[5]

AI 時代，教育應該關注什麼？

在 2017 年 1 月的瑞士達沃斯論壇，我在談到未來的教育和學習時說：我們不能脫離大的經濟變革、大的社會轉型來討論教育。從宏觀角度來說，人工智慧時代的社會經濟模式，一定和今天的有很大的不同。未來，我們應當少關注一

點工作產出的經濟效益，更關注工作的目標和意義。我們在比較人和機器的勞動產出時，多半只用勞動價值和工時長短來衡量人類的產能，卻忽視了工作背後潛在的社會價值。

　　這裡的一項重點在於，人類的工作將在 AI 時代，進入一個新的層次。人們在競爭中，將選擇更好的雇主和工作，同時取得工作技能與深度上的提升，逐漸成為各類專業能手和頂尖人才，甚至最後成為特定領域的首席科學家、最有價值的金牌球員、最受老饕喜愛的明星大廚等。但是，機器也擁有屬於自己的全新定位。我們所要做的，就是思考在 AI 時代來臨之際，如何保留一手的經驗，如何為人類提供成長的空間，從而創造更多的就業機會，為人類的共同未來，找到更好的解決方案。

　　伊藤穰一認為，如果 AI 真能把整體社會的生產力，無限提高到一個極其充沛的程度，很多人可能根本就不願意繼續從事現在的工作。如今，包括政府公務員在內，很多人在崗位上過度勞動，薪水卻低得可憐。這些職業的確需要政策扶持和薪酬相關補助，才能鼓勵人們考慮選擇那些看似低回報的工作。古希臘的雅典城邦，就是一個很好的例子。當然，我們現在沒有那個時代的奴隸制，但想像一下，我們處於一個充滿藝術家和哲學家的社會，那時公民們關心的，會是資源配置是否公平、收入是否均等。但這並不意味著我們不再需要工作，否則就太不符合現代的經濟法則。社會仍然

需要人類勞動力，但人們將會變得更富裕、更能投身內心真正渴求的工作。屆時，將會有更多的音樂家，能夠心無旁騖地專注於他們熱愛的創作；更多廚師能夠每天精心烹調令人讚歎的美食，他們周遭人們的生活體驗，將會因此更為多彩豐富。[6]

其實，不只音樂產業，其他產業也存在著明顯的問題。例如，專欄作家和記者們的前途也值得憂慮，他們依循傳統媒體遊戲規則，都曾經歷過獲利頗豐的年代，而對於新的技術平台分發規則、更為 AI 自動化的媒體模式，他們仍未做好準備。記者、編輯們的專業地位，也需要被重新檢視與定位。未來型的 AI 技術公司，將有機會賺得較高的經濟收益，這些創新公司甚至能和前沿政府緊密合作，共同為未來世界的工作結構和薪酬制度，進行前瞻的規劃和準備。

過去，我們專注於培養數理化人才，為了訓練符合上個時代需求的工程師、醫師、會計師、律師等專業人才，我們已經投資龐大的社會資源，導致很多人打從學習階段起，就開始偏離核心潛能而毫不自知。人們將從人工智慧時代的大變革、大演進中獲得釋放，真正投入於我們擅長、我們熱愛的領域。

基本上，人工智慧時代的教育，應該注重下列幾個重點問題：

•該如何設計個性化、訂製化的教育，如何滿足不同學生的

需求，如何評估訂製化教育的效果？對此，我們也許更需要人工智慧技術的幫忙。當全社會的所有學習者與所有知識傳授者，都被網路連結在一起，當所有一對一、一對多的教學活動（參與未來教育活動的，甚至可以不完全是人類講師，也包括機器講師），所有相關資料都被即時採集起來，人工智慧技術可以在這個大數據的基礎上，進行智慧分析，幫助人類教育設計者總結得失，監控教學品質，調整課程設計，甚至與人類協作，共同設計新的教學體系。

• **教育如何做到可持續化？**最有效的再培訓和再教育體系是什麼？未來，人類有充裕的時間，思考自己的興趣和目標。未來人工智慧的普及，也給人們轉換工作提供足夠的機會（這是對主動尋找新目標的人而言），或是壓力（這是對因為機器而被迫轉換工作的人而言。）那麼，當一個人希望開始下一個人生階段的時候，我們的教育體系能否順利接納這樣的人，幫助他們完成再培訓？我不相信純粹的商業驅動，可以做到這一點。社會各層面的積極參與，尤其是社會福利層面的保障，對這件事至關重要。

• **教育體系的設計，必須更早、更充分地考慮社會整體的公平性。**利用極度完善的互聯網資源和強大的人工智慧技術，我們在不久的將來，有可能真正做到高品質教育無差別普及到地球上的每個角落。這在人類數千年的文明史上，是從來沒有發生過的事情。但線上教育、虛擬實境技術、人工智慧

技術的組合，也許就是解決教育公平的最佳技術方案。在一個完全訂製化的教育體系裡，世界上任何一個角落的任何一個學生，都可以根據興趣，連結到最適合的老師，享受完全為自己量身打造的課程，獲得世界一流的教育。這看起來是一個夢想，但它指明了一個合理的方向，在朝著這個方向努力的道路上，也許很多困擾我們多時的問題，就會迎刃而解了。

在人工智慧的時代，學習或教育本身不是目的。真正的目的，是讓每個人在科技的幫助下，獲得最大的自由，體現最大的價值，從中得到幸福。

有了 AI，人生還有意義嗎？

在可預見的未來，人機協作隨處可見。人類有大量的閒置時間，或者沉浸在高水準的娛樂內容裡，或者追隨自己的個人興趣，或者乾脆無所事事。在這樣的時代裡，扛在每個人肩頭上的工作壓力和家庭壓力會小很多，人生經歷、人生目標和人的價值觀，會前所未有地呈現出多樣化的特徵。

那麼，在這樣一個人類歷史從未經歷過的嶄新時代裡，人生的意義何在？如何過完一生，才算最有價值呢？我們會因為機器代勞了一切，而變得像《瓦力》（*Wall-E*）裡的人類後代一樣，懶怠、肥胖嗎？

圖 65　動畫電影《瓦力》中，因科技發達而懶怠、肥胖的人類後代

　　悲觀者說，AI 既然可以在不少具體的工作上（例如圍棋），做得比人類更好、學得比人類更快，那麼人活著的意義是什麼？ AI 既然可以在許多工作中取代人類，那麼人類的價值又該如何體現？

　　樂觀者說，超人工智慧還遙遙無期，AI 與人類協作，才是未來的主旋律。AI 對於人生意義的挑戰，主要源於人類自身的心理感受。如果我們能在農耕時代接受騾馬為人類的合作對象，在現代社會接受機械、車船與人類協作，那為什麼不能在人工智慧時代接受 AI 這個好幫手？

　　回顧人類文明發展，新科學、新技術總會在不破不立的因果關係鏈中，引發社會陣痛。賓士之父、德國人卡爾·弗里特立奇·本茨（Karl Friedrich Benz），在 1885 年做出世界

上第一輛馬車式三輪汽車時，就曾經被人嘲諷是「散發著臭氣的怪物」。我不算有神論者，但有時會樂觀認為，先進科技的出現，或許是「造物主」的善意，或是人類集體意識的英明決策，一面把人類從舊的產業格局和繁重勞作中解放出來，一面如鞭策或督促一般，迫使人類做出種種變革。比如AI，它一面釋放出巨大的生產力，免除人類繼續從事繁冗工作之苦，一面又在用可能出現的失業問題提醒人類：你應該往前走了！

　　我們的時代，正進入這樣一個前所未有的局面：隨著科技進步，AI技術將在大量簡單、重複性、不需要複雜思考就能完成決策的工作中，取代人類。汽車將不需要人類來駕駛，人類翻譯的工作將逐漸消失，人類交易員目前已經開始被電腦取代……，由此可能產生的失業問題，必須要有解決方案。人類社會如何接納在AI時代失去工作的人？人類歷史從未像今天這樣複雜、玄妙。AI將創造出更多財富，也必然創造出大量的新工作職缺。更多人可以轉換到新職缺，或是與智慧型機器協作。大多數的人可以因為社會財富的豐富，而選擇更加自由的生活，還可以依賴於全新的社會福利體系。

　　所以，我們每個人都面臨著抉擇：做一個天天領取政府福利、躺在家裡打game，身材就像動畫片《瓦力》裡的人類後代一樣臃腫的廢柴；還是努力適應新時代、學習新知

識，重塑自己在 AI 社會中的地位與價值，大步向前走？

美劇《西方極樂園》（*Westworld*），是如此定義人類的進化與發展：

- 人類進化的原始動力，靠的是自然界對各種進化錯誤（變異）的選擇，優勝劣汰。

- 當代科技發達，人類因變異而得的較低劣生物特徵，也會被技術保全下來，進化動力已然失效。

- 因為進化動力失效，人類也就失去了進一步進化的可能，總體上只能停留在目前的水準——人類必須不斷思索自身存在的價值，尋找生物特徵以外的生命意義。

我覺得，基於生物特徵的進化，也許快要成為過去；但是，基於人類自身特點的「進化」，才剛要開始。人之所以為人，正是因為我們有感情、會思考、懂生死。而「感情」、「思考」、「自我意識」、「生死意識」等人類特質，正是需要我們全力培養、發展與珍惜的東西。

在影集《真實的人類》裡，合成人曾說：「我不懼怕死亡，這使得我比任何人類更強大。」人類則說：「你錯了！如果你不懼怕死亡，那你就從未活著，你只是一種存在而已。」

這兩句對白讓我深有感觸。在我罹患癌症治療的期間，有次化療結束，我回台北家中休養。其時，台北剛剛入秋，陽光和煦，暖意融融。我的心情好極了！在台北街頭，處處

綠意盎然。車子載著我在路面輕快駛過，窗外樹影斑駁，美得像夢一樣不真實。我不禁在心裡輕嘆：「活著真好啊！」自從罹患癌症以來，行過死蔭的幽谷，重覽人間的芳華，那是我第一次如此真實體驗到夢境般美好的感覺。

這是人類與 AI 之間的另一種質的不同。AI 無法像人一樣，解悟生命的意義和死亡的內涵；AI 更無法像人一樣，因高山流水而逸興遄飛，因秋風冷雨而愴然淚下，因子孫繞膝而充實溫暖，因月上中天而感時傷懷……，所有的這些感觸，只有人類自己才能感受得到。也恰恰因為人類的生命有限，使得人類每個個體的「思想」和「命運」，都是如此寶貴、如此獨特。

法國哲學家布萊茲‧帕斯卡（Blaise Pascal）曾經說過：「人只不過是一根蘆葦，是自然界最脆弱的東西；但他是一根能思想的蘆葦。用不著整個宇宙都拿起武器來才能毀滅；一口氣、一滴水，就足以致他死命了。然而，縱使宇宙毀滅了他，人卻仍然要比致他於死命的東西更高貴得多，因為他知道自己就要死亡，以及宇宙對他所具有的優勢，而宇宙對此卻是一無所知。因而，我們全部的尊嚴，就在於思想。」[7]

人腦中的情感、自我認知等思想，都是機器完全沒有的。人類可以跨領域思考，可以在短短的前後文和簡單的表達方式中，蘊藏豐富的語義。當李清照說「雁字回時，月滿西樓」的時候，她不只是在描摹風景，更是在寄寓相思。當

杜甫寫出「同學少年多不賤，五陵衣馬自輕肥」的句子時，他不只是在感嘆人生際遇，更是在闡發憂國之情。這些複雜的思想，今天的 AI 還完全無法理解。

浮生碌碌，汲汲營營，我們身為萬物之靈，到底該怎樣活著？在 AI 興起的未來時代裡，我們怎樣才能在時代的競爭中，立於不敗之地？

不斷提升自己，善用人類的特長，善於借助機器的能力，這將是在未來社會裡，各領域人才的必備特質。機器可以快速完成數學運算，可以下出極高水準的圍棋，可以獨立完成量化交易，甚至可以從事一些最初級的詩歌、繪畫等藝術創作。但人類總是可以借助機器這個工具來提升自己，讓自己的大腦在更高的層次上，完成機器無法完成的複雜推理、複雜決策，以及複雜的情感活動。

借助車輪和風帆，人類在數百年前就周遊了整個地球；借助火箭發動機，人類在數十年前就登臨月球；借助電腦和互聯網，人類創造了浩瀚繽紛的虛擬世界；借助 AI，人類也必將設計出一個全新的科技與社會藍圖，為每個有情感、有思想的普通人，提供最大的滿足感與成就感。

在 AI 時代，只會在某個狹窄領域從事簡單工作的人，無論如何都無法與 AI 的效率和成本相比，必然會被機器所取代。如果不想在 AI 時代中，失去人生的價值與意義；如果不想成為「無用」的人，唯有從現在開始，找到自己的獨

特之處，擁抱人類的獨特價值，成為在情感、性格、素養上，都更加全面的人。

此外，人生在世，無論是理性還是感性，我們所能知、能見、能感的，實在是太有限了。在 AI 時代，我們可以更廣泛地借助機器和互聯網的力量，更全面感知整個世界、整個宇宙，體驗人生的諸多可能。唯有如此，才不枉我們短暫的生命，在浩瀚宇宙中如流星般走過的這一程。

的確，人只不過是一根蘆葦，卻是一根能夠思想的蘆葦。AI 來了，有思想的人生，並不會因此黯然失色，因為我們全部的尊嚴，就在於思想。

注釋

Chatper 1　人工智慧來了

1　〈圖靈獎設立50年，Raj Reddy & Jeff Dean談人工智能的發展與未來〉：http://geek.csdn.net/news/detail/114701。

2　https://en.wikipedia.org/wiki/Automated_Insights

3　"The Future of Finance is Automated": https://automatedinsights.com/ap.

4　"Associated Press expands sports coverage with stories written by machines": http://venturebeat.com/2016/07/01/associated-press-expands-sports-coverage-with-stories-written-by-machines/.

5　"The journalists who never sleep": https://www.theguardian.com/technology/2014/sep/12/artificial-intelligence-data-journalism-media.

6　〈美圖秀秀手繪自拍刷屏歐美背後：滿足用戶一秒變芭比娃娃夢想〉：http://www.thepaper.cn/newsDetail_forward_1608020。

7　"AI Is Transforming Google Search. The Rest of the Web Is

Next": https://www.wired.com/2016/02/ai-is-changing-the-technology-behind-google-searches/.

8 〈疑似未披露性騷擾指控，Uber高級副總裁離職〉：http://tech.sina.com.cn/i/2017-02-28/doc-ifyavvsh7085718.shtml。

9 "A Neural Network for Machine Translation, at Production Scale": https://research.googleblog.com/2016/09/a-neural-network-for-machine.html.

10 "Zero-Shot Translation with Google's Multilingual Neural Machine Translation System": https://research.googleblog.com/2016/11/zero-shot-translation-with-googles.html.

11 https://waymo.com/

12 https://en.wikipedia.org/wiki/Tesla_Autopilot

13 NHTSA特斯拉事故調查報告，2017.01：https://static.nhtsa.gov/odi/inv/2016/INCLA-PE16007-7876.PDF。

14 https://amazonrobotics.com/

15 "Amazon is just beginning to use robots in its warehouses and they're already making a huge difference": http://qz.com/709541/amazon-is-just-beginning-to-use-robots-in-its-warehouses-and-theyre-already-making-a-huge-difference/.

16 "DHL launches first commercial drone 'parcelcopter' delivery service": https://www.theguardian.com/technology/2014/sep/25/german-dhl-launches-first-commercial-drone-delivery-service.

17 https://www.starship.xyz/

18 https://cn.makewonder.com/dash

19 Jill Cirasella, Danny Kopec, "The History of Computer Games," 2006.

20　Roger C. Schank, "Where's the AI?," *AI Magazine* Vol 12, No 4, 1991.

21　https://en.wikipedia.org/wiki/Dendral

22　Stuart Russell, Peter Norvig, *Artificial Intelligence: A Modern Approach*, Third edition.

23　http://image-net.org/

24 "Google voice search: faster and more accurate": http://googleresearch.blogspot.ch/2015/09/google-voice-search-faster-and-more.html.

25　Stuart Russell, Peter Norvig, *Artificial Intelligence: A Modern Approach*, Third edition.

26　https://zh.wikipedia.org/wiki/人工智能

27　機器之心（微信公號），2015.02.25，〈【獨家】IEEE深度對話Facebook人工智慧負責人Yann LeCun：讓深度學習擺脫束縛〉：http://chuansong.me/n/1173135。

28　AI科技評論（微信公號），2016.12，〈周志華KDD China技術峰會現場演講：深度學習並不是在「模擬人腦」〉。

Chapter 2　AI復興：深度學習＋大數據＝人工智慧

1.　https://en.wikipedia.org/wiki/Hype_cycle

2.　https://en.wikipedia.org/wiki/Computer_chess

3.　https://arxiv.org/pdf/1502.01852.pdf

4.　https://en.wikipedia.org/wiki/Absolute_threshold

5.　將門創業（微信公號），2016.11，〈圖靈獎設立50年，Raj Reddy & Jeff Dean談人工智慧的發展與未來〉。

6.　https://en.wikipedia.org/wiki/Loebner_Prize

7. "The Life and Times of 'Eugene Goostman,' Who Passed the Turing Test": http://mashable.com/2014/06/12/eugene-goostman-turing-test/.

8. https://en.wikipedia.org/wiki/Blackboard_system

9. "Google says its speech recognition technology now has only an 8% word error rate": http://venturebeat.com/2015/05/28/google-says-its-speech-recognition-technology-now-has-only-an-8-word-error-rate/.

10. "Microsoft's newest milestone? World's lowest error rate in speech recognition": http://www.zdnet.com/article/microsofts-newest-milestone-worlds-lowest-error-rate-in-speech-recognition/.

11. 機器之心（微信公號），2016.09，〈機器之心代表讀者對話 Yoshua Bengio：沒有可與深度學習競爭的人工智慧技術 （附演講）〉。

12. Hinton, G. E., Osindero, S. and Teh, Y, "A fast learning algorithm for deep belief nets," *Neural Computation* 18, pp 1527-1554.

13. "Marvin Minsky, Pioneer in Artificial Intelligence, Dies at 88": https://www.nytimes.com/2016/01/26/business/marvin-minsky-pioneer-in-artificial-intelligence-dies-at-88.html.

14. http://www.musicmindandmeaning.org/

15. http://www.musicmindandmeaning.org/

16. https://en.wikipedia.org/wiki/Deep_learning

17. "How Many Computers to Identify a Cat? 16,000": http://www.nytimes.com/2012/06/26/technology/in-a-big-network-of-computers-evidence-of-machine-learning.html.

18. 〈谷歌人工智能背後的大腦：最快15年實現通用人工智能〉：http://tech.sina.com.cn/i/2016-08-03/doc-ifxunyxy6469103.shtml。

19. 新智元，2016.12，〈AI原力覺醒：谷歌大腦簡史〉。

20. Martin Hilbert, "Big Data for Development: A Review of Promises and Challenges," *Development Policy Review,* Volume 34, Issue 1, Jan 2016, pp.135-174.

21 Hilbert, M. and López, P. (2011), "The World's Technological Capacity to Store, Communicate, and Compute Information," *Science* 332(6025): 60–5.

22 Ginsberg, J.; Mohebbi, M. H.; Patel, R. S.; Brammer, L.; Smolinski, M. S. and Brilliant, L. (2009), "Detecting Influenza Epidemics Using Search Engine Query Data," *Nature* 457(7232): 1012–14.

23. 吳軍，《智能時代》，第3章，中信出版集團，2016.08。

24. 造就（微信公號），2017.02，〈當AI變成宣傳武器：繼續深扒大數據公司Cambrige Analytica〉。

25. http://www.cs.toronto.edu/~hinton/absps/NatureDeepReview.pdf

26. 機器之心（微信公號），2015.07，〈Nature重磅：Hinton、LeCun、Bengio三巨頭權威科普深度學習〉。

Chapter 3　人機大戰：AI真的會挑戰人類嗎？

1. http://senseis.xmp.net/?KGSBotRatings

2. https://storage.googleapis.com/deepmind-media/alphago/AlphaGoNaturePaper.pdf

3. "DeepMind and Blizzard to release StarCraft II as an AI research

environment": https://deepmind.com/blog/deepmind-and-blizzard-release-starcraft-ii-ai-research-environment/.

4. 全媒科技（微信公號），2016.12，〈DeepMind創始人：阿爾法GO的勝利只是小目標〉。

5. "Man Proves Greater Than Machine": https://www.pokernews.com/news/2015/05/man-is-greater-than-machine-players-win-732-713-against-ai-p-21508.htm.

6. 機器之心（微信公號），2017.01，〈重磅｜德撲人機大戰收官，Libratus擊敗世界頂尖撲克選手〉。

7. 量子位（微信公號），2017.01，〈德撲人機大戰落幕：AI贏了176萬美元，這裡是一份超詳細的解讀〉。

8. Stuart Russell, Peter Norvig, Artificial Intelligence: *A Modern Approach, Third edition.*

9. 尼克・伯斯特隆姆，《超智慧》，八旗文化，2016.10.05。

10. "The AI Revolution: The Road to Superintelligence": http://waitbutwhy.com/2015/01/artificial-intelligence-revolution-1.html.

11. "Gordon Moore: The Man Whose Name Means Progress": http://spectrum.ieee.org/computing/hardware/gordon-moore-the-man-whose-name-means-progress.

12. "Stephen Hawking warns artificial intelligence could end mankind": http://www.bbc.com/news/technology-30290540.

13. 〈霍金：自動化和人工智慧將讓中產階級大面積失業〉：http://tech.qq.com/a/20161203/002359.htm。

14. "Elon Musk: artificial intelligence is our biggest existential threat": https://www.theguardian.com/technology/2014/oct/27/

elon-musk-artificial-intelligence-ai-biggest-existential-threat.

15. "Silicon Valley investors to bankroll artificial-intelligence center": http://www.seattletimes.com/business/technology/silicon-valley-investors-to-bankroll-artificial-intelligence-center/.

16. 〈如何評價 Elon Musk 啟動的 OpenAI 專案？〉：https://www.zhihu.com/question/38441799。

17. "ASILOMAR AI PRINCIPLES": https://futureoflife.org/ai-principles/.

18. 〈人工智慧的23條「軍規」，馬斯克、霍金等聯合背書〉：http://tech.qq.com/a/20170207/031641.htm。

19. 〈AI只是人類的工具：專訪傑瑞·卡普蘭〉：https://zhuanlan.zhihu.com/p/24761876。

20. 機器之心（微信公號），2016.12.28，〈獨家專訪｜強化學習教父Richard Sutton：也許能在2030年之前實現強人工智慧演算法〉。

21. 〈DeepMind CEO稱，通用人工智慧還有很長的路要走〉：http://36kr.com/p/5058362.html。

22. "AI Is Not out to Get Us": https://www.scientificamerican.com/article/ai-is-not-out-to-get-us/.

23. 《福爾摩斯探案全集·藍寶石案》。

24. "AI learns Nobel prize-winning quantum experiment": https://cosmosmagazine.com/physics/ai-learns-nobel-prize-winning-quantum-experiment.

25. 機器之心（微信公號），2016.11，〈獨家：Hinton、Bengio、Sutton等巨頭聚首多倫多：通過不同路徑實現人工智能的下一個目標〉。

26. http://www.digitalspy.com/tv/humans/feature/a803240/humans-season-2-cast-spoilers-and-start-date-on-channel-4-and-amc/.

27. "Tech billionaires think we live in the Matrix and have asked scientists to get us out": http://www.cnbc.com/2016/10/07/tech-billionaires-think-we-live-in-the-matrix-and-have-asked-scientists-to-get-us-out.html.

Chapter 4　AI時代：人類將如何變革？

1. 〈專訪牛津大學教授戈爾丁等：這個時代為何不平等？〉：http://cul.qq.com/a/20160814/011166.htm。

2. 機器之心（微信公號），2016.11，〈獨家｜Hinton、Bengio、Sutton等巨頭聚首多倫多：通過不同路徑實現人工智慧的下一個目標〉。

3. Stephen Hawking, 2016.12, "This is the most dangerous time for our planet": https://www.theguardian.com/commentisfree/2016/dec/01/stephen-hawking-dangerous-time-planet-inequality.

4. https://zh.wikipedia.org/wiki/%E7%94%B5%E6%8A%A5.

5. 北京晨報，2016.12，〈京城最後發報人〉：http://news.sina.com.cn/s/wh/2016-12-08/doc-ifxypipt0508137.shtml。

6. 創新工場（微信公號），2017.02，〈李開復與MIT實驗室負責人焦點對談：AI時代的變革比每一次工業革命都快〉。

7. 〈AI只是人類的工具：專訪傑瑞‧卡普蘭〉：https://zhuanlan.zhihu.com/p/24761876。

8. "How computer automation affects occupations: Technology, jobs and skills": http://voxeu.org/article/how-computer-automation-affects-occupations.

9. "Four Questions For: Geoff Hinton": https://gigaom. com/2017/01/16/four-questions-for-geoff-hinton/.

10. 〈AI只是人類的工具：專訪傑瑞・卡普蘭〉：https:// zhuanlan.zhihu.com/p/24761876。

11. "Automotive revolution-perspective towards 2030": https://www. mckinsey.de/files/automotive_revolution_perspective_ towards_2030.pdf.

12. 美國專利US9134729B1，參見：https://patents.google.com/ patent/US9134729B1/en。

13. "Google Cars Drive Themselves, in Traffic": http://www.nytimes. com/2010/10/10/science/10google.html.

14. 〈起個大早，趕個晚集，谷歌無人汽車的迷局〉：http:// weibo.com/ttarticle/p/show?id=2309614020472156186496。

15. "Welcome to Larry Page's Secret Flying-Car Factories": https:// www.bloomberg.com/news/articles/2016-06-09/welcome-to- larry-page-s-secret-flying-car-factories.

16. https://www.google.com/patents/US20130214086

17. Automated driving levels of driving automation are defined in new sae international standard, J3016, Copyright © 2014 SAE International. https://www.sae.org/misc/pdfs/automated_driving. pdf

18. "Driverless taxi firm eyes operations in 10 cities by 2020": https:// www.yahoo.com/news/driverless-taxi-firm-eyes-operations-10- cities-2020-142503529.html.

19. "Delphi and Mobileye are teaming up to build a self-driving system by 2019": http://www.theverge.com/2016/8/23/12603624/

delphi-mobileye-self-driving-autonomous-car-2019.

20. https://www.quora.com/When-will-self-driving-cars-be-available-to-consumers

21. "Elon Musk: By 2018, Our Cars Will Have Complete Autonomy": https://futurism.com/are-we-really-only-two-years-away-from-complete-car-autonomy/.

22. "Fatal Tesla Autopilot accident investigation ends with no recall ordered": http://www.theverge.com/2017/1/19/14323990/tesla-autopilot-fatal-accident-nhtsa-investigation-ends.

23. 〈AI只是人類的工具：專訪傑瑞・卡普蘭〉：https://zhuanlan.zhihu.com/p/24761876。

24. "An Uber Self-Driving Truck Just Took Off With 50,000 Beers": https://singularityhub.com/2016/10/30/an-uber-self-driving-truck-just-took-off-with-50000-beers/.

25. 同上一條注釋。

26. "1.8 million American truck drivers could lose their jobs to robots. What then?": http://www.vox.com/2016/8/3/12342764/autonomous-trucks-employment.

27. https://www.quora.com/Will-truck-and-bus-driver-unions-delay-or-even-prevent-the-upcoming-switch-to-autonomous-vehicles-and-the-elimination-of-driving-by-humans

28. 〈李開復達沃斯速遞（IV）〉：http://mt.sohu.com/20170122/n479376336.shtml。

29. "One devastating picture of a Wall Street trading floor says it all": http://www.businessinsider.com/ubs-trading-floor-in-connecticut-2016-9.

30. "World's Largest Trading Floor Put on the Block": https://www.wsj.com/articles/worlds-largest-trading-floor-put-on-the-block-1482248543.

31. https://twitter.com/LizAnnSonders/status/772562669559840769/photo/1

32. 英途（微信公號），2017.03，〈華爾街失守：摩根大通家的AI將36萬小時的工作縮至秒級〉。

33. Goldman Sachs, 2016.12, "AI, Machine Learning and Data Fuel the Future of Productivity."

34. 參考Ipsoft的 "Tomorrow's AI-Enabled Banking"：http://www.ipsoft.com/wp-content/themes/ipsoft_v2/images/v2/pdf/IPsoft_Tomorrow_AI_enabled_banking.pdf。

35. https://en.wikipedia.org/wiki/Renaissance_Technologies

36. https://www.amazon.com/b?node=16008589011

37. "British technology firm becomes first artificial intelligence company to appoint a chief medical officer to accelerate its clinical development": http://benevolent.ai/news/announcements/first-artificial-intelligence-company-to-appoint-a-chief-medical-officer-1/.

38. 經濟學人，2017.01，〈新藥研發，AI應用新場景〉。

39. 機器之心（微信公號），2016.10，〈業界｜矽谷銀行：大數據和人工智能將為醫療科技公司打開發展之路〉。

40. 新智元（微信公號），2016.10，〈CBS新聞60分全球頂級AI實驗室訪談 —— 破局者：人工智能〉。

41. 康健新視野（微信公號），2017.02，〈《自然》封面重磅：人工智慧一出馬，人類醫生就敗下陣來〉。

42. "Data Science Bowl 2017": https://www.kaggle.com/c/data-science-bowl-2017.

43. 〈人工智慧ET寫對聯 行雲流水堪比書法家〉：http://www.chinaai.com.cn/news/evaluating/8573.html。

44. "Experiments in Musical Intelligence": http://artsites.ucsc.edu/faculty/cope/experiments.htm.

45. 〈Google的人工智慧會寫詩，而且你一定能讀懂〉：http://www.pingwest.com/google-ai-poet/。

46. 哈拉瑞，《人類大命運》，第9章，天下文化，2017.01。

47. 哈拉瑞，《人類大命運》，第1章，天下文化，2017.01。

48. "Y Combinator is running a basic income experiment with 100 Oakland families": https://qz.com/696377/y-combinator-is-running-a-basic-income-experiment-with-100-oakland-families/.

49. "Moving Forward on Basic Income": https://blog.ycombinator.com/moving-forward-on-basic-income/.

50. 〈李飛飛北京演講：AI會改變世界，改變AI的又會是誰？〉：http://mt.sohu.com/20170119/n479114192.shtml。

51. 留學家長圈（微信公號），郝景芳，2017.01，〈未來之一：人工智能時代的社會，人跟人不同的時代到了〉。

Chapter 5 機遇來臨：AI優先的創新與創業

1. 世界互聯網大會，會議日程，移動互聯網論壇：http://www.wicwuzhen.cn/system/2016/11/09/021361322.shtml。

2. 〈"互聯網+"人工智慧三年行動實施方案〉：http://www.miit.gov.cn/n1146290/n1146392/c4808445/part/4808453.pdf。

3. https://ai100.stanford.edu/2016-report

4. 機器之心（微信公號），2016.09，〈重磅｜斯坦福「人工智能百年研究」首份報告：2030年的人工智能與生活〉。

5. 機器之心（微信公號），2016.12，〈重磅｜高盛百頁人工智能生態報告：美國仍是主導力量，中國正高速成長〉。

6. 機器之心（微信公號），2016.12，〈重磅｜美國白宮再發報告：三大策略應對人工智能驅動下的自動化經濟〉。

7. "The national artificial intelligence research and development strategic plan": https://obamawhitehouse.archives.gov/sites/default/files/whitehouse_files/microsites/ostp/NSTC/national_ai_rd_strategic_plan.pdf.

8. 〈AI只是人類的工具：專訪傑瑞・卡普蘭〉：https://zhuanlan.zhihu.com/p/24761876。

9. "Large-Scale Deep Learning for Intelligent Computer Systems": http://www.wsdm-conference.org/2016/slides/WSDM2016-Jeff-Dean.pdf.

10. 全球創新論壇（微信公號），2016.12，〈知己知彼：深度解碼矽谷四巨頭的AI布局〉。

11. https://www.google.com/finance?q=NASDAQ%3ANVDA

12. 新智元（微信公號），2016.11，〈【重磅】Facebook賈揚清發文，Caffe2go將開源，手機就能訓練神經網絡〉。

13. The Race For AI: Google, Twitter, Intel, Apple In A Rush To Grab Artificial Intelligence Startups": https://www.cbinsights.com/blog/top-acquirers-ai-startups-ma-timeline/.

14. "Venture capitalist Marc Andreessen explains how AI will change the world": http://www.vox.com/new-money/2016/10/5/13081058/marc-andreessen-ai-future.

15. "Jeff Bezos says more than 1,000 people are working on Amazon Echo and Alexa": http://www.recode.net/2016/5/31/11825694/ jeff-bezos-1000-people-amazon-echo-alexa.

16. https://www.partnershiponai.org/

17. 創新工場（微信公號），2017.02，〈李開復與MIT實驗室 負責人焦點對談：AI時代的變革比每一次工業革命都快〉。

18. https://www.cbinsights.com/research-ai-100

19. 〈李開復達沃斯速遞（IV）〉：http://mt.sohu.com/20170122/ n479376336.shtml。

20. "AI Pioneer Yoshua Bengio Is Launching Element AI, a Deep-Learning Incubator": https://www.wired.com/2016/10/ai-pioneer-yoshua-bengio-launching-element-ai-deep-learning-incubator/.

21. 〈烏鎮指數：全球人工智慧發展報告2016〉：http://sike.news. cn/hot/pdf/10.pdf。

Chapter 6　迎接未來：AI時代的教育和個人發展

1. https://www.minerva.kgi.edu/academics/four-year-curriculum/

2. https://www.minerva.kgi.edu/global-experience/

3. http://iiis.tsinghua.edu.cn/yaoclass/

4. 〈樓天城：我為什麼要去Quora？〉：http://posts.careerengine. us/p/56c50416cadc55904c4c29f6。

5. 留學家長圈（微信公號），郝景芳，2017.01，〈郝景芳｜未 來之二：人工智能時代的教育，在未來人工智能時代我們 需要什麼樣的教育？需要什麼樣的人？〉。

6. 創新工場（微信公號），2017.02，〈李開復與MIT實驗室

負責人焦點對談：AI時代的變革比每一次工業革命都快〉。
7.　帕斯卡，《人是能夠思想的蘆葦》。

財經企管 BCB615

人工智慧來了

作者 —— 李開復、王詠剛

總編輯 —— 吳佩穎
書系主編暨責任編輯 —— 邱慧菁
封面設計 —— FE 設計 葉馥儀

出版者 —— 遠見天下文化出版股份有限公司
創辦人 —— 高希均、王力行
遠見・天下文化・事業群　董事長 —— 高希均
事業群發行人／CEO —— 王力行
天下文化社長 —— 林天來
天下文化總經理 —— 林芳燕
國際事務開發部兼版權中心總監 —— 潘欣
法律顧問 —— 理律法律事務所陳長文律師
著作權顧問 —— 魏啟翔律師
社址 —— 臺北市 104 松江路 93 巷 1 號
讀者服務專線 —— 02-2662-0012 | 傳真 —— 02-2662-0007；02-2662-0009
電子郵件信箱 —— cwpc@cwgv.com.tw
直接郵撥帳號 —— 1326703-6 號　遠見天下文化出版股份有限公司
電腦排版 —— bear 工作室
製版廠 —— 中原造像股份有限公司
印刷廠 —— 中原造像股份有限公司
裝訂廠 —— 中原造像股份有限公司
登記證 —— 局版台業字第 2517 號
總經銷 —— 大和書報圖書股份有限公司 —— 電話／02-8990-2588
出版日期 —— 2020 年 11 月 11 日第一版第十八次印行

定價 —— NT$500
ISBN —— 978-986-479-206-1
書號 —— BCB615
天下文化官網 —— bookzone.cwgv.com.tw

國家圖書館出版品預行編目（CIP）資料

人工智慧來了／李開復、王詠剛 作 -- 第一版 .--
臺北市：遠見天下文化，2017.04
384 面；14.8x21 公分 . -- （財經企管；BCB615）

ISBN 978-986-479-206-1（平裝）

1. 資訊社會　2. 人工智慧

541.415　　　　　　　　　106005980

天下文化
BELIEVE IN READING